广东省社会科学院中青年学者出版资助项目

编委会
主　任：郭跃文　王廷惠
成　员：李宜航　蔡乔中　向晓梅　丁晋清　张造群

广东省社会科学院中青年学者出版资助项目

SYNERGIZING EMPLOYMENT,
ENTREPRENEURSHIP AND
ENVIRONMENTAL REGULATION POLICIES:
Insights from a Dynamic Stochastic General Equilibrium Model

就业创业与环境规制政策的协同运用

基于动态随机一般均衡模型

王凯风 著

社会科学文献出版社
SOCIAL SCIENCES ACADEMIC PRESS (CHINA)

前　言

近年来，随着经济的持续发展和生态文明建设的不断推进，中国的环境规制政策体系不断走向法制化、规范化、合理化、全面化。同时，在充满风险挑战的大形势下，中国劳动力市场的稳就业压力不容乐观，各类以就业、创业为帮扶对象的政策措施不断出台。大量现有研究指出，劳动力再配置是决定环境规制政策实际效果的重要渠道，所以，以就业、创业促进政策为代表的劳动力市场调控政策很可能会影响环境规制政策的效应发挥。在生态文明建设依然任重道远、稳就业稳增长压力不可小觑的当下，两大类政策之间的协同运用效果是一个值得思考、剖析的问题。本书研究工作的主要目标之一，正是审视并诠释两大类政策之间潜在的错配问题，研究如何改善两大类政策之间的协同运用效果，从而促进就业创业和环境保护两方面工作协调并进。

为了实现上述目标，本书结合新凯恩斯主义理论，构建了一个基于动态随机一般均衡（DSGE）模型的中国环境经济研究框架，旨在探讨劳动力再配置与环境政策的互动关系，并对就业创业政策与环境规制政策的协同运用效果进行数值模拟。在研究过程中，我们得出了一系列重要的结论。例如，环境规制政策发挥减排作用的重要机理之一是激励创业活动和促进劳动力跨行业流动，促使整个经济的结构向更环保的方向转型。通过福利损失函数的推导和福利效应模拟，我们还发现了在政策组合方面的一些有益启示。例如，在保持环保税基础税率不变的情况下，实施就业促进政策和创业促进政策，可以相对较好地兼顾污染减排和经济效率。关停整顿政策与低污染行业创业促进政策的协同运用，有助于在控制污染的同时减少福利损失、保障经济效率。低污染行业创业促进政策与环境事后治理的同步推进能够更好地实现污染减排和经济效率的双赢。最终，本书以模拟结果为依据，提出了有益于就业创业与环境保护协调推进的一系列政策建议。

本书作者团队真诚希望上述研究能够为学术界和决策者提供有益的参考，为中国经济的高质量发展提供力所能及的助力。当然，由于作者水平和时间的限制，本书中的研究工作必然存在诸多稚嫩、粗疏之处，还有较大的改进空间。为了改善这些局限性，我们欢迎读者提出宝贵的批评和指正意见，以帮助我们改进未来的研究工作。当然，如果本书能够为同领域研究的进步做出一点实质性贡献，我们也将感到万分荣幸！

王凯风
2023 年 6 月 1 日
于广东省社会科学院

目 录

第一章 绪论 ·· 1
  第一节 研究的背景、必要性与意义 ··· 1
  第二节 研究的目标与对象 ·· 3
  第三节 相关领域研究进展 ·· 4
  第四节 本书边际贡献 ··· 14

第二章 融合就业、创业与环境规制的 DSGE 模型设计 ················· 16
  第一节 DSGE 模型的特点、原理和建模流程简述 ······················· 16
  第二节 含劳动力再配置机制的环境经济 DSGE 模型设计 ············ 20
  第三节 模型的对数线性化处理 ·· 41
  第四节 模型状态空间方程的求解方法 ·· 43

第三章 DSGE 模型参数化与建模质量评价 ···································· 54
  第一节 部分参数的校准 ·· 54
  第二节 贝叶斯估计 ··· 59
  第三节 DSGE 模型的建模质量评价 ·· 68

第四章 数值模拟：就业创业政策与环境规制的叠加效应 ··············· 85
  第一节 环境规制政策的效应产生机理 ·· 86
  第二节 就业、创业政策对环保税政策效应的影响 ··················· 100

1

第三节　就业、创业政策对减排补贴政策效应的影响⋯⋯⋯⋯　104

　　第四节　就业、创业政策对关停整顿政策效应的影响⋯⋯⋯⋯　108

　　第五节　就业、创业政策对环境治理政策效应的影响⋯⋯⋯⋯　112

第五章　福利分析：就业创业与环境规制政策的协同运用探索⋯⋯⋯⋯　117

　　第一节　福利损失函数推导⋯⋯⋯⋯⋯⋯⋯⋯⋯⋯⋯⋯⋯⋯　118

　　第二节　就业、创业政策与环保税政策的福利效应⋯⋯⋯⋯⋯　119

　　第三节　就业、创业政策与减排补贴政策的福利效应⋯⋯⋯⋯　123

　　第四节　就业、创业政策与关停整顿政策的福利效应⋯⋯⋯⋯　125

　　第五节　就业、创业政策与环境治理支出政策的福利效应⋯⋯　126

第六章　结论与政策建议⋯⋯⋯⋯⋯⋯⋯⋯⋯⋯⋯⋯⋯⋯⋯⋯⋯⋯　128

　　第一节　主要研究结论⋯⋯⋯⋯⋯⋯⋯⋯⋯⋯⋯⋯⋯⋯⋯⋯　128

　　第二节　就业创业政策与环境规制政策的协同运用建议⋯⋯⋯　132

附　录⋯⋯⋯⋯⋯⋯⋯⋯⋯⋯⋯⋯⋯⋯⋯⋯⋯⋯⋯⋯⋯⋯⋯⋯⋯⋯　136

　　附录 2a　本书 DSGE 模型全部数学表达式（非线性）汇总⋯⋯　136

　　附录 2b　家户最优决策条件中涉及物质资本投资的方程的

　　　　　　线性化⋯⋯⋯⋯⋯⋯⋯⋯⋯⋯⋯⋯⋯⋯⋯⋯⋯⋯⋯　144

　　附录 2c　新凯恩斯主义菲利普斯曲线（NKPC）的推导⋯⋯⋯　146

　　附录 3a　图 3.1、图 3.3 中参数符号（来自程序代码）与正文中

　　　　　　参数的对应关系⋯⋯⋯⋯⋯⋯⋯⋯⋯⋯⋯⋯⋯⋯⋯　149

　　附录 5a　福利损失函数表达式（5.2）的推导⋯⋯⋯⋯⋯⋯⋯　150

参考文献⋯⋯⋯⋯⋯⋯⋯⋯⋯⋯⋯⋯⋯⋯⋯⋯⋯⋯⋯⋯⋯⋯⋯⋯⋯　156

后　记⋯⋯⋯⋯⋯⋯⋯⋯⋯⋯⋯⋯⋯⋯⋯⋯⋯⋯⋯⋯⋯⋯⋯⋯⋯⋯　166

第一章 绪论

第一节 研究的背景、必要性与意义

在充满风险挑战的大形势下,为保障"稳就业"目标的实现,中国各类以就业、创业为帮扶对象的政策措施不断出台。党的二十大报告也指出,要"实施就业优先战略""强化就业优先政策,健全就业促进机制,促进高质量充分就业""要破除妨碍劳动力、人才流动的体制和政策弊端,消除影响平等就业的不合理限制和就业歧视""完善促进创业带动就业的保障制度"。

同时,大量现有研究业已指出,劳动力再配置是环境规制政策效应的重要传导渠道之一,劳动力的流动与运用情况会在很大程度上影响环境规制政策的效果与可持续性(Morgenstern et al., 2002; Arnott et al., 2008; Shimer, 2012; 范庆泉, 2018, 陈诗一等, 2022)。所以,以就业、创业促进政策为代表的劳动力市场调控政策自然会影响环境规制政策的效应。环境规制事关中国经济的长期可持续发展,更是满足人民群众对优美生态环境的现实需求、对美丽中国的美好憧憬的必要手段;就业、创业则事关人民群众的实际消费能力与生活水平,事关总需求的稳定,所以保障就业创业对宏观经济平稳健康发展、对巩固脱贫攻坚成果都有着至关重要的作用。在生态文明建设依然任重道远、稳就业和稳增长压力均不可小觑的当下,就业创业、环境规制这两方面工作若能形成合力效应,无疑将能为"十四五"乃至更长时期内的中国经济高质量发展提供事半功倍的促进作用。所以，就业创业政策、环境规制政策之间的协同运用已是一个具备显著的时代性、人民性、实践性，并且很有必要得到深入研究的重要课题。

本书研究工作的最终目的，是改善就业创业政策和环境规制政策之间的协同运用效果，促进就业创业和环境保护两方面工作的协调并进。因此，本书致力于构建新型的理论模型，用以检验并诠释两大类政策之间潜在的政策错配问题、研究如何改善政策之间的协同运用效果，从而在保障经济效率和人民福祉的前提下促进就业创业和环境保护之间的协调并进。最终，本书将从理论和实证的角度厘清劳动力市场调控政策（如对劳动力迁移、就业和创业的扶持政策）与环境规制政策之间可能存在的矛盾与冲突，量化地研究两大类政策之间的有效协同问题，进而在保障经济效率和人民福祉的前提下，探索环境保护和就业创业之间的协调互促路径。

此外，在经济进入新常态、疫情风险仍未彻底消散的宏观环境下，中国经济的发展面临着更大的短期波动风险。环境规制政策加剧经济波动的效应已经得到前人研究的论证（武晓利，2017；Annicchiarico et al.，2018），而宏观经济波动意味着经济效率（福利）的损失（Woodford and Walsh，2005；Galí and Monacelli，2016），所以短期波动情形下的环境规制政策效应研究是亟待深入的。因此，本书一方面基于中国环境规制政策的行业偏向性，以劳动力搜寻—匹配机制、创业决策机制作为侧重点，刻画环境规制政策效应的产生与变化机理，分析劳动力流动摩擦、创业成本与阻力对环境规制政策效应传递的影响（范庆泉，2018）；另一方面则选用能模拟经济短期波动过程的动态随机一般均衡模型（DSGE）来搭建政策效应分析框架。通过设计并运用创新性的中国环境经济 DSGE 模型，本书可以在短期波动情形下深入、精准地剖析劳动力再配置与环境规制政策运用效果间的理论联系，准确判断就业创业政策等劳动力市场调控手段对环境规制政策效应的影响，进而探寻两大类政策工具之间的有效协同方式。在中国经济发展面对严峻风险挑战的当下，上述研究设计无疑能带来更丰富的现实意义和政策启示，助力"稳就业""稳增长"等经济目标的实现。

通过以上研究设计，本书将能体现以下的理论意义和实践价值。

（1）本书瞄准当前中国经济发展与生态文明建设的热点问题，为就业创业政策、环境规制政策的叠加、互动效应提供较强现实意义的理论解释，并从理论角度探寻两大类政策的协同运用方向，能够进一步丰富现有理论、拓展学科前沿。

（2）本书提出就业创业政策可以被视为辅助性环境规制手段的重要观点，可为现有环境规制提供新的政策维度拓展方向，能够为环境保护进程中的生态补偿、民生保障工作提供直接、有力的理论支持和实践指引，形成具有中国特色并且富有时代性、人民性、实践性的环境政策优化路径。

（3）本书构建的 DSGE 模型是一种新型的政策效应模拟预测工具，能够直接发挥决策支持作用、帮助政策制定者对就业创业政策和环境规制政策进行更为合理的搭配，实现更具前瞻性、全局性的政策优化。

第二节　研究的目标与对象

本书研究工作的核心目标是，在一个动态随机一般均衡理论框架内，梳理、解释劳动力市场调控政策中的就业、创业促进政策对环境规制政策效应的影响机理，通过动态数值模拟和福利损失分析掌握就业创业政策与各类环境规制政策的协同运用效果，提出关于政策协同运用的建议。

本书主要研究对象可归纳为以下几个方面。

（1）劳动力再配置（包含劳动力流动与创业）在环境规制政策效应传导过程中扮演的角色。

（2）劳动力流动摩擦与创业成本如何影响各类环境规制政策的效应。

（3）就业促进政策（有助于降低劳动力流动阻力）、创业促进政策（有助于降低创业成本）与各类环境规制政策的协同运用效果，尤其是要发现并诠释两类政策之间潜在的矛盾与冲突（政策错配问题）。

（4）改善就业创业政策与环境规制政策协同运用效果的对策。

第三节 相关领域研究进展

一 环境规制政策效应研究

目前，环境规制政策的效应（环境效应与经济效应）已经得到了广泛研究，相关文献已是汗牛充栋。近年来的典型文献如下。郭俊杰等（2019）检验了排污费率提升对工业二氧化硫排放的抑制作用，发现更高的排污费率降低了大气中的二氧化硫浓度。李冬冬与杨晶玉（2019）通过三阶段博弈模型和数值模拟方法分析了最优减排技术补贴政策下，技术溢出率、污染损害程度及排污税对企业治污技术选择的影响，发现在最优补贴政策下，以利润最大化和政府福利最大化为目标的企业最优技术选择都为清洁工艺治污技术。陈诗一等（2021）使用双重差分法研究并发现排污费率改革显著降低了中国企业的污染排放水平，但也显著影响了企业产出。黄纪强和祁毓（2022）构造双重差分模型检验环境税对产业结构优化升级的促进作用，发现该效应存在显著的区域异质性。张跃军与王霞（2023）使用双重差分模型检验中国碳交易试点政策对各省份可持续经济福利的影响，发现碳交易试点显著促进了试点地区的可持续经济福利增长。张国兴等（2023）从"弱排名激励"逻辑出发，利用区域面板数据样本检验了中央生态环境保护督察的实施对地方环境治理行为的影响，并探讨了作为督察两大抓手的央地激励相容和公众参与在其中所发挥的影响。张明等（2023）通过构建"中央政府—地方政府—污染企业"演化博弈模型，借助系统仿真模拟研究了中央生态环境保护督察影响大气污染治理的作用机制，指出环保督察成本过高会令地方政府和企业倾向于选择不监管、不整改大气污染问题。

学术界已对环境规制政策效应进行了经验研究和理论梳理，建立了经济理论和经验规律之间的桥梁。当前研究趋势表明，理论和实证研究通过综合运用，主要集中在以下两个方面：一方面是经济预测，研究重要经济变量（如利率、通胀率、经济总量，以及环境规制政策效应）在未来的变化趋势；另一方面是经济分析，主要分析某些变量的外生变化（如政策的变化）对其他变量的影响。本书选题涉及劳动力再配置、就业创业政策与环境规制政策效应之间的影响机理研究，是经济分析的典型案例。而对于劳动力市场中就业创业政策与环境规制政策的协同运用分析，则需要具备前瞻性和预测性，因此我们需要选择一种能够有效完成这两类分析的工具。

然而，大多数现有研究采用的计量实证检验方法在上述两个方面仍然存在一些不可忽视的局限性。首先，计量实证主要用于提炼已有的经验规律，而现有的计量研究设计多基于线性的单方程实证模型，在分析过程中，常常需要面对内生性、遗漏变量和实证模型与理论机制之间的脱节等难题。其次，大多数现有的结构性计量分析方法无法直接模拟和预测外部因素（如政策）的动态作用，对于全新制度和全新政策的作用模拟也有所欠缺。因此，学术界和业界自然会努力寻求一种能够真正实现理论和量化分析紧密结合，并具备更完善模拟和预测能力的方法，以便对劳动力再配置影响下的环境规制政策效应进行分析和预测，定量研究就业、创业扶持政策与环境规制政策的协同运用问题。在各种研究方法中，日渐成熟的一般均衡（General Equilibrium）理论框架和数学建模方法为满足上述需求提供了一种可行的解决方案，这主要是由于一般均衡模型是对宏观经济系统运行机理的简要刻画，能够对环境规制政策效应产生的机制进行系统模拟，并可作为虚拟的"政策实验室"，以量化方式模拟政策变革的预期效果。

出于上述原因，再加上环境规制政策效应须以经济系统各部分间的内生关系来进行解释和分析，有较大比例的同领域研究采用包括 DSGE 在内的各类一般均衡模型作为分析工具。例如，石敏俊等（2013）运用动态可计算一般均衡（DCGE）模型研究并指出碳税的 GDP 损失率最小但碳减排作用有限，指出碳排放交易与适度碳税的政策组合是较优的政策选项；祁毓与卢洪友（2015）提出了对非环境友好型技术运用征税的政策构思，并运用代际交叠（OLG）模型进行政策效应模拟，发现其有助于中国经济跨越"环境贫困陷阱"；张晓娣和刘学悦（2015）基于 OLG-CGE 模型研究并发现碳税具有对年轻世代有利的福利再分配特征，从而带来碳减排和经济福利增长的"双重红利"；徐双明与钟茂初（2018）利用扩展的 Ramsey 模型探讨了环境污染、健康人力资本与经济增长之间的动态关系,指出政府制定环境规制政策时需处理好经济产出与社会福利的权衡问题;徐晓亮与许学芬(2020)采用动态CGE(DCGE)模型模拟了不同补贴政策改革对经济发展、碳排放及雾霾治理的差异性影响,指出能源补贴政策对宏观经济具有积极的促进作用,但在一定程度上会提高能源消费强度;范庆泉等(2022)采用shooting方法计算一般均衡模型在新古典鞍点路径上的均衡解,来分析减排补贴引发的收入分配失衡问题,指出应通过再分配方案持续提高清洁生产部门获取的碳排放权份额,这有助于实现各方经济利益的帕累托改进。

  根据现有研究,基于一般均衡模型的文献,使用可计算一般均衡(CGE)模型的比例相当大。CGE模型的核心特征是将投入产出模型、线性规划和宏观经济理论结合,构建数学模型基于瓦尔拉斯均衡,以模拟符合一般均衡条件的经济体。Auerbach and Kotlikoff(1987)构建的世代交叠动态一般均衡(A-KOLG)模型是其成熟发展的重要标志,他们将经济主体的同质预期和有限生命周期的假设条件纳入模型,考虑了经济主体的实际情况。在求解方法方面,Auerbach and Kotlikoff(1987)进一步探索了一般均衡模型的求解思路,指出经济系统在理论上存在稳态,可以将某个稳态设为经济系统的初始状态,并分析模拟系统从一个稳态到另一个稳态的动态演化路径。他们使用Gauss-Seidel迭代法调整模型变量的初始值,以寻找模型经济的收敛状态。Auerbach and Kotlikoff等人的研究需要使用Fortran语言进行编程和求解,虽然在当时受限于计算机软硬件技术水平,工作量巨大且程序通用性较差,但他们的分析思路和技术实现方法启发了许多追随者,提高了CGE方法的认可度。A-KOLG模型在1997年被美国国会预算办公室用于进行税制改革的效应模拟,其模拟效果得到广泛认可。此后,在税制改革领域,大多数CGE模型是该模型的派生版本,如Jokisch and Kotlikoff(2007)、Zhai and He(2008)、林伯强和牟敦国(2008)、Rausch(2010)、陈烨等(2010)、许璞和苏振天(2012)、石敏俊等(2013)、张晓娣和刘学悦(2015)、徐晓亮与许学芬(2020)等。

作为将一般均衡理论模型与量化分析手段结合的早期代表性方法，CGE模型对DSGE模型的发展具有启发作用（Kydland and Prescott，1982a）。至今，CGE模型仍然广泛应用，并与DSGE等方法并行发展。然而，与DSGE分析方法相比，CGE模型存在一些明显的局限性。首先，早期的CGE理论模型没有动态特征，因此在分析经济系统的动态演化规律方面存在固有缺陷。其次，CGE模型与新古典主义假设密切相关，其优化计算需要定义封闭规则。最后，与DSGE方法不同，CGE模型主要关注确定性条件下的经济演化分析，随机冲击通常简单地归入干扰项，这限制了CGE模型对经济短期波动情况下政策作用的解释和分析能力。

在CGE模型出现并推广的同时，研究者对宏观数理模型和经济计量方法的有效结合仍在进行尝试。随着计算机技术的进步和普及，经济理论的不断创新，以及建模思路和方法的融合借鉴，宏观经济领域的计量研究得到了一种理论与量化分析相结合、具备更完善模拟预测能力的方法，即动态随机一般均衡（Dynamic Stochastic General Equilibrium，DSGE）方法。在各种研究方法中，DSGE方法日益成熟，特别是包含各种摩擦和非出清假设的新凯恩斯主义DSGE方法。

DSGE模型的初步形式通常被认为源自Kydland and Prescott（1982a）的研究。在他们的著作中，Kydland和Prescott提出，短期的实际冲击（主要指生产率冲击）是经济波动的起因。因此，如果将这些实际冲击因素以随机扰动项的形式纳入模型中，就可以更有效地解释经济中的波动和周期性过程。基于上述观点，他们设计的模型被简称为RBC（真实商业周期）模型。该模型的基本方程描述了家庭、生产者等经济主体在各自经济资源限制下的最优决策行为。该模型基于新古典经济学理论，假设完全竞争、理性预期和货币中性等，并认为市场能够连续自动清算，经济主体具有完全信息，价格可以完全灵活地调整。最终，通过运用一般均衡理论和动态最优化方法，可以推导出经济主体在约束条件下的最优行为方程以及随机冲击过程的表达式。RBC模型是一种全新的宏观计量经济模型，具有良好的微观基础，可以以独特的方式解释和模拟经济波动现象，并有效地避免了

"卢卡斯批判"。根据 Prescott（1986）的估算和比较，RBC 模型与实际经济数据的拟合程度较高，可以解释实际经济中的大部分波动。陈昆亭等人（2004）的模拟结果也表明，他们构建和校准的 RBC 模型可以准确地拟合中国经济的波动特征，准确度达到 80%。

自从新凯恩斯主义经济思想被充分融入 DSGE 方法后，RBC 模型的主要局限性得到了实质性的改善，这在学术史上是显而易见的。这种改善从根本上提升了 DSGE 模型对经济波动和政策效应的分析和预测能力。根据 Galí（2015）的定义，基于新古典主义经济思想的 DSGE 模型以完全竞争、理性预期和货币中性等作为基本假设，不考虑垄断、市场失灵、财政干预和货币冲击等因素。而以 Kydland and Prescott（1982a）为代表的新古典主义 RBC 模型通常只考虑实际冲击（全要素生产率冲击）。然而，RBC 模型在 20 世纪 90 年代后得到了改进，修正了部分过于理想化的假设，使 RBC 理论与 DSGE 分析方法的发展逐渐走上正轨。然而，尽管进行了这种局部修正，RBC 模型在刻画政策作用方面仍无法与真正突破新古典主义理想化假设的新凯恩斯主义模型相媲美。

简单来说，新凯恩斯主义 DSGE 模型的理论基础源于 20 世纪 70 年代末兴起的新凯恩斯主义经济学。与二战后兴起的传统凯恩斯主义相一致，新凯恩斯主义者坚信以下三个观点。首先，劳动力市场不会迅速达到平衡。其次，经济周期性波动是不可否认的且难以完全消除的。最后，对经济进行政策干预不仅有用且不可或缺，而不是像其他学派所主张的无效或中性。然而，新凯恩斯主义经济学并不是简单地复制或继承了凯恩斯主义的理论，而是兼容并蓄地借鉴了当时各个主流经济学派的精华思想，虚心接纳了其他学派的批评意见，并反思了以往凯恩斯主义在政策设计上的经验教训。通过这种方式，新凯恩斯主义经济学对以往凯恩斯主义经济思想进行了批判、继承和创新。

在 DSGE 模型的分析和应用中，新凯恩斯主义 DSGE 分析通过引入外生冲击，不再局限于实际冲击。研究的代表作之一是由 Smets and Wouters（2003）提出的模型，其中包括了大量的外生冲击，如技术（TFP）、偏好、劳动力供给以及成本加成、投资和货币政策等冲击项。Smets and Wouters（2003）的改进使 DSGE 模型的分析效果大幅提升，其中最重要的进步是使 DSGE 模型在预测能力上超过了 VAR 模型。此前，即使是规模和复杂度不如 RBC 模型的 VAR 模型也在拟合和预测能力上胜过早期的 DSGE 模型。因此，Smets and Wouters 的研究标志着 DSGE 模型的真正发展和成熟。他们提出的模型，即 SW 模型，具备参数校准和实证估计的特点，并可应用于实际经济预测，因此被称为实证 DSGE 模型。SW 模型已被欧洲中央银行采纳为正式的经济政策分析工具（Smets et al.，2010），并衍生出了开放经济结构的 NAWM 模型。随后，欧洲中央银行还借鉴 Christiano et al.（2010）的研究，开发了带有较完善金融机制的 CMR 模型。DSGE 模型在世界各国政府机构、中央银行甚至国际组织中的应用范围迅速扩大。例如，美联储的 SIGMA 模型、英格兰银行的 BEQM 模型、加拿大银行的 TOTEM 模型、芬兰银行的欧洲地区经济分析模型 EDGE 和本国经济政策研究模型 AINO、挪威银行的 NEMO 模型、中国人民银行研究局的货币政策分析模型（刘斌，2008），以及国际货币基金组织开发的用于全球经济运行分析的 GEM 模型、用于跨国财政分析的 GFM 模型、用于财政与货币政策综合分析的 GIMF 模型等。

由于纳入了外生变量和随机冲击，DSGE 方法可以模拟并解释环境政策在经济波动过程中发挥的作用，并从波动视角评价政策带来的经济效率变化。所以，在金融危机后世界各国经济波动风险加剧的情况下，环境政策的 DSGE 分析框架得到了日益增多的采用，例如 Angelopoulos et al.（2013）基于新古典主义假设展开研究，发现环境政策与经济波动和福利损失之间存在密切联系，所以政府需要在控制污染和稳定经济之间进行权衡；当经济存在不确定性时，最好的选项是对污染排放征税，同时对污染减排提供补贴激励。朱军（2015）基于 DSGE 模型比较了多种环境政策的效果，指出环保税的污染减排效应显著且持续性更强。卢洪友等（2016）构建了含有环境部门的实际经济周期（RBC）模型，通过数值模拟指出开征环保税可以实现降低碳排放、提高稳态产出水平的"双重红利"。Annicchiarico and

Di Dio（2015）进行了新凯恩斯主义视角下的 Ramsey 最优环境税分析，发现价格黏性与货币政策规则会改变最优环境税率与环境政策效应。Ganelli and Tervala（2011）与 Annicchiarico and Diluiso（2019）建立了新凯恩斯主义的跨国 DSGE 模型，指出环境税会通过贸易、外汇等渠道影响他国的经济周期。Annicchiarico et al.（2018）设计了一个含有市场结构内生变化（企业进入退出）机制的动态随机一般均衡模型，研究了排放限额、碳税等碳减排政策在不完全竞争市场结构经济体中的节能减排效应和宏观经济效应，发现企业会通过涨价将部分碳减排成本转移给家庭，从而造成新的环境不公平问题。

二 劳动力再配置与环境规制间关系的研究

目前，在同领域研究中，关于劳动力再配置如何影响环境规制政策效应的研究还相对有限（范庆泉，2018），而且学者们的研究呈现出较强的探索性，观点分歧仍较大（特别是在作用机理和传导机制分析上），分析思路也体现出多元化特点。例如，Morgenstern et al.（2002）认为，环境规制政策对就业、收入的影响与政策的具体类型和实施强度有关，但这些失业会由其他行业的新增就业来弥补，所以不应将失业和收入分配失衡视作环境政策导致的社会成本。杨继生和徐娟（2016）则将环境视为一种生产要素，研究了环境作为要素回报所产生的收益对收入分配和劳动要素再配置的影响。张舰等（2017）则进行了反向的探讨，认为工业化改变了劳动力结构与城乡间的收入分配格局，但农业劳动力的外流也加剧了农业污染，这很可能迫使城镇化政策和环境规制政策做出调整。

在基于一般均衡模型的研究当中，Shimer（2012）通过多部门动态一般均衡模型的推导，指出某些环境规制政策引发的劳动力再配置必定导致失业和一定程度的分配失衡，但这是改善经济福利的必要代价。曾伟军（2013）运用新经济地理学模型分析并指出，劳动力向城区迁移可以缩小城乡差距，但是随之带来的环境压力又会影响生产活动在城区的积聚。董直庆和李多（2015）提出了一种关于异质性劳动和技术研发激励的假设，并据此构建一般均衡模型来研究政策干预、劳动力结构和清洁技术之间的相互作用，其通过研究发现在自由市场假设下，技术研发的均衡稳定性取决于两个部门产品的替代弹性，虽然环境政策可以有效地激励劳动力向清洁技术研发领域转移，但这些政策的效果并不一定能够长期持续。范庆泉（2018）在新古典增长模型的基础上进行了行业划分、刻画了劳动力跨行业流动，并研究了环境规制导致的收入分配失衡问题、探讨了对应的政府补偿机制。陈诗一等（2022）运用一个包含污染和清洁两个部门的空间一般均衡模型，对环境规制如何影响劳动力配置和城市发展进行了理论分析，发现提高环境规制的强度会减少污染部门的就业比例，提高环境规制的强度会在城市之间产生源于收入降低的劳动力挤出效应和源于环境改善的劳动力引入效应，这两种效应的大小决定了环境规制对城市发展的影响。

三　对现有研究的简评

1. 现有研究提供的主要启发

（1）劳动力再配置对环境规制政策效应的影响值得关注。

日益增加的文献从行业差异和劳动力再配置视角分析环境规制的作用（Morgenstern et al., 2002; Arnott et al., 2008; 范庆泉, 2018），而 Shimer（2012）、董直庆和李多（2015）、陈诗一等（2022）已经指出劳动力流动是环境规制政策效应产生并传导的重要渠道，并较为一致地指出：环境规制的效应分析应结合不同行业的差异来展开，环境规制政策除会直接产生环境影响，改变企业在产量、减排等方面的最优决策外，也会影响劳动力的跨行业流动过程，改变其他行业要素结构与污染排放水平，使环境规制对分配的影响间接传导至其他行业。鉴于此，本书在设计模型的过程中，考虑了多个行业，并纳入了劳动力跨行业流动机制。进一步地，劳动力流动的摩擦、阻力（以及相关政策因素）也应被视为环境规制政策效应的影响因素，这是研究劳动力市场政策措施与环境规制政策协同运用问题的必要性所在。所以，本书将环境规制与劳动力市场政策措施（如就业和创业的扶持、促进政策）之间的叠加、互动效应作为分析两类政策间协同运用问题的依据，从中提炼出政策启示。

（2）一般均衡模型是环境规制政策效应研究中最为可取的理论范式。

经济系统的复杂性与环境规制政策效应的多样性（包括环保效应、经济效应等多个方面），使得我们必须联系各经济系统组成部分之间的传导机理来解释和分析。一般均衡模型恰好是一种能全面、有机地模拟上述传导过程的建模方式，可模拟政策效应在一般均衡系统中的决定与传导过程，已得到环境规制研究者的大量采用，本书采用的DSGE模型也是从早期的一般均衡模型演化而来的。

（3）动态随机一般均衡（DSGE）模型目前在该领域具有更大的适用性。

近年来，日益增多的文献选用DSGE模型来分析环境规制政策效应（朱军，2015；Annicchiarico and Di Dio，2017；Niu et al.，2018；Annicchiarico and Diluiso，2019；Chan，2020；王博与徐飘洋，2021；Chan and Zhao，2023），表明DSGE模型在环境规制政策效应分析上是完全可用、效果显著的，而且环境规制政策的效应分析也完全可以与新凯恩斯主义经济思想融合在一起（Annicchiarico and Di Dio，2015）。面对新常态下的经济下行、总量波动、结构转型、增长动力转换等现实问题，本书在前人启发下，建立了带有环境规制政策体系的多行业新凯恩斯主义动态随机一般均衡模型（DSGE），用以厘清环境规制的分配效应、判断新常态下的政策优化问题。目前，环境领域的新凯恩斯主义DSGE尚罕有被用于研究劳动力再配置影响下的环境规制政策效应，所以为了增强本书研究内容的创新性，并考虑到新时期经济波动风险加剧的现实情况，本书并未选用环境经济领域以往常用的一般均衡分析范式（如新古典增长模型、CGE模型等），而是选用能有效模拟外生随机冲击和经济波动过程的DSGE模型作为环境规制收入分配效应的预测分析工具，以在最贴近中国经济高质量发展现实需要的前提下展开政策效应分析。

2. 现有研究可能存在的局限

（1）政策类型与政策效应考虑不足：劳动力流动与再配置过程对环境规制政策效应的影响虽然已在一些研究中得到关注（Shimer，2012，董直庆和李多，2015；陈诗一等，2022），但是相应政策（主要是现实中的就业、创业政策）对环境规制政策效应的影响还缺乏深入的量化分析，相应的效应模拟研究更是较为罕见。而且现有的环境规制政策研究多数关注环保税、减排补贴、碳交易等经济激励型环境规制政策，对环保督察、关停整顿等命令—控制型环境规制政策的效应研究相对较少，极少有研究者能将经济激励型、命令—控制型环境规制政策内生融合到同一个理论框架内进行研究。

（2）量化模型的建模机理有待改进：部分学者采用计量实证方法来分析环境规制的政策效应，这在提炼经验规律方面较有优势，但在一些传导机制、动态影响的刻画上力有未逮（如污染物的累积过程、外生冲击的动态效应等），也不便对政策优化进行模拟与预测。而大部分一般均衡模型研究的理论基础建立于完全竞争的理想化假定之上，没有考虑价格黏性、工资黏性等（Shimer，2012；董直庆和李多，2015；刘晔和周志波，2015；范庆泉，2018），这使模型缺乏完整的政策机制、无法准确刻画环境规制的经济效应，很可能导致分析结论的偏误（Shimer，2012）。

（3）短期波动情形下的动态分析相对缺乏：现有的经济模型研究者在解释环境规制的政策效应时，大多数是从增长路径或模型稳态的视角进行解释；而在"新常态"下，为了减缓经济周期性波动影响、避免额外的冲击与波动、保障经济高质量发展，环境规制在经济短期波动中的作用同样应得到关注，这也是 Annicchiarico and Di Dio（2015）、朱军（2015）、武晓利（2017）等学者尝试将动态随机一般均衡模型引入环境政策研究领域的主要动机之一。但是，目前学界还缺乏对短期波动情形下劳动力配置和环境规制政策效应的综合研究。

（4）劳动力流动的摩擦、阻力分析不足：在劳动力这一可能影响环境规制政策效应的关键因素上，多数文献简单地将劳动力配置设为外生、忽视了劳动力的流动，一些文献虽考虑了劳动力的流动或再配置问题（Morgenstern et al，2002；Arnott et al.，2008；Shimer，2012，董直庆和李多，2015；陈诗一等，2022），但在完全竞争假定的局限下，此类文献中的劳动力为自由流动，仅有 Shimer（2012）、范庆泉（2018）等少数研究者尝试刻画了非自由的劳动力流动。相比之下，新凯恩斯主义经济模型中的劳动力再配置刻画方式更为完善，在引入本书后将可发挥更大作用（Gertler et al.，2008；Blanchard and Galí，2010）。

第四节　本书边际贡献

与现有文献相比，本书的主要边际贡献在于以下几方面。

1. 融合于 DSGE 理论框架内的两类政策效应综合研究

在环保、就业两方面压力均不容小觑的当下，本书瞄准热点问题，在一个统一、完整的理论框架（DSGE 模型）之内为就业创业政策、环境规制政策的叠加、互动效应提供了系统化、全局化的理论解释，进而以科学、实证、量化的方式探寻了两大类政策的协同运用方向，从而丰富了现有理论，拓展了学科前沿。

2. DSGE 模型的创新与改进

本书大幅创新了 DSGE 模型的建模方法，模型中不但刻画了劳动力再配置过程中的摩擦和阻力（Blanchard and Galí，2010；Gertler et al.，2008；张晓娣，2016），还考虑了产业异质性和各产业内部结构演变（数量与企业异质性），这在环境经济 DSGE 研究中还很罕见（仅有 Annicchiarico et al.，2018 等极少数先例，但其也仅考虑单一产业）。以上设计不但使创业活动得到刻画和模拟，也使环境规制对企业数量的调节作用得到更准确的反映。所以，本书 DSGE 模型可以同时模拟经济激励型规制政策（环保税、补贴等）、命令—控制型规制政策（关停整顿等，主流 DSGE 模型中还罕有此类政策）的效应，并使就业创业政策能够和各类环境规制政策在同一个理论逻辑架构下得到更为系统、全局的效应研究，提高了本书的理论价值。

3. 引入新型数据，理论与实证紧密衔接

本书研究内容完备、有序，符合从理论到实证的科学研究范式。而且，不同于现有环境领域 DSGE 研究通常仅以经济数据进行参数估计的做法（不利于对现实中的环境问题进行准确拟合），本书融合了地理信息系统（GIS）的数据及处理技术，成功提取了大气污染遥感反演数据序列并用于 DSGE 模型的参数估计。本书对模型质量的评价结果表明，遥感反演数据使本书 DSGE 模型对环境质量波动规律的解释、模拟能力发生了质的飞跃。

第二章 融合就业、创业与环境规制的 DSGE 模型设计

第一节 DSGE 模型的特点、原理和建模流程简述

动态随机一般均衡（DSGE）是一种结合理论和实证的宏观经济计量分析方法。它利用成熟的理论模型来描述符合一般均衡条件的宏观经济系统，并在此基础上进行优化条件分析、模型参数估计和数值模拟。DSGE 模型能够量化模拟经济、环境和气候的波动或演变过程，并展示其中蕴含的理论机制。此外，该模型还可以用于量化模拟各种政策工具的应用效果，并通过动态模拟结果揭示其中的理论机制，从而完成分析和预测这两个研究任务。

DSGE 的名称即能体现出其基础框架的以下几个方面特征。

首先是"动态"特征。尽管将时间维度引入动态理论模型并非仅限于 DSGE，例如在微观领域中，Taylor et al.（2004）和 Fudenberg and Tirole（1991，2013）等学者早已运用动态博弈模型研究了不完全信息和垄断竞争条件下的市场均衡决策机制。在宏观领域，动态模型的应用更是不胜枚举。除了早期的宏观理论模型外，Acemoglu et al.（2003）建立了包含动态博弈均衡的理论模型，用于研究经济发展进程中的内生制度变迁问题。此外，在不平等研究领域，Galor and Moav（2004）建立了基于统一增长理论模型的不平等内生演化分析框架，而王弟海与龚六堂（2007）等学者建立

的持续性不平等动态分析模型也是动态模型的典型应用。作为 DSGE 模型的最基本特征，动态设计使得 DSGE 在对微观基础进行刻画时与传统的静态理论模型有所不同。例如，个体的最优选择是经济学的基本假设之一，而在动态环境下，这一假设进一步扩展为跨期最优选择（Inter-Temporal Optimal Choice）。在动态模型中，微观经济主体的每期决策都会影响当前和未来，因此最优决策的条件分析不能像静态模型那样仅考虑当前影响，而需要进行动态推导，得出能够满足未来多期最优要求的答案。此外，个体对未来的预期能力在很大程度上决定着其动态决策是否达到最优水平，因此上述动态特征也将新古典经济学中的理性预期这一重要思想引入了模型中。

其次是"随机"（stochastic）特征。在经济模型和分析方法中引入随机性因素并不罕见。例如，在金融统计与计量领域，存在风险溢出模型和随机定价模型（Berg，2009；徐元栋，2017）。在微观领域，存在期望效用模型和随机博弈模型等（Fudenberg and Tirole，1991；张冀等，2016）。在宏观经济理论研究中，王弟海等（2007，2011）将收入的概率分布状态和相应的不平等程度纳入新古典主义理论模型，并研究了随机的再分配政策变化对稳态增长路径上不平等水平的影响。然而，DSGE 模型中的"随机"一词在准确的意义上指的是模拟的经济系统中存在外生随机性因素带来的结构性冲击。DSGE 模型通常对随机冲击的性质、意义和随机变量的变化过程有直接明确的定义，并能在考虑经济系统演化机制和外生随机影响的情况下确定模型经济的动态。现实世界的复杂性导致意料之外的影响因素无法完全预测，经济生活中的不确定性使人们无法准确预知经济变量的未来变化。因此，DSGE 模型通过引入外生冲击能够更好地模拟带有随机因素的现实规律。自 DSGE 的雏形 RBC 模型诞生以来，这些随机冲击就被用于解释经济波动的原因，扮演着核心重要的角色。随着经济理论的不断发展，DSGE 分析框架中纳入的随机冲击种类也不断调整和增加，从最初的技术冲击（全要素生产率）扩展到包括偏好冲击、货币政策冲击、财政政策冲击、环境政策冲击等。可以说，DSGE 分析的核心任务是探究由理论模型构成的虚拟经济系统在随机冲击下的波动和演化。如果没有上述外生随机冲击，DSGE模拟的经济系统将无法产生类似现实情况的动态变化过程，因此 DSGE 方法的意义也将大大减少。

最后是"一般均衡"（General Equilibrium）特征。一般均衡是相对于局部均衡（Partial Equilibrium）的概念，意味着模型分析需要从整个经济系统的全局角度考虑。在考虑各个经济部门、行为主体和各种影响因素相互作用和相互关联的情况下，寻找一个同时满足经济系统局部和总体最优化条件的均衡状态。宏观经济理论模型符合一般均衡条件，是宏观经济学发展到一定阶段和水平的成果。在 DSGE 方法成熟之前，它已经得到了广泛的认同和应用。例如，著名的凯恩斯主义 IS-LM 模型（以及基于该模型建立的结构性宏观经济计量模型）引入了多个市场的一般均衡机制，包括产品市场、要素市场和货币市场。Galor and Moav（2004）、王弟海等（2011）、陈钊和陆铭（2008）等人建立的新古典主义动态模型不仅是一般均衡模型，还考虑了家庭成员的行为决策，具有扎实的微观基础，为避免"卢卡斯批判"提供了条件。DSGE 进一步整合和发展了类似上述模型的一般均衡思想。它的理论模型包括家庭部门（消费者）和企业部门（生产者）等经济主体，以及环境、气候等模块，能够反映商品和要素等领域的资源流动和交易关系，以及环境问题对微观主体行为的影响。根据理性预期假设下的最优化条件，在一定的资源约束下，分析和推导各类主体的决策结果。在新凯恩斯主义的 DSGE 分析框架中，经济主体的类型进一步扩展，包括多个不同类型的企业、政府部门和金融机构等。这样的设计使得 DSGE 成为一种融合了宏观经济前沿学术思想和扎实微观基础的宏观经济计量分析方法，能够较好地与实际经济运行规律相符。

从实际操作角度来看，DSGE 分析是一项较复杂的系统性工作，可大体分为模型初步设定、模型构建、模型处理与求解、获得模型参数值、模型检验与评价、模型应用等六个紧密衔接的部分，大致步骤如图 2-1 所示。

本章剩余内容将介绍新凯恩斯主义环境经济动态随机一般均衡（DSGE）模型的设计构建过程，该模型简称为"DSGE 模型"。根据选题和分析思路，

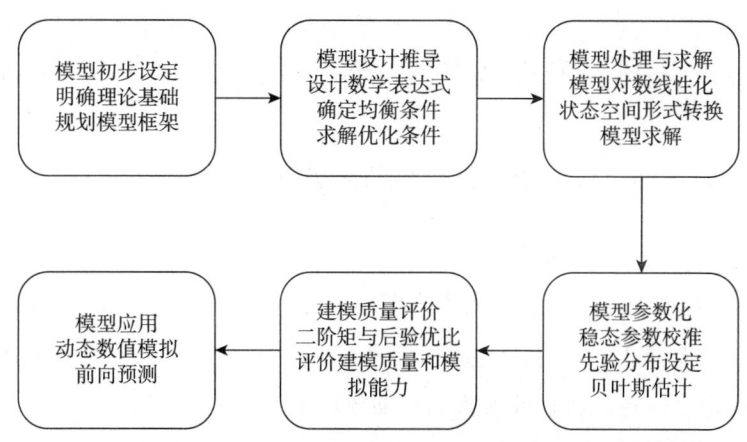

图 2-1 本书 DSGE 模型构建工作的技术路线（完整建模过程）

本书的凯恩斯主义 DSGE 分析框架包括家庭、多种生产者和政策执行者等不同部门类型，并考虑了价格的黏性。与国内大多数 DSGE 研究者类似，本章的模型设计主要参考了 Smets and Wouters（2003，2007）、Galí（2011，2015）以及刘斌（2008）等典型的凯恩斯主义 DSGE 研究文献，描述了价格黏性与非出清的劳动力市场，以确保模型设计在汲取前人经验的基础上具备合理性。

同时，本书的模型根据研究需求进行了改进和优化。例如，在本书的 DSGE 模型中，存在两类代表性产业，其中一类产业的污染排放水平较低，简称为"低污染产业"或"a 产业"，而另一类产业的污染排放水平较高，简称为"高污染产业"或"b 产业"。模型中描绘了劳动力等要素资源在产业之间的流动过程，并考虑了摩擦因素，如搜寻—匹配机制。此外，模型还引入了企业进入和退出机制，以使各产业中的创业活动和企业数量能够随着规制力度的变化而调整，而不仅仅局限于模拟总产出的变化。此外，模型中还加入了环境模块，可反映环境质量演化，并纳入了多元化环境规制政策。根据 Böcher（2012），模型中同时含有经济型规制政策（环保税、补贴等）、命令—控制型规制政策（环保督察、关停整顿等）。

第二节　含劳动力再配置机制的环境经济 DSGE 模型设计

一　家户部门：消费、就业与创业决策

1. 效用函数与约束条件

DSGE 模型中存在代表性的李嘉图型家庭（Ricardian Households），其中的消费者拥有资产、可追求跨期消费平滑和效用最大化，并且可在就业和创业之间进行选择。代表性家庭的当期效用函数为：

$$U_t^h = \frac{(C_t^h - \zeta^h C_{t-1}^h)^{\gamma_e^h(1-\sigma^h)}(ENV_t)^{(1-\gamma_e^h)(1-\sigma^h)} - 1}{1 - \sigma^h} - S_t^n \frac{(N_t^{nth})^{1+\varphi^h}}{1+\varphi^h} \quad (2.1)$$

$$S_t^n = e^{\varepsilon_t^n}, \varepsilon_t^n = \rho_n \varepsilon_{t-1}^n + e_t^n, e_t^n \sim i.i.d. N(0, \sigma_n^2)$$

本书采用的是典型的常相对风险规避（CRRA）型效用函数。式（2.1）中消费为 C_t^h，系数 ζ^h 则表示消费的惯性水平；σ^h 为消费风险规避系数。ENV_t 表示当期生态环境质量，参数 γ_e^h 表示代表性家户在消费、环境之间的权衡程度。为了表达方便，接下来设变量 $\tilde{C}_t^h = C_t^h - \zeta^h C_{t-1}^h$、$\tilde{C}_t^{eh} = (\tilde{C}_t^h)^{\gamma_e^h} ENV_t^{(1-\gamma_e^h)}$，$\tilde{C}_t^{eh}$ 相当于环境质量与商品消费的加总。家户就业总量以 N_t^{nth} 来表示；参数 φ^h 为劳动供给弹性倒数（Frisch 劳动厌恶系数）。S_t^n 是劳动供给冲击项，其稳态值为 1，其自然对数值 ε_t^n 服从平稳 AR（1）过程，该冲击项可以反映疫情等因素导致的劳动力供给波动。代表性家户的经济决策目标是要在有限预算约束下实现长期的效用最大化，其数学表达式如式（2.2）所示：

$$\max E_h = \sum_{t=0}^{\infty} (\beta^h)^t U^h(C_t^h, ENV_t^h, N_t^{nth})$$

$$s.t. (1+\tau_t^{ch}) P_t C_t^h + P_t I_t^{ha} + P_t I_t^{hb} + R_t^{-1} B_{t+1}$$

$$+ \gamma_y^a P_t v_t^a (Q_t^{ea} + E_t^{ea}) x_{t+1}^a + (1-\gamma_y^a) P_t v_t^b (Q_t^{eb} + E_t^{eb}) x_{t+1}^b$$

$$= \begin{bmatrix} (1-\tau_t^{wha})P_tW_t^{ha}Q_t^eN_t^{nha} + (1-\tau_t^{whb})P_tW_t^{hb}Q_t^{eb}N_t^{nhb} \\ + (1-\tau_t^{kha})P_tR_t^{ka}K_t^{ha} + (1-\tau_t^{khb})P_tR_t^{kb}K_t^{hb} \\ + \gamma_y^a P_t(d_t^a + v_t^a)Q_t^{ea}x_t^a + (1-\gamma_y^a)P_t(d_t^b + v_t^b)Q_t^{eb}x_t^b + B_t \end{bmatrix} \quad (2.2)$$

在式（2.2）中，我们引入了一个参数 β^h，表示家庭成员的主观贴现率。这个参数反映了个体对未来经济决策的预期效用评价。我们之所以设置这个参数，是因为随着时间的推移，个体对未来经济活动的关注程度逐渐降低，对其现实性和主观效用的感受也相应减弱。因此，β^h 的取值范围通常在 0 和 1 之间，但小于 1。P_t 为第 t 期物价指数。代表性家户提供的低污染产业（a 产业）劳动力数量为 N_t^{nha}，而前往高污染产业（b 产业）工作的劳动力数量为 N_t^{nhb}，两类产业的实际工资分别为 W_t^{ha}、W_t^{hb}。该家户持有的低污染产业物质资本为 K_t^{ha}、高污染产业物质资本为 K_t^{hb}，两类产业的实际资本收益率分别为 R_t^{ka}、R_t^{kb}，而在第 t 期抛售的债券数额（名义值）为 B_t，每单位债券的售价为 1 单位货币；而在支出方面，除了消费外，I_t^{ha}、I_t^{hb} 为对两个产业的投资，B_{t+1} 为在第 t 期认购并将在 t+1 期抛售的债券数量，这些债券的认购价格为 R_t^{-1}。从式（2.2）还可见，参考朱军和许志伟（2018）的划分方式，模型中设置了商品消费税、劳动收入税、资产收入税，其税率依次为 τ_t^{ch}、τ_t^{wx}、τ_t^{kx}，$x \in \{ha, hb\}$。

2. 创业活动与创业政策

式（2.2）中涉及企业数量变化（进入退出机制）的说明。在中国的环境规制实践中，管理部门常以行政指令形式直接关闭各行业的生产经营活动，以改善环境质量。然而，在典型的国内外环境经济领域 DSGE 研究文献中，尚未有文献能够充分考虑关停整顿政策的影响（Annicchiarico and Di Dio, 2015; 朱军, 2015; 武晓利, 2017）。其中一个原因是关停整顿政策的描述需要考虑模型中在位企业数量的变化，然而，无论是基于新古典主义的环境经济 DSGE 模型（Angelopoulos et al., 2013）还是以新凯恩斯主义为理论基础的模型（Annicchiarico and Di Dio, 2015），大部分模型都假设行业中企业数量保持不变。幸运的是，Bilbiie et al.(2012) 等研究者引入了企业数量内生变化机制到新古典主义和新凯恩斯主义的 DSGE 模型中，而 Annicchiarico et al.（2018）则进一步将创业和企业进入—退出机制引入了新凯恩斯主义的环境经济 DSGE 模型，这些研究为本书 DSGE 模型中的企业数量变化机制设计提供了重要的参考。

此外，结合企业进入—退出机制，创业活动也可在 DSGE 模型中被有效刻画。创业也是一种劳动，更是近年来受国家大力支持的劳动形式之一，创业行为的多寡也能够在较大的程度上决定一个产业的规模和就业吸纳能力（如方兴未艾的数字经济产业）。所以，本书通过含有企业进入—退出的模型设计来刻画创业行为，首先是能够实现劳动力流动的更细致刻画（劳动者以求职、创业两种形式进入其他产业），其次是能够以企业总数的萎缩来解释失业和劳动力流失的具体机制（比那些假定企业数量恒定不变的模型更贴近现实），最后是能够体现不同产业在企业数量规模和创业活跃程度上的异质性，有助于增强本书的理论价值和现实意义。

本书 DSGE 模型中的企业进入—退出机制和创业活动设定参考了 Bilbiie et al.（2012，2014）。以 a 产业为例，式中 Q_t^{ea} 为第 t 期之初的 a 产业在位企业总数，E_t^e 为第 t 期的新创企业数量，γ_y^a 为 a 产业在宏观经济中的总比重，x_t^a 表示家户持有的 a 产业的企业股份。

参考 Bilbiie et al.（2012），这里设第 t-1 期的初创企业在第 t 期才开始生产，而且即便初创企业当中也会有比例为 δ^{ea} 的企业在正式开展生产经营之前就已失败退出，所以 a 产业的企业数量动态为 $Q_t^{ea} = (1 - \delta^{ea}) S_t^{ea} (Q_{t-1}^{ea} + E_{t-1}^{ea})$，其中 Q_t^{ea} 是当期企业数量，E_{t-1}^{ea} 是上期的新创企业个数。δ^{ea} 是上期末的企业退出（歇业）比例，S_t^{ea} 是外生的企业数量变化率冲击项，其稳态值为 1，且对数偏离值 ε_t^{ea} 服从平稳的一阶自回归，即 AR（1）过程，用于体现命令—控制型政策（关停）的作用。

同理，对 b 产业也有 $Q_t^{eb} = (1 - \delta^{eb}) S_t^{eb} (Q_{t-1}^{eb} + E_{t-1}^{eb})$。在第 t 期，a 产业新创企业中的创业者总数为 $N_t^{ea} = E_t^e fc^a / S_t^A$，式中 fc^a 为 a 产业的进入成本，在现实中对应着创业初期的沉没成本（本书将以该参数的调节来体现创业促进政策的作用），该式也可以理解为"产出新创企业的函数"，其原理可以通过以下变换来理解：$E_t^e = S_t^A \gamma_n^h N_t^e / fc^a$。$S_t^A$ 是技术（全要素生产率）的冲击项。同理，b 产业的创业者总数为 $N_t^{eb} = E_t^{eb} fc^b / S_t^A$，b 产业的其余相关变量定义与 a 产业一致（除了上标不同）。v_t^a、v_t^b 是两类产业企业的预期总价值，d_t^a、d_t^b 是两类产业在位企业的当期利润。在第 t 期，潜在进入者追求的目标是企业预期价值 v_t 最大化，而企业预期价值取决于未来各期利润 d_t 的贴现值，即有：

$$v_t^i(q) = E_t \sum_{k=t+1}^{\infty} \Lambda_{t,t+k}^{ei} d_k^i(q); i \in \{a,b\}, q \in \{z,j\} \tag{2.3}$$

$\Lambda_{t,t+k}^{ei}$ 为企业价值的随机贴现因子，含义为 $\Lambda_{t,t+k}^{ei} = [\beta(1-\delta^{ei})]^k E_{t+k} \left\{ \dfrac{P_t}{P_{t+k}} \dfrac{(\tilde{C}_{t+k}^{eh})^{1-\sigma^h}}{(\tilde{C}_t^{eh})^{1-\sigma^h}} \dfrac{(\tilde{C}_t^h)(1+\tau_t^c)}{(\tilde{C}_{t+k}^h)(1+\tau_{t+k}^c)} \right\}$。

以低污染产业为例，一位代表性家户创业者如果决定在第 t 期创业，那么每一家新创企业的预期价值为 $\gamma_y^a v_t^a$。如果该创业者在该期放弃创业、重回求职者行列，那么他被低污染产业雇佣的概率为 X_t^{ha}，被高污染产业雇佣的概率为 X_t^{hb}，所以预期劳动收益为 $X_t^{ha} W_t^{ha} fc_t^a / S_t^A + X_t^{hb} W_t^{hb} fc_t^b / S_t^A$。综上所述，促使创业者坚持创业（而不受雇佣）的边际条件应当是新创企业预期价值与放弃创业后的预期劳动收益相等：

$$\gamma_y^a v_t^a = X_t^{ha} W_t^{ha} fc_t^a / S_t^A + X_t^{hb} W_t^{hb} fc_t^b / S_t^A \tag{2.4}$$

此外，决定代表性家户成员选择在哪个产业创业的边际条件应当是两类产业新创企业预期价值相等，所以有：

$$\gamma_y^a v_t^a = (1-\gamma_y^a) v_t^b \tag{2.5}$$

在物质资本方面，高污、低污两类产业的物质资本 K_t^{nh} 遵循以下的动态积累过程：

$$K_{t+1}^{hi} = (1-\delta^i) K_t^{hi} + K_t^{hi} \left[\phi\left(\dfrac{I_t^{hi}}{K_t^{hi}}\right) \right]; i \in \{a,b\} \tag{2.6}$$

式（2.6）中的 δ^i 为物质资本折旧率，函数 $\phi'(\cdot)$ 是一个泛函，其定义为物质资本调整成本函数，参考 Galí（2015），设该函数有如下性质：$\phi'(\cdot) >$

0, $\phi''(\cdot) \leq 0$, $\phi(\delta^i) = \delta^i$, $\phi'(\delta^i) = 1$, $\phi''(\delta^i) = -(\delta^i)^{-1}$。

3. 家庭的跨期最优决策条件推导

代表性家户的经济决策目标是预算约束下的长期效用最大化。这一决策目标又可以表达为下述拉格朗日函数的最大化：

$$\begin{aligned}\mathcal{L} &= \frac{(C_t^h - hC_{t-1}^h)^{\gamma_e^h(1-\sigma^h)}(ENV_t^h)^{(1-\gamma_e^h)(1-\sigma^h)} - 1}{1-\sigma^h} - S_t^n \frac{(N_t^{nh})^{1+\varphi}}{1+\varphi} \\ &+ \beta V(K_{t+1}^{ha}, K_{t+1}^{hb}, B_{t+1}^h, x_{t+1}^a, x_{t+1}^b) \\ &- \lambda_t^h \begin{bmatrix} (1+\tau_t^{ch})P_t C_t^h + P_t I_t^h + R_t^{-1} B_{t+1}^h \\ + \gamma_y^a(\gamma_n^h)^{-1} P_t v_t^a (Q_t^{ea} + E_t^{ea}) x_{t+1}^a + (1-\gamma_y^a)(\gamma_n^h)^{-1} P_t v_t^b (Q_t^{eb} + E_t^{eb}) x_{t+1}^a \\ - (1-\tau_t^{wha}) P_t W_t^{ha} Q_t^{ea} N_t^{nha} - (1-\tau_t^{whb}) P_t W_t^{hb} Q_t^{eb} N_t^{nhb} \\ - (1-\tau_t^{kha}) P_t R_t^{ka} K_t^{ha} - (1-\tau_t^{khb}) P_t R_t^{kb} K_t^{hb} \\ - \gamma_y^a P_t (d_t^a + v_t^a) Q_t^{ea} x_t^a - (1-\gamma_y^a) P_t (d_t^b + v_t^b) Q_t^{eb} x_t^b + B_t^h \end{bmatrix}\end{aligned} \quad (2.7)$$

在式（2.7）中，$V(K_{t+1}^{ha}, K_{t+1}^{hb}, B_{t+1}^h, x_{t+1}^a, x_{t+1}^b)$ 代表家庭成员在跨期选择中所采用的价值函数。这个价值函数实际上是一个泛函，其经济含义可以解释为：在跨期优化决策的过程中，典型家庭必须不断追求下一期的价值函数最大化，以实现长期效用的最大化。实际上，引入这个价值函数的主要目的是为基于包络定理的跨期一阶优化求解提供条件。拉格朗日乘数则是不可或缺的拉格朗日乘数法中的组成部分，用于求解条件极值。通过结合拉格朗日乘数法、包络定理和微分方法，我们可以进一步对代表性家庭的经济决策进行一阶最优化求解。

首先，直接对式（2.7）求偏导，可得：

$$\frac{\partial \mathcal{L}}{\partial C_t^h} = (\tilde{C}_t^h)^{(1-\sigma^h)\gamma_e^h - 1}(ENV_t)^{(1-\gamma_e^h)(1-\sigma^h)} - \lambda_t^h P_t(1+\tau_t^c) = 0 \Rightarrow \lambda_t^h = \frac{(\tilde{C}_t^{ch})^{(1-\sigma)}}{\tilde{C}_t^h P_t(1+\tau_t^c)} \quad (2.8)$$

$$\frac{\partial \mathcal{L}}{\partial B_{t+1}^h} = \beta^h V'(B_{t+1}^h) - \lambda_t^h R_t^{-1} = 0 \Rightarrow V'(B_{t+1}^h) = (\beta^h)^{-1} \lambda_t^h R_t^{-1} \quad (2.9)$$

$$\frac{\partial \mathcal{L}}{\partial K_{t+1}^{ha}} = \beta^h V'(K_{t+1}^{ha}) - \lambda_t^h P_t \frac{\partial I_t^{ha}}{\partial K_{t+1}^{ha}} = 0 \quad (2.10)$$

$$\frac{\partial \mathcal{L}}{\partial K_{t+1}^{hb}} = \beta^h V'(K_{t+1}^{hb}) - \lambda_t^h P_t \frac{\partial I_t^{hb}}{\partial K_t^{hb}} = 0 \quad (2.11)$$

$$\frac{\partial \mathcal{L}}{\partial x_{t+1}^{a}} = \beta^h V'(x_{t+1}^{a}) - \lambda_t^h \gamma_y^a P_t v_t^a (Q_t^{ea} + E_t^{ea}) = 0 \quad (2.12)$$

$$\frac{\partial \mathcal{L}}{\partial x_{t+1}^{b}} = \beta^h V'(x_{t+1}^{b}) - \lambda_t^h (1 - \gamma_y^a) P_t v_t^b (Q_t^{eb} + E_t^{eb}) = 0 \quad (2.13)$$

接下来，利用包络定理完成跨期最优化条件求解。根据包络定理，可从式（2.7）计算得出：

$$V'(B_t^h) = \frac{\partial \mathcal{L}}{\partial B_t^h} = \lambda_t^h$$

将上式前推一期并与式（2.9）联立后，得到消费的跨期决定条件：

$$R_t = (\beta^h)^{-1} \frac{\lambda_t^h}{\lambda_{t+1}^h}$$

$$\Rightarrow R_t \Lambda_{t,t+1}^h \frac{P_t}{P_{t+1}} = 1 \quad (2.14)$$

式（2.14）中，$\Lambda_{t,t+1}^h$ 为家户成员实际税后消费的随机贴现因子，其定义为：

$$\Lambda_{t,t+1}^h = (\beta)^k \frac{(\tilde{C}_{t+1}^{eh})^{1-\sigma^h}}{(\tilde{C}_t^{eh})^{1-\sigma^h}} \frac{(\tilde{C}_t^h)(1+\tau_t^c)}{(\tilde{C}_{t+1}^h)(1+\tau_{t+1}^c)} \quad (2.15)$$

此处可定义代表性家户的边际替代率为：$MRS_t^h = S_t^n (\gamma_e^h)^{-1} (N_t^{nth})^{\varphi^h} (\tilde{C}_t^h) (\tilde{C}_t^{eh})^{\sigma^h-1}$。

根据包络定理，从式（2.7）还可计算得出：

$$V'(K_t^{ha}) = \frac{\partial \mathcal{L}}{\partial K_t^{ha}} = \lambda_t^h P_t (1 - \tau_t^k) R_t^{ka} - \lambda_t^h P_t \frac{\partial I_t^{ha}}{\partial K_t^{ha}} \quad (2.16)$$

同时，对资本积累方程求导后可以得出：

$$\frac{\partial I_t^{ha}}{\partial K_t^{ha}} = Q_t^a \left[1 - \delta^a + \phi\left(\frac{I_t^{ha}}{K_t^{ha}}\right) - \phi'\left(\frac{I_t^{ha}}{K_t^{ha}}\right) \frac{I_t^{ha}}{K_t^{ha}} \right] \quad (2.17)$$

托宾"Q"值的内在含义是公司的市场价值与其资产重置价值之比。

将式（2.17）代入前推一期的式（2.16）后，并与式（2.10）、式（2.14）联立后得：

$$\beta^h V'(K_{t+1}^{ha}) = \beta^h E_t\left\{(1-\tau_{t+1}^k)R_{t+1}^{ka} + Q_{t+1}^a\left[(1-\delta^a) + \phi\left(\frac{I_{t+1}^{ha}}{K_{t+1}^{ha}}\right) - \frac{I_{t+1}^{ha}}{K_{t+1}^{ha}}\phi'\left(\frac{I_{t+1}^{ha}}{K_{t+1}^{ha}}\right)\right]\right\}$$

$$= E_t\left\{\frac{\lambda_t^h P_t}{\lambda_{t+1}^h P_{t+1}}\right\} Q_t^a \qquad (2.18)$$

同理，对另一产业，也可得：

$$\beta^h V'(K_{t+1}^{hb}) = \beta^h E_t\left\{(1-\tau_{t+1}^k)R_{t+1}^{kb} + Q_{t+1}^b\left[(1-\delta^b) + \phi\left(\frac{I_{t+1}^{hb}}{K_{t+1}^{hb}}\right) - \frac{I_{t+1}^{hb}}{K_{t+1}^{hb}}\phi'\left(\frac{I_{t+1}^{hb}}{K_{t+1}^{hb}}\right)\right]\right\}$$

$$= E_t\left\{\frac{\lambda_t^h P_t}{\lambda_{t+1}^h P_{t+1}}\right\} Q_t^b \qquad (2.19)$$

根据包络定理，从式（2.7）还可计算得出关于产业利润与价值的下列条件：

$$V'(x_t^a) = \gamma_y^a \lambda_t^h P_t (d_t^a + v_t^a) Q_t^{ea} \qquad (2.20)$$

将式（2.20）前推一期代入式（2.12）后，并考虑企业数量的动态演化规律 $Q_t^{ea} = (1-\delta^{ea})S_t^{ea}(Q_{t-1}^{ea} + E_t^{ea})$ 进行推导如下：

$$\beta^h E_t\{\lambda_{t+1}^h \gamma_y^a P_{t+1}(d_{t+1}^a + v_{t+1}^a)Q_{t+1}^{ea}\} - \lambda_t^h \gamma_y^a P_t v_t^a (Q_t^{ea} + E_t^{ea}) = 0$$

$$\Rightarrow \beta^h E_t\{\lambda_{t+1}^h \gamma_y^a P_{t+1}(d_{t+1}^a + v_{t+1}^a)Q_{t+1}^{ea}\} = \lambda_t^h \gamma_y^a P_t v_t^a Q_t^{ea}/[S_{t+1}^{ea}(1-\delta^{ea})]$$

$$\Rightarrow \beta^h E_t\{\lambda_{t+1}^h P_{t+1}(d_{t+1}^a + v_{t+1}^a)\} = \lambda_t^h P_t v_t^a [S_{t+1}^{ea}(1-\delta^{ea})]^{-1} \qquad (2.21)$$

$$\Rightarrow v_t^a = \beta^h (1-\delta^{ea}) S_{t+1}^{ea} E_t\left\{\frac{\lambda_{t+1}^h P_{t+1}}{\lambda_t^h P_t}(d_{t+1}^a + v_{t+1}^a)\right\}$$

最后得出：

$$v_t^a = E_t\{\Lambda_{t,t+1}^h (1-\delta^{ea}) S_{t+1}^{ea}(d_{t+1}^a + v_{t+1}^a)\} \qquad (2.22)$$

同理也可得出另一产业的创业参股优化选择条件：

$$v_t^b = E_t\{\Lambda_{t,t+1}^h (1-\delta^{eb}) S_{t+1}^{eb}(d_{t+1}^b + v_{t+1}^b)\} \qquad (2.23)$$

根据上面推导的结果,可将代表性家户经济行为的一阶优化条件汇总如下:

$$R_t \Lambda_{t,t+1}^h \frac{P_t}{P_{t+1}} = 1 \quad (2.24)$$

$$Q_t^a = \left[\phi'\left(\frac{I_t^{ha}}{K_t^{ha}}\right) \right]^{-1} \quad (2.25)$$

$$Q_t^a = E_t \left\{ \Lambda_{t,t+1}^h (1 - \tilde{\tau}_{t+1}^{kh}) R_{t+1}^k + \Lambda_{t,t+1}^h Q_{t+1}^a \left[1 - \delta^a + \phi\left(\frac{I_{t+1}^{ha}}{K_{t+1}^{ha}}\right) - \phi'\left(\frac{I_{t+1}^{ha}}{K_{t+1}^{ha}}\right) \frac{I_{t+1}^{ha}}{K_{t+1}^{ha}} \right] \right\} \quad (2.26)$$

$$Q_t^b = \left[\phi'\left(\frac{I_t^{hb}}{K_t^{hb}}\right) \right]^{-1} \quad (2.27)$$

$$Q_t^b = E_t \left\{ \Lambda_{t,t+1}^h (1 - \tilde{\tau}_{t+1}^{kh}) R_{t+1}^{kb} + \Lambda_{t,t+1}^h Q_{t+1}^b \left[1 - \delta^b + \phi\left(\frac{I_{t+1}^{hb}}{K_{t+1}^{hb}}\right) - \phi'\left(\frac{I_{t+1}^{hb}}{K_{t+1}^{hb}}\right) \frac{I_{t+1}^{hb}}{K_{t+1}^{hb}} \right] \right\} \quad (2.28)$$

$$v_t^a = E_t \{ \Lambda_{t,t+1}^h (1 - \delta^{ea}) S_{t+1}^{ea} (d_{t+1}^a + v_{t+1}^a) \} \quad (2.29)$$

$$v_t^b = E_t \{ \Lambda_{t,t+1}^h (1 - \delta^{eb}) S_{t+1}^{eb} (d_{t+1}^b + v_{t+1}^b) \} \quad (2.30)$$

在式 (2.26)、式 (2.28) 两个等式中,Q_t^a、Q_t^b 表示两类产业资本影子价格(即托宾"Q"值)。$\Lambda_{t,t+1}^h$ 为随机贴现因子,其定义为:$\Lambda_{t,t+k}^h = (\beta^h)^k [(1 + \tilde{\tau}_t^{ch})/(1 + \tilde{\tau}_{t+k}^{ch})](\tilde{C}_t^h/\tilde{C}_{t+k}^h)$。

二 生产部门

1. 中间产品生产商

模型中的两类不同产业均存在中间产品和最终产品生产部门,此外还存在跨产业的产品最终经销部门,形成了产业链上的衔接关系。作为抽象简化,低污染产业中间产品制造部门存在一个由生产商 $z \in (0, Q_t^{ea}]$ 构成的连续统,高污染产业的同类厂商则分布在 $j \in (0, Q_t^{eb}]$ 的连续统中。中间产品生产商的生产函数为:

$$Y_t^{mi}(q) = K_{t-1}^i(q)^{(1-\alpha^i)} [S_t^A N_t^i(q)]^{\alpha^i}; i \in \{a, b\}, q \in \{z, j\} \quad (2.31)$$

以低污染产业（a产业）为例，$Y_t^{ma}(z)$为第z个代表性生产商的产量，$1-\alpha^a$为资本的产出弹性。根据模型参数的校准和估计结果，低污染产业的资本产出弹性高于高污染产业。此外，在外部冲击下，低污染产业的全要素生产率持续性参数值也更高，这表明低污染产业更加依赖资本和技术推动。在经济结构变迁的过程中，提高低污染产业的比重也有助于推动国民经济的增长动力转型。

$K_{t-1}^a(z)$表示第z个低污染产业代表性生产商的资本投入量，其与代表性家户资本持有量的关系为：$K_t^a(z) = K_t^a/Q_t^{ea}$（Annicchiarico et al., 2018）。$N_t^a(z)$表示代表性生产商的劳动力投入。S_t^A是与环保无关的技术冲击项，其稳态值为1，自然对数ε_t^A服从平稳的AR（1）过程。

高污染产业生产函数的表示方式与此类似（仅有上标不同），此处略去其阐述。

根据成本最小化一阶条件可以得出：中间产品生产商的边际成本及资本要素报酬水平（实际资本收益率）之间应满足以下等式关系：

$$R_t^{ki}(q) = (1-\alpha^i)\psi_t^i(z)\left[\frac{Y_t^{mi}(q)}{K_{t-1}^i(q)}\right]; i \in \{a,b\}, q \in \{z,j\} \qquad (2.32)$$

其中，$\psi_t^a(z)$、$\psi_t^b(j)$表示两类产业生产商的实际边际成本水平（不包含环境因素），$R_t^{ka}(z)$、$R_t^{kb}(j)$为实际资本收益率。对于劳动报酬而言，尽管在大多数相关研究中，企业的劳动要素报酬（实际工资）直接取决于成本最小化条件，但在本书的模型中，考虑到劳动力的跨行业流动和搜寻—匹配机制，劳动力投入与实际工资之间的决定过程更为复杂，在接下来关于跨行业劳动力再配置的部分，我们将对劳动力投入和实际工资的决定过程进行详细阐述。

中间产品生产商的价格调整过程遵循Calvo规则：

$$[P_t^{mi}(q)]^{1-\varepsilon^i} = \theta^i[P_{t-1}^{mi}(q)]^{1-\varepsilon^i} + (1-\theta^i)(P_t^{a*})^{1-\varepsilon^i}; i \in \{a,b\}, q \in \{z,j\}$$
$$(2.33)$$

根据上述规则，$P_t^{ma}(z)$、$P_t^{mb}(j)$是单个生产商定价水平，P_t^{a*}、P_t^{b*}是生

产商在当期重新确定的最优价格，θ^a 或 θ^b 分别代表两类产业的名义价格刚性。ε^a、ε^b 是两类产业内部的中间产品替代率，代表性生产商在向最终产品商出售产品时，在每一期均能在 $1-\theta^a$ 或 $1-\theta^b$ 的概率下重新设定符合自身利润最大化诉求的最优价格 P_t^{a*}、P_t^{b*}，以实现下面的利润最大化目标：

$$\max_{P_t^{i*}} \sum_{k=0}^{\infty} [\theta^i(1-\delta^{ei})]^k E_t \left\{ \left(\prod_0^k x_{t+k}^{ei} \right) \Lambda_{t,t+k}^h \frac{P_t}{P_{t+k}} [P_t^{i*} Y_{t+k|t}^{mi}(q) - \Psi_{t+k|t}^i(q)] \right\} \quad (2.34)$$
$$i \in \{a,b\}, q \in \{z,j\}$$

式（2.34）中，$\Psi_{t+k|t}^i(q), q \in \{z,j\}$ 为名义总成本函数（含有环境因素），其主要自变量为 $Y_{t+k|t}^{mi}(q)$。

结合后文推导的中间产品需求函数，有：

$$Y_{t+k|t}^{mi}(q) = \left[\frac{P_t^{i*}}{P_{t+k}^i} \right]^{-\varepsilon^i} Y_{t+k}^i, i \in \{a,b\}, q \in \{z,j\} \quad (2.35)$$

式（2.35）中 $Y_t^i, i \in \{a,b\}$ 为两类产业的最终产品（将来自行业内诸多企业的中间产品加总后得到），$P_{t+k}^i, i \in \{a,b\}$ 代表各产业的总体价格指数。对上述关系式中的 P_t^{i*} 求一阶偏导，得到：

$$\frac{\partial Y_{t+k|t}^{mi}(q)}{\partial P_t^{i*}} = -\varepsilon^i \frac{Y_{t+k}^i}{P_{t+k}^i} \left[\frac{P_t^{i*}}{P_{t+k}^i} \right]^{-\varepsilon^i-1}$$

$$= -\varepsilon^i \frac{Y_{t+k}^i}{P_t^{i*}} \frac{P_t^{i*}}{P_{t+k}^i} \left[\frac{P_t^{i*}}{P_{t+k}^i} \right]^{-\varepsilon^i-1} = -\varepsilon^i \frac{Y_{t+k|t}^{mi}(q)}{P_t^{i*}}$$

所以，对式（2.35）中的 P_t^{i*} 求一阶偏导后，符合利润最大化要求的最优定价条件可以表达为：

$$\sum_{k=0}^{\infty} [\theta^i(1-\delta^{ei})]^k E_t \left\{ \left(\prod_0^k x_{t+k}^{ei} \right) \Lambda_{t,t+k}^h \frac{P_t}{P_{t+k}} \right.$$

$$\left. \left[Y_{t+k|t}^{mi}(q) - P_t^{i*} \frac{\partial Y_{t+k|t}^{mi}(q)}{\partial P_t^{i*}} - \frac{\partial Y_{t+k|t}^{mi}(q)}{\partial P_t^{i*}} \frac{\partial \Psi_{t+k|t}^i(q)}{\partial Y_{t+k|t}^{mi}(q)} \right] \right\} = 0$$

$$\Rightarrow \sum_{k=0}^{\infty} [\theta^i(1-\delta^{ei})]^k E_t \left\{ \left(\prod_0^k x_{t+k}^{ei} \right) \Lambda_{t,t+k}^h \frac{P_t}{P_{t+k}} \right.$$

$$\left[Y_{t+k|t}^{mi}(q) - \varepsilon^i Y_{t+k|t}^{mi}(q) + \varepsilon^i \frac{Y_{t+k|t}^{mi}(q)}{P_t^{i*}} \frac{\partial \Psi_{t+k|t}^i(q)}{\partial Y_{t+k|t}^{mi}(q)} \right] \right\} = 0$$

$$\Rightarrow \sum_{k=0}^{\infty} [\theta^i (1-\delta^{ei})]^k E_t \left\{ \left(\prod_0^k x_{t+k}^{ei} \right) \Lambda_{t,t+k}^h Y_{t+k|t}^{mi}(q) \frac{P_t}{P_{t+k}} \right.$$

$$\left. \left[1 - \varepsilon^i + \frac{\varepsilon^i}{P_t^{i*}} \frac{\partial \Psi_{t+k|t}^i(q)}{\partial Y_{t+k|t}^{mi}(q)} \right] \right\} = 0$$

$$i \in \{a,b\}, q \in \{z,j\}$$

不难理解，上式中的 P_t、P_t^{i*}、ε^i 等变量或参数均不随期数 k 而变，所以上述一阶最优条件可作如下化简：

$$\sum_{k=0}^{\infty} [\theta^i (1-\delta^{ei})]^k E_t \left\{ \left(\prod_0^k x_{t+k}^{ei} \right) \Lambda_{t,t+k}^h Y_{t+k|t}^{mi}(q) \frac{P_t}{P_{t+k}} \left[1 - \varepsilon^i + \frac{\varepsilon^i}{P_t^{i*}} \frac{\partial \Psi_{t+k|t}^i(q)}{\partial Y_{t+k|t}^{mi}(q)} \right] \right\} = 0$$

$$\Rightarrow \sum_{k=0}^{\infty} [\theta^i (1-\delta^{ei})]^k E_t \left\{ \left(\prod_0^k x_{t+k}^{ei} \right) \Lambda_{t,t+k}^h Y_{t+k|t}^{mi}(q) \left[\frac{P_t^{i*}}{P_{t+k}} + \frac{\varepsilon^i}{(1-\varepsilon^i)} \frac{\partial \Psi_{t+k|t}^i(q)}{\partial Y_{t+k|t}^{mi}(q) P_{t+k}} \right] \right\} = 0$$

$$i \in \{a,b\}, q \in \{z,j\}$$

所以，中间产品商定价决策的利润最大化一阶条件最后可表达为：

$$\sum_{k=0}^{\infty} [\theta^i (1-\delta^{ei})]^k E_t \left\{ \left(\prod_0^k x_{t+k}^{ei} \right) \Lambda_{t,t+k}^h Y_{t+k|t}^{mi}(q) \left[\frac{P_t^{i*}}{P_{t+k}} - \mu^i MC_{t+k|t}^i(q) \right] \right\} = 0$$

$$\mu^i = \frac{\varepsilon^i}{(\varepsilon^i - 1)}, i \in \{a,b\}, q \in \{z,j\}$$
(2.36)

式（2.36）中，$MC_{t+k|t}^i(q)$，$q \in \{z,j\}$ 为各产业的实际边际成本函数（含有环境因素），其含义为 $MC_{t+k|t}^i(q) = \frac{\partial \Psi_{t+k|t}^i(q)}{\partial Y_{t+k|t}^{mi}(q) P_{t+k}}$，$i \in \{a,b\}$，$q \in \{z,j\}$。

对式（2.36）进行线性化处理和相应推导、变换后（为节约篇幅，具体过程见本章附录），可以得到新凯恩斯主义菲利普斯曲线方程（new Keynesian Phillips' curve, NKPC），其表达式如下：

$$\pi_t^i = (\theta^i)^{-1}(1-\theta^i)[1-\theta^i(1-\delta^{ei})\beta^h](\widehat{mc}_t^i - \hat{p}_t^i)$$
$$+ (1-\delta^{ei})\beta^h E_t \{(\pi_{t+1}^i + \hat{p}_{t+1}^{mi} - \hat{p}_t^{mi}) + (1-\theta^i)\hat{p}_t^{mi}\}$$
$$+ \hat{p}_{t-1}^{mi} - (\theta^i)^{-1}\hat{p}_t^{mi}; i \in \{a,b\}$$
(2.37)

式（2.37）表明，本书 DSGE 模型可以纳入价格、利率等名义变量，有利于准确反映环境规制政策的经济效应、更全面地探索政策选项。式中的 $\pi_t^i = \ln(P_t^i) - \ln(P_{t-1}^i)$，$i \in \{a,b\}$，表示两行业的产品价格指数变化率（膨胀率），$\tilde{p}_t^{ma}$ 和 $\tilde{p}_t^{mb}$ 分别为两类产业中间产品生产商定价与产业价格指数的比值，$\tilde{p}_t^a$ 和 $\tilde{p}_t^b$ 分别为两类产业的价格指数与总物价水平 P_t 之比。

需说明的是，式（2.37）是对数线性化形式，实际上本书 DSGE 模型的所有方程最终都须进行对数线性化转换。在本书涉及对数线性化的阐述中，一律用变量字母的小写格式（顶部加尖形符号）表示变量相对其稳态的对数偏离值，带"ss"下标或顶部带横线的变量符号表示变量的稳态值；例如，$\widehat{mc}_t^i \equiv \ln(MC_t^i/\overline{MC^i})$。

2. 最终产品生产商

高污染、低污染产业拥有各自的最终产品生产商，使用 CES 技术将所有中间产品生产商的产品加总为最终产品。这样的加总方式实际正是垄断竞争市场结构的一处体现。如前所述，ε^a、ε^b 是两行业的中间产品替代率，其数值与厂商间的产品差异程度成反比，CES 技术的实际含义可理解为行业中众多有差异的产品被加总为最终的一揽子产品（也可理解为产品组合），也即：

$$Y_t^i = \left\{ \sum_{z=1}^{Q_t^{ei}} [Y_t^{mi}(q)]^{\frac{\varepsilon^i-1}{\varepsilon^i}} \right\}^{\frac{\varepsilon^i}{\varepsilon^i-1}}; i \in \{a,b\}, q \in \{z,j\} \qquad (2.38)$$

根据最终产品生产商的利润最大化条件，两类产业中间产品生产商面对的市场需求函数为：

$$Y_t^{mi}(z) = \left[\frac{P_t^{mi}(z)}{P_t^i}\right]^{-\varepsilon^i} Y_t^i, i \in \{a,b\}, q \in \{z,j\} \qquad (2.39)$$

两类产业的全产业价格指数为[①]：

$$P_t^i = \left\{ \sum_{z=1}^{Q_t^{ei}} [P_t^{mi}(q)]^{1-\varepsilon^i} \right\}^{\frac{1}{1-\varepsilon^i}}; i \in \{a,b\}, q \in \{z,j\} \qquad (2.40)$$

---

① 此处的价格指数推导参考 Galí（2011）。

在接下来的内容中，由于须考虑垄断竞争条件下的企业数量变化，两类产业代表性生产商定价与全产业价格指数的比值分别为 $\tilde{p}_t^{ma} = P_t^{ma}/P_t^a$；$\tilde{p}_t^{mb} = P_t^{mb}/P_t^a$。

3. 跨产业经销商

国内跨产业经销商负责将两类产业的最终产品加总为一揽子货物 Y_t，其生产函数为：

$$Y_t = \left[(\gamma_y^a)^{1/\varepsilon_p} (Y_t^a)^{(\varepsilon_p-1)/\varepsilon_p} + (1-\gamma_y^a)^{1/\varepsilon_p} (Y_t^b)^{(\varepsilon_p-1)/\varepsilon_p} \right]^{\varepsilon_p/(\varepsilon_p-1)} \quad (2.41)$$

式（2.41）中，γ_y^a 是低污染产业在全国经济中的权重，参数 ε_p 是各产业间的产品（服务）替代弹性系数。根据利润最大化条件，可以推出整个模型经济的总体物价指数 P_t：

$$P_t = \left[\gamma_y^a (P_t^a)^{(1-\varepsilon_p)} + (1-\gamma_y^a)(P_t^b)^{(1-\varepsilon_p)} \right]^{1/(1-\varepsilon_p)} \quad (2.42)$$

在接下来的内容中，设两类产业的全产业价格指数与总物价水平 P_t 之比分别为 $\tilde{p}_t^a = P_t^a/P_t$；$\tilde{p}_t^b = P_t^b/P_t$。

综合以上等式，并结合式（2.38），可得出单个企业产量与产业最终产品价值的关系：

$$Y_t^a = (Q_t^{ea})^{\frac{\varepsilon^a}{\varepsilon^a-1}} Y_t^{ma} \quad (2.43)$$

$$Y_t^b = (Q_t^{eb})^{\frac{\varepsilon^b}{\varepsilon^b-1}} Y_t^{mb} \quad (2.44)$$

结合式（2.40）可以进一步得出单个企业定价与产业总体价格的关系。

$$P_t^a = (Q_t^{ea})^{\frac{1}{1-\varepsilon^a}} P_t^{ma} \quad (2.45)$$

$$P_t^b = (Q_t^{eb})^{\frac{1}{1-\varepsilon^b}} P_t^{mb} \quad (2.46)$$

三 劳动力搜寻—匹配与就业影响因素

1. 劳动力的结构与流动机制

为了更准确地反映环境政策的传导机制和探索更多政策选项，与大多数环境经济模型假定劳动力自由流动的做法不同，本书借鉴了 Gertler et al.（2008）和 Blanchard & Galí（2010）、张晓娣（2016）、陈利锋（2017）的研究，在模型方程中引入了劳动力搜寻—匹配机制以刻画劳动力流动的摩擦、阻力，从而使得就业和工资的调整具有一定的黏性，体现了劳动力市场的不完备性。党的二十大报告已经指出："要破除妨碍劳动力、人才流动的体制和政策弊端，消除影响平等就业的不合理限制和就业歧视。"因此上述设定为模型中的就业和创业政策提供了关键着力点，在当前经济环境下具有重要意义。

模型中劳动力资源总量为 L_t^h，为方便分析，将其标准化为 1。接下来介绍代表性家户劳动力跨产业流动及搜寻—匹配过程。

总数为 L_t^h 的代表性家户劳动力可以前往不同产业就业，两类产业代表性企业获得的劳动力数量分别为 $N_t^{ha}(z)$、$N_t^{hb}(j)$；此外，劳动力中还有一部分选择在两个产业中进行创业，数量分别为 N_t^{ea} 和 N_t^{eb}。U_t^h 则是当期失业人员数量，上述关系以方程表示为：

$$L_t^h = Q_t^{ea} N_t^{ha}(z) + Q_t^{eb} N_t^{hb}(j) + \gamma_y^a N_t^{ea} + (1 - \gamma_y^a) N_t^{eb} + U_t^h \tag{2.47}$$

在考虑两类产业的生产商数量后，代表性家户的实际就业总量（含创业）N_t^{nth} 为：

$$N_t^{nth} = Q_t^{ea} N_t^{nha}(z) + Q_t^{eb} N_t^{nhb}(j) + \gamma_y^a N_t^{ea} + (1 - \gamma_y^a) N_t^{eb} \tag{2.48}$$

设参数 δ^{wha}、δ^{whb} 为两类产业劳动力的离职率，$H_t^{ha}(z)$、$H_t^{hb}(j)$ 分别为低污染、高污染产业代表性生产商在第 t 期新雇佣的劳动力。基于上述设定，代表性生产商雇佣的劳动力数量遵循如下的动态变化过程：

$$N_t^{hi}(q) = (1 - \delta^{whi}) N_{t-1}^{hi}(q) + H_t^{hi}(q); i \in \{a,b\}, q \in \{z,j\} \tag{2.49}$$

对应地，在第 t 期开始时，求职者群体是由上一期未获雇佣的失业者、本期开始时决定离职的劳动者、上一期创业的失败者、因企业在上期末歇业而失业的劳动者，以及本期减少的创业者（主动放弃创业者）共同构成的。所以求职者总数 J_t^h 可表示为：

$$J_t^h = \bar{L} - Q_{t-1}^{ea} N_{t-1}^{ha}(z) - Q_{t-1}^{eb} N_{t-1}^{hb}(j) - \gamma_y^a N_{t-1}^{ea} - (1-\gamma_y^a) N_{t-1}^{eb}$$
$$+ \delta^{wha}(1-\delta^{ea}) Q_{t-1}^{ea} N_{t-1}^{ha}(z) + \delta^{whb}(1-\delta^{eb}) Q_{t-1}^{eb} N_{t-1}^{hb}(j)$$
$$- \gamma_y^a N_t^{ea} - (1-\gamma_y^a) N_t^{eb} + \gamma_y^a N_{t-1}^{ea} + (1-\gamma_y^a) N_{t-1}^{eb} \quad (2.50)$$
$$+ \delta^{ea} \gamma_y^a N_{t-1}^{ea} + \delta^{eb}(1-\gamma_y^a) N_{t-1}^{eb} + \delta^{ea} Q_{t-1}^{ea} N_{t-1}^{ha}(z) + \delta^{ea} Q_{t-1}^{eb} N_{t-1}^{hb}(j)$$

总数 J_t^h 的求职者能在 X_t^{ha} 的概率下入职低污染产业岗位，其数量为 H_t^{ha}，此外也能在 X_t^{hb} 的概率下获得高污染产业就业岗位，其数量为 H_t^{hb}，以上两个概率也称为"就业紧度"，共同体现了劳动力的跨产业流动机制：

$$X_t^{hi} = Q_t^{ei} H_t^{hi}(q) / J_t^h; i \in \{a,b\}, q \in \{z,j\} \quad (2.51)$$

其中，流出低污染产业，在第 t 期转移至高污染产业的劳动力数量为：

$$J_t^{ha} = X_t^{hb} \{ [\delta^{wha}(1-\delta^{ea}) + \delta^{ea}] Q_{t-1}^{ea} N_{t-1}^{ha}(z) - \gamma_y^a N_t^{ea} + \gamma_y^a N_{t-1}^{ea} \} \quad (2.52)$$

同理，流出高污染产业，在第 t 期转移至低污染产业的劳动力数量为：

$$J_t^{hb} = X_t^{ha} \{ \delta^{whb}(1-\delta^{eb}) Q_{t-1}^{eb} N_{t-1}^{hb}(j) - (1-\gamma_y^a) N_t^{eb} + (1-\gamma_y^a) N_{t-1}^{eb} \} \quad (2.53)$$

最后，当期非自愿失业人员数 U_t^h 等于未能成功上岗就业的求职者总数：

$$U_t^h = (1 - X_t^{ha} - X_t^{hb}) J_t^h \quad (2.54)$$

2. 劳动力搜寻—匹配的均衡条件

除了上述方程外，劳动力在各产业的就业还取决于劳动力搜寻—匹配过程。首先，劳动力的求职成本由下面的成本函数决定：

$$G_t^{hi} = \nu^{hi} S_t^A (X_t^{hi})^{\varpi^{hi}}; i \in \{a,b\} \quad (2.55)$$

式（2.35）中的 G_t^{hi} 为求职过程中的沉没成本，在现实中对应劳动者在迁移落户、再就业培训、岗位信息获取等方面的实际成本。在后续研究中，本书将通过调节求职成本体现各类就业促进政策的作用。本书参考陈利锋（2017），以求职成本衡量劳动力跨产业流动的阻力，ν^{hi}、ϖ^{hi} 均是求职成本函数的技术参数。劳动力在各产业生产商中的边际产出为：

$$MRPN_t^{hi}(q) = \alpha^i \psi_t^i(q) \left[\frac{Y_t^{mi}(q)}{N_t^i(q)} \right]; i \in \{a,b\}, q \in \{z,j\} \quad (2.56)$$

式（2.56）中 $\psi_t^a(z)$、$\psi_t^b(j)$ 表示不包含环境因素的实际边际成本。参考陈利锋（2017），满足企业价值最大化要求的代表性生产商劳动力投入条件为：

$$MRPN_t^{hi}(q) = W_t^{hi}(q)/(\tilde{p}_t^{ma}\tilde{p}_t^a) + G_t^{hi} - \gamma_n^h(1-\delta^{wi})E_t\{\Lambda_{t,t+1}^h G_{t+1}^{hi}\};$$
$$i \in \{a,b\}, q \in \{z,j\} \tag{2.57}$$

两类产业的跨期最优雇佣决策为：

$$G_t^{ha} = MRPN_t^{ha} - W_t^{ha}/(\tilde{p}_t^{ma}\tilde{p}_t^a) + \gamma_n^h E_t\{\Lambda_{t,t+1}^h[(1-\delta^{wa}+\delta^{wa}X_{t+1}^{ha})G_{t+1}^{ha} + \delta^{wa}X_{t+1}^{hb}G_{t+1}^{hb}]\} \tag{2.58}$$

$$G_t^{hb} = MRPN_t^{hb} - W_t^{hb}/(\tilde{p}_t^{mb}\tilde{p}_t^b) + \gamma_n^h E_t\{\Lambda_{t,t+1}^h[(1-\delta^{wb}+\delta^{wb}X_{t+1}^{hb})G_{t+1}^{hb} + \delta^{wb}X_{t+1}^{ha}G_{t+1}^{ha}]\} \tag{2.59}$$

参考陈利锋（2017），以值域 [0,1] 的参数 ϑ^{ha}、ϑ^{hb} 来表征中间产品生产商相对于求职者的工资议价优势，那么从工资议价的纳什均衡条件可得：

$$G_t^{ha} = [\vartheta^{ha}/(1-\vartheta^{ha})][(1-\tilde{\tau}_t^{wha})W_t^{ha} - (1+\tilde{\tau}_t^{ch})MRS_t^h]/(\tilde{p}_t^{ma}\tilde{p}_t^a)$$
$$+ (1-\delta^{wa})[\vartheta^{ha}/(1-\vartheta^{ha})]E_t\{\Lambda_{t,t+1}^h(G_{t+1}^{ha} - X_{t+1}^{ha}G_{t+1}^{ha} - X_{t+1}^{hb}G_{t+1}^{hb})\} \tag{2.60}$$

$$G_t^{hb} = [\vartheta^{hb}/(1-\vartheta^{hb})][(1-\tilde{\tau}_t^{whb})W_t^{hb} - (1+\tilde{\tau}_t^{ch})MRS_t^h]/(\tilde{p}_t^{mb}\tilde{p}_t^b)$$
$$+ (1-\delta^{wb})[\vartheta^{hb}/(1-\vartheta^{hb})]E_t\{\Lambda_{t,t+1}^h(G_{t+1}^{hb} - X_{t+1}^{hb}G_{t+1}^{hb} - X_{t+1}^{ha}G_{t+1}^{ha})\} \tag{2.61}$$

四 环境问题与环境规制政策

1. 污染排放、环境政策与企业环境行为

本书 DSGE 模型中的环境外部性问题主要体现为代表性中间产品生产商的污染排放：

$$PL_t^i(q) = \chi^i[1 - CL_t^i(q)](S_t^p)^{-1}Y_t^{mi}(q); i \in \{a,b\}, q \in \{z,j\} \tag{2.62}$$

式（2.62）中的变量、参数含义为：$PL_t^a(z)$、$PL_t^b(j)$ 表示两类产业代表性生产商的污染排放量；χ^a、χ^b 为污染物排放强度系数；变量 $CL_t^a(z)$、$CL_t^b(j)$ 是代表性生产商的自主减排力度；S_t^p 是环境技术冲击项，代表着技术创新所导致的外生环保技术进步，其自然对数值服从平稳的 AR(1) 过程。

需要说明的是，考虑到参数估计的数据可得性问题，这里做出一个简化设定：模型中的生产商只排放大气污染物［大气污染物纳税额占环保税总额的近90%（雷英杰，2019）］。

本书DSGE模型中两类产业在环境外部性（污染排放水平）上存在异质性，所以需要对χ^a、χ^b等参数进行差异化设定。在校准过程中，本书以第一、第二产业作为高污染产业，以第三产业作为低污染产业，这样就可将不同产业的统计数据作为依据，对χ^a、χ^b等参数进行便捷且准确的校准。以大气污染物为例，根据全球大气研究排放数据库（EDGAR）的时间序列，①中国高污染产业（第一、第二产业）在2000~2018年的平均大气污染物排放占比约68%，而且这一比例在2011年后不断下降，至2018年仅约55%（见图2-1）。从以上比例可见，低污染产业（第三产业）的污染排放是难以被忽略的，这正是本书将两类代表性产业均设定为排污产业的原因。当然，为体现低污染、高污染产业的异质性，此处令参数χ^a的校准值小于χ^b。

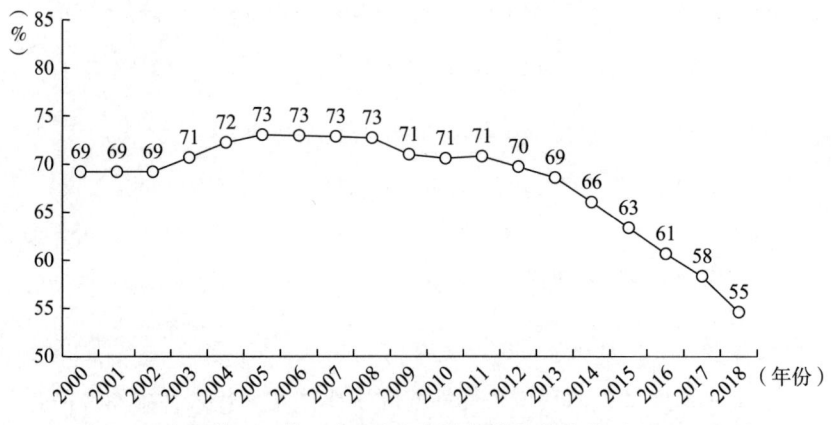

图2-1　中国第一、第二产业大气污染物排放量占比（2000~2018）

注：图中数据包含黑碳、一氧化碳、氨气、氮氧化物、粉尘、二氧化硫等污染物，各类污染物数据已按照《中华人民共和国环境保护税法》中规定的当量系数换算并加总。

企业的自主减排活动会带来如下成本：

---

① 数据来源：EDGAR数据库官方网站：https://edgar.jrc.ec.europa.eu/dataset_htap_v3#sources，浏览时间：2022年5月26日。

$$QC_t^i(q) = \nu^i [CL_t^i(q)]^{\varpi^i} Y_t^{mi}(q); i \in \{a,b\}, q \in \{z,j\} \tag{2.63}$$

在上述方程中，变量 $QC_t^a(z)$、$QC_t^b(j)$ 是两类产业代表性中间产品生产商的实际减排成本，ν^a、ϖ^a、ν^b、ϖ^b 是成本函数中的技术参数。

本书 DSGE 模型中加入了多元化的经济激励型环境规制政策，根据 Böcher（2012）的划分，模型中的环保税、减排补贴等可以体现经济激励型环境规制政策的作用，政府环境治理及其经费支出、关停整顿措施等则可以体现命令—控制型环境规制政策的作用。

在本书 DSGE 模型中，除了经济激励型环境规制政策，如环保税和环保补贴，政府管理部门还会采取命令—控制型政策，例如关停整顿措施，以减少生产部门的污染排放。因此，在描述企业数量动态的表达式 $Q_t^{ei} = (1-\delta^{ei})S_t^{ei}(Q_{t-1}^{ei} + E_{t-1}^{ei})$；$i \in \{a,b\}$ 中，我们引入了与关停政策相关的企业数量变化比率 S_t^{ei}。在稳态下，该比率的值为 1，并且其对数偏离项 ε_t^{ei} 符合平滑系数为 ρ^{ei}、随机扰动项为 e_t^{ei} 的平稳 AR（1）过程。这样的建模方式允许我们考虑命令—控制型政策的影响，并且提供了一种衡量企业数量变化的定量方法。

在经济激励型环境规制政策当中最值得注意的是环保税的行业差异化设定。虽然低污染产业（第三产业）的排污行为难以忽视，但该产业的环保税负却相对不足。据中国国家税务总局的测算，[①] 仅黑金属冶炼、非金属矿物制品、有色金属冶炼、化工、电力热力等 5 个工业行业缴纳的税款就可占全部大气污染物环保税收入的 88%，如果进一步考虑其余的工业行业，这个占比只会更高，相应地，这也说明低污染产业（第三产业）缴纳的环保税（费）在总纳税额中的占比很低。所以，为了简化模型，本书将高污染产业设为环保税的唯一征收对象。在本书 DSGE 模型中，只有高污染产业才被征收环保税，其实际税率为 τ_t^{pb}；对低污染产业则自然有 $\tau_t^{pa} \equiv 0$。在这里，设 τ_t^{pb} 的稳态值（稳态税率）为 $\bar{\tau}^{pb}$，并假设 τ_t^{pb} 的对数偏离值服从含有

[①] 资料来源：中国政府网：https://www.gov.cn/xinwen/2016-08/30/content_5103348.htm，浏览时间：2023 年 5 月 28 日。

外生随机税率冲击的平稳 AR（1）过程。以上设定是一种基于客观现实的合理简化，一方面能够大幅简化模型结构，另一方面又不至于过度偏离我国污染物排放与环保税（费）征收的实际情况。

当然，政府还会根据企业的减排数量提供奖励性补贴，其补贴率为 RE_t^a、RE_t^b，稳态下平均补贴费率分别为 $\overline{RE^a}$、$\overline{RE^b}$。两类产业代表性生产商获得的实际补贴数额分别为：$TR_t^{Ea} = RE_t^a \chi^a CL_t^a Y_t^{ma}$、$TR_t^{Eb} = RE_t^b \chi^b CL_t^b Y_t^{mb}$。在这里，设 RE_t^a、RE_t^b 对自身稳态的对数偏离值（ε_t^{rea}、ε_t^{reb}）均服从平稳 AR（1）过程。

2. 环境因素影响下的企业边际成本与利润水平

综合以上设定，可进一步推出考虑环境因素（而非仅考虑要素成本）的中间产品生产商边际成本 $MC_t^a(z)$ 和 $MC_t^b(j)$：

$$MC_t^i(q) = \psi_t^i(q) + \nu^i CL_t^i(q)^{\varpi^i} + \{\tau_t^{pi}[1 - CL_t^i(q)] - RE_t^i CL_t^i(q)\} \chi^i (S_t^p \tilde{p}_t^{mi} \tilde{p}_t^i)^{-1}$$
$$i \in \{a,b\}, q \in \{z,j\} \tag{2.64}$$

在考虑环境因素及相应成本后，两类产业中间产品生产商的当期利润为：

$$d_t^i = \begin{bmatrix} Y_t^{mi} \tilde{p}_t^{mi} \tilde{p}_t^i - W_t^{hi} N_t^{nhi} - R_t^{ki}(K_t^i/Q_t^{ei}) \\ - QC_t^i \tilde{p}_t^{mi} \tilde{p}_t^i - \tau_t^{pi} PL_t^i + TR_t^{Ei} - G_t^{hi} H_t^{hi} \tilde{p}_t^{mi} \tilde{p}_t^i \end{bmatrix} ; i \in \{a,b\} \tag{2.65}$$

根据利润最大化原则，对以上方程中的自主减排率求导后可以推出，生产商自主减排力度的最优决定条件为：①

$$CL_t^i(q) = \left[\frac{\chi^i (S_t^P)^{-1}(\tau_t^{pi} + RE_t^i)}{\nu^i \varpi^i \tilde{p}_t^{mi} \tilde{p}_t^i}\right]^{1/(\varpi^i - 1)} ; i \in \{a,b\}, q \in \{z,j\} \tag{2.66}$$

可见，企业控污减排的积极程度与环保税税率、减排补贴水平等均为正比关系，同时也会受到两行业价格因素（以及与此密切相关的企业数量、市场结构）的影响。

式（2.65）、式（2.66）的现实意义是，环保税率的提高会使排污者承担更高的经济成本；根据波特定理（Porter and Van der Linde，1999，郭进，

---

① 该条件的推导方式参考朱军（2015）和武晓利（2017）。

2019），为了规避上述成本、保证利润，理性的生产商便会增加自主减排率——即便在技术路径难以根本改变的短期波动情境下，理性的生产商也能够通过技术挖潜、工艺调整、管理流程优化等渠道，① 提高环保资源配置效率，实现更大幅的自主减排（具体幅度及相应成本取决于 ν^a、ϖ^a、ν^b、ϖ^b 等技术参数），最终减少生产活动的环境外部性。

汇总以上各项设定后，环境质量演化过程可表示为：

$$ENV_t = \rho_{env}\bar{E} + (1-\rho_{env})ENV_{t-1} - \gamma_y^a Q_t^{ea} PL_t^a - (1-\gamma_y^a)Q_t^{eb}PL_t^b + \Delta G_t^E \quad (2.67)$$

式（2.67）中，ρ_{env} 代表生态环境自我恢复能力，ENV_t 代表大气环境质量（这是由于模型中只考虑大气污染物），$\bar{E}$ 则表示没有任何污染时的大气环境质量水平理想值。G_t^E 是政府的环境治理支出总额，是实施环境污染问题事后治理的财政手段。参数 Δ 用于衡量环境治理支出转化效率。此处同样设 G_t^E 相对于自身稳态 $\bar{G}^E$ 的对数偏离值 ε_t^E 服从平稳 AR（1）过程。

五 其他经济政策

本书 DSGE 模型含有利率型货币政策，利率调整遵循泰勒规则并带有平滑项：

$$\frac{R_t}{\bar{R}} = \left(\frac{R_{t-1}}{\bar{R}}\right)^{\rho_m}\left[\left(\frac{Y_t}{\bar{Y}}\right)^{\psi_y}\left(\frac{\Pi_t}{\bar{\Pi}}\right)^{\psi_p}\right]^{(1-\rho_m)}\exp(\varepsilon_t^r) \quad (2.68)$$

其中，ρ_m 为利率平滑系数，Π_t 为通胀指标，定义为 $\Pi_t = P_t/P_{t-1}$，参数 ψ_y 与 ψ_p 分别为利率对产出与通胀的反应程度，ε_t^r 是服从平稳 AR（1）过程的货币政策（利率）冲击。

在财政政策方面，模型经济中的财政总支出为：

$$G_t = G_t^P + G_t^E + \gamma_y^a TR_t^{Ea} + (1-\gamma_y^a)TR_t^{Eb} \quad (2.69)$$

式（2.69）中的 G_t^P 为非环境领域的财政支出（购买性财政支出），其

---

① 根据 Porter and Van der Linde（1999），在实施环境规制政策之前，一些可以节约成本和改进效率的潜在生产方法或技术并未被企业采用。

稳态水平为 $\bar{G}^P$，相对于稳态的对数偏离值 ε_t^P 其服从平稳 AR（1）过程。财政收支平衡条件为：

$$\tau_t^c C_t^h + \tau_t^{ka} R_t^{ka} K_t^{ha} + \tau_t^{kb} R_t^{kb} K_t^{hb} + \tau_t^{wha} W_t^{ha} Q_t^{ea} N_t^{ha} + \tau_t^{whb} W_t^{hb} Q_t^{eb} N_t^{hb}$$
$$+ (1 - \gamma_y^a) \tau_t^{pb} Q_t^{eb} P L_t^b + R_t^{-1} \frac{B_{t+1}}{P_{t+1}} = \frac{B_t}{P_t} + G_t \tag{2.70}$$

六　经济变量加总与总供求平衡（市场出清）

为简化分析，本书仿照 Annicchiarico et al.（2018）采取对称均衡假定，即设所有中间产品生产商的决策相互一致，所以可设 $P_t^{ma}(z) = P_t^{ma}$，$P_t^{mb}(j) = P_t^{mb}$，$Y_t^{ma}(z) = Y_t^{ma}$，$Y_t^{mb}(j) = Y_t^{mb}$，$d_t^a(z) = d_t^a$，$d_t^b(j) = d_t^b$，$N_t^a(z) = N_t^a$，$N_t^b(j) = N_t^b$，$CL_t^a(z) = CL_t^a$，$CL_t^b(j) = CL_t^b$，$QC_t^a(z) = QC_t^a$，$QC_t^b(j) = QC_t^b$，$PL_t^a(z) = PL_t^a$，$PL_t^b(j) = PL_t^b$。以上等式的右侧为简化后的、忽略差异的代表性生产商变量。

市场出清条件为总支出等于总供给：

$$Y_t = C_t^h + I_t^{ha} + I_t^{hb} + G_t^{ha} H_t^{ha} Q_t^{ea} \tilde{p}_t^{ma} \tilde{p}_t^a + G_t^{hb} H_t^{hb} Q_t^{eb} \tilde{p}_t^{mb} \tilde{p}_t^b$$
$$+ G_t + \gamma_y^a Q_t^{ea} QC_t^a \tilde{p}_t^{ma} \tilde{p}_t^a + (1 - \gamma_y^a) Q_t^{eb} QC_t^b \tilde{p}_t^{mb} \tilde{p}_t^b \tag{2.71}$$

七　外生冲击

模型经济须面对外生的劳动供给冲击（ε_t^n）、技术（TFP）冲击（ε_t^A）、财政支出冲击（ε_t^{gp}）、货币政策冲击（ε_t^r）、环保税率冲击（ε_t^{pb}）、环境治理支出冲击（ε_t^E）、两行业关停整顿冲击（ε_t^{ea}、ε_t^{eb}）、两行业减排补贴率冲击（ε_t^{re}、ε_t^{reb}）、环境技术冲击（ε_t^P），所有外生冲击的对数偏离项（ε_t^k）均遵循如下的 AR（1）过程（对数线性化表达式）：

$$\varepsilon_t^k = \rho_k \varepsilon_{t-1}^k + e_t^k; e_t^k \sim i.i.d. N(0, \sigma_k^2), k \in \{n, A, gp, r, P, ea, eb, pb, rea, reb, ge\} \tag{2.72}$$

其中，ρ_k 为介于 0 和 1 之间的持续性参数，随机扰动项 e_t^k 服从均值为 0、

标准差为 σ_k 的正态分布。

第三节 模型的对数线性化处理

为了简化 DSGE 模型的求解、参数化和应用分析过程，通常需要采用线性化方法对理论模型进行简化。

本书采用的模型线性化方法主要参考了 Uhlig（2006）的研究。该方法的基本原理是对模型变量相对于稳态的对数偏离量进行低阶近似，将变量转化为对数偏离形式，从而使方程组变成线性形式。这样，最终得到的模型就是一个带有差分项、预期项和外生冲击项的线性化方程组。

在本书的 DSGE 模型中，大部分方程可以直接使用 Uhlig（2006）的方法进行线性变换。例如，代表性家户的边际替代率可以表示为：

$$MRS_t^h = S_t^n (\gamma_e^h)^{-1} (N_t^{nth})^{\varphi^h} (\tilde{C}_t^h)(\tilde{C}_t^{eh})^{\sigma^h - 1} \tag{2.73}$$

首先说明，在本书涉及对数线性化的阐述中，除有专门说明的变量外（如外生冲击项），一律用变量字母的小写格式（顶部加尖形符号）表示变量相对其稳态的对数偏离值，用带"ss"下标或顶部带横线的变量符号表示变量的稳态值；例如，i.e.，$\hat{x}_t \equiv \ln(X_t/X_{ss})$，那么我们就可以将原始的变量替换为其稳态值乘以自然底数 e 的对数偏离值次方，i.e.，$X_t \equiv X_{ss} e^{\hat{x}_t}$，那么式（2.65）可以变换为：

$$\begin{aligned} MRS_{ss}^h e^{\widehat{mrs}_t^h} &= e^{\varepsilon_t^n} (\gamma_e^h)^{-1} (N_{ss}^{nth})^{\varphi^h} e^{\varphi^h \hat{n}_t^{nth}} \tilde{C}_{ss}^h e^{\hat{\tilde{C}}_t^h} (\tilde{C}_{ss}^{eh})^{\sigma^h - 1} e^{(\sigma^h - 1)\hat{\tilde{C}}_t^{eh}} \\ \Rightarrow MRS_{ss}^h e^{\widehat{mrs}_t^h} &= (\gamma_e^h)^{-1} (N_{ss}^{nth})^{\varphi^h} \tilde{C}_{ss}^h (\tilde{C}_{ss}^{eh})^{\sigma^h - 1} e^{\varepsilon_t^n + \varphi^h \hat{n}_t^{nth} + \hat{\tilde{C}}_t^h + (\sigma^h - 1)\hat{\tilde{C}}_t^{eh}} \end{aligned} \tag{2.74}$$

不难看出，对上面形式的方程式来说，可直接得到如下线性化结果：

$$\widehat{mrs}_t^h = \varepsilon_t^n + \varphi^h \hat{n}_t^{nth} + \hat{\tilde{C}}_t^h + (\sigma^h - 1)\hat{\tilde{C}}_t^{eh} \tag{2.75}$$

然而，以上的处理方法显然无法应对形式较为复杂的方程。例如，在方程存在多项之间的加法或减法关系时，上述方法就无法使用。因此，在 Uhlig（2006）的方法中，对于类似 $e^{\hat{x}_t}$ 的项，还可以采用一阶泰勒展开法来获得它们在稳态附近的近似值。这种近似值的计算方式如下：

$$e^{\hat{x}_t} \approx e^{\hat{x}_{ss}} + e^{\hat{x}_{ss}}(\hat{x}_t - \hat{x}_{ss}) \tag{2.76}$$

由于对数偏离值的稳态 $\hat{x}_{ss}$ 均为 0（因为稳态下不会产生任何对数偏离），上式又可简化为：

$$e^{\hat{x}_t} \approx 1 + \hat{x}_t \tag{2.77}$$

以生产商自主减排力度的最优决定条件式（2.66）为例，可见该方程显然无法直接同上面的边际替代率表达式一样进行线性化：

$$CL_t^i(q) = \left[\frac{\chi^i(S_t^p)^{-1}(\tau_t^{pi} + RE_t^i)}{\nu^i \varpi^i \tilde{p}_t^{mi} \tilde{p}_t^i}\right]^{1/(\varpi^i - 1)} ; i \in \{a,b\}, q \in \{z,j\} \tag{2.78}$$

所以按照 Uhlig（2006）方法，可将上式变换为以下形式：

$$\nu^i \varpi^i [CL_t^i(q)]^{(\varpi^i - 1)} \tilde{p}_t^{mi} \tilde{p}_t^i = \chi^i(S_t^p)^{-1}(\tau_t^{pi} + RE_t^i)$$

$$\Rightarrow \nu^i \varpi^i [CL_{ss}^i(q)]^{(\varpi^i - 1)} \tilde{p}_{ss}^{mi} \tilde{p}_{ss}^i e^{(\varpi^i - 1)\widehat{cl_t^i}(q) + \hat{\tilde{p}}_t^{mi} + \hat{\tilde{p}}_t^i} = \chi^i (\bar{\tau}_{ss}^{pi} e^{\hat{\tau}_t^{pi} - \varepsilon_t^P} + RE_{ss}^i e^{\widetilde{re}_t^i - \varepsilon_t^P})$$

根据式（2.77），上式可进一步近似表示为：

$$\nu^i \varpi^i [CL_{ss}^i(q)]^{(\varpi^i - 1)} \tilde{p}_{ss}^{mi} \tilde{p}_{ss}^i [1 + (\varpi^i - 1)\widehat{cl_t^i}(q) + \hat{\tilde{p}}_t^{mi} + \hat{\tilde{p}}_t^i]$$

$$= \chi^i [\bar{\tau}_{ss}^{pi}(1 + \hat{\tau}_t^{pi} - \varepsilon_t^P) + RE_{ss}^i(1 + \widetilde{re}_t^i - \varepsilon_t^P)]$$

进一步简化后，即可得到式（2.66）的对数线性化表达式：

$$\begin{aligned}&\nu^i \varpi^i [CL_{ss}^i(q)]^{(\varpi^i - 1)} \tilde{p}_{ss}^{mi} \tilde{p}_{ss}^i [(\varpi^i - 1)\widehat{cl_t^i}(q) + \hat{\tilde{p}}_t^{mi} + \hat{\tilde{p}}_t^i]\\ &= \chi^i [\bar{\tau}_{ss}^{pi}(\hat{\tau}_t^{pi} - \varepsilon_t^P) + RE_{ss}^i(\widetilde{re}_t^i - \varepsilon_t^P)]; i \in \{a,b\}, q \in \{z,j\}\end{aligned} \tag{2.79}$$

同理，对式（2.73）也可作如下变换：

$$MRS_{ss}^h e^{\widehat{mrs}_t^h} = (\gamma_e^h)^{-1}(N_{ss}^{nth})^{\varphi^h} \tilde{C}_{ss}^h (\tilde{C}_{ss}^{eh})^{\sigma^h - 1} e^{\varepsilon_t^n + \varphi^h \hat{n}_t^{nth} + \hat{\tilde{C}}_t^h + (\sigma^h - 1)\hat{\tilde{C}}_t^{eh}}$$

$$\Rightarrow MRS_{ss}^h (1 + \widehat{mrs}_t^h) = (\gamma_e^h)^{-1}(N_{ss}^{nth})^{\varphi^h} \tilde{C}_{ss}^h (\tilde{C}_{ss}^{eh})^{\sigma^h - 1}[1 + \varepsilon_t^n + \varphi^h \hat{n}_t^{nth} + \hat{\tilde{C}}_t^h + (\sigma^h - 1)\hat{\tilde{C}}_t^{eh}]$$

$$\Rightarrow \widehat{mrs}_t^h = \varepsilon_t^n + \varphi^h \hat{n}_t^{nth} + \hat{\tilde{C}}_t^h + (\sigma^h - 1)\hat{\tilde{C}}_t^{eh}$$

$$\tag{2.80}$$

可见采用泰勒一阶展开的 Uhlig（2006）方法变换结果与式（2.75）是等价的。

在本书的 DSGE 模型中，我们逐个对方程进行处理，对大部分方程直接按 Uhlig（2006）的方法进行了线性化变换。

然而，出于 DSGE 中部分方程的特殊设计，仍有一小部分方程无法直接通过 Uhlig（2006）的方法进行对数线性化处理。这主要是由于这些方程涉及复合函数形式（如资本存量动态方程、投资决策条件等）或者是递归形式（如中间产品生产企业的最优定价条件）。此外，对于一些关键方程的线性化，例如新凯恩斯主义菲利普斯曲线（NKPC），还需要采用更为复杂的变换方法。这些方程的线性化处理过程被详细列于附录中，供读者参考。

第四节　模型状态空间方程的求解方法

接下来的分析步骤是利用由 DSGE 模型变换得到的状态空间模型进行求解，以获得稳定解。这也是后续步骤中模型参数的辨识和估计的前置步骤。

线性化后的 DSGE 理论模型是一系列带有当期变量、前定变量、预期项、随机冲击等要素的线性差分方程。运用简单的数学变换，即可将附录 3b 中的方程组整理为类似下方的状态空间形式：

$$M \begin{bmatrix} x_{t+1} \\ E_t\{y_{t+1}\} \end{bmatrix} = P \begin{bmatrix} x_t \\ y_t \end{bmatrix} + S\varepsilon_t \qquad (2.81)$$

式（2.81）中的向量 x_t 和 y_t 分别代表第 t 期的所有前定和非前定变量，ε_t 是随机冲击向量；其中 x_t 是 $n \times 1$ 维列向量，y_t 是 $m \times 1$ 维列向量，ε_t 的维数是 $k \times 1$。上述前定变量和非前定变量间的主要区别在于，在前一个期（t）和下一个期（t+1）之间，非前定变量的变化将取决于 t+1 期间的随机变化，但他们在 t 期是不可预测的；前定变量的变化则与 t+1 期内的随机冲击无关。因此，从上述公式可以看出，在方程左侧 t+1 期的两类变量中，向量 x_{t+1} 与向量 y_{t+1} 一样，不会乘以左侧的期望乘子 E_t。在式（2.81）中，符号 M、P 和 S 是系数矩阵，其中 M 和 P 是 $(m+n) \times (m+n)$ 阶矩阵，S 是

($m+n$)×k 阶矩阵。

为了全面理解 DSGE 理论模型中每个变量的动态演化过程，需要对模型方程组进行求解。这是应用 DSGE 模型的关键挑战之一。目前，主流文献中采用的方法主要包括 Blanchard and Kahn（1980）提出的 BK 方法以及 Klein（2000）和 Sims（2002）合作提出和改进的广义舒尔分解法（generalized Schur decomposition）。

这些方法提供了解决 DSGE 模型的数值求解问题的有效途径。BK 方法旨在通过迭代求解模型的均衡条件，从而得到模型的解析解。广义舒尔分解法则是一种用于求解线性差分方程组的数值稳定算法，能够提供模型的稳定解和状态空间形式的表示。

在 BK 方法中，通过迭代求解模型的均衡条件，可以逐步确定每个变量的动态。该方法主要是基于线性差分方程的迭代过程，以及模型的结构和参数设定。通过反复迭代计算，最终可以获得模型方程组的解析解。

广义舒尔分解法是一种基于数值稳定性的求解方法，可以将模型方程组转化为状态空间形式，以便更好地理解和分析模型的动态特征。将模型的线性差分方程进行变换和重排，可以得到状态方程和观测方程的形式。这些方程描述了模型中变量之间的关系和观测数据的生成过程。

这两种方法在 DSGE 模型的求解过程中起着重要作用，并为我们提供了理解模型动态的工具。在经济研究领域中，研究人员经常使用这些方法来解决 DSGE 模型的求解问题，并应用于经济政策评估和预测分析中。通过不断改进和发展这些方法，我们可以更好地理解和解释经济现象，并为经济决策提供可靠的依据。

一　Blanchard and Kahn（1980）的求解方法[①]

Blanchard and Kahn（1980）首次提出了解决线性理性预期方程组的方法，他们借鉴了工程领域的算法，并将其应用于经济学研究中。这一方法

[①] 第四章第一节第一和第二部分内容参考 McCandless 所著 *The ABCs of RBCs*（2008 年版），第 128—134 页。

被简称为 BK 法，用于有效地解决带有前定变量和理性预期因素的线性方程组，值得注意的是，BK 法的应用并不仅限于经济学领域。在工程学中，这种方法已被广泛应用于求解复杂的线性方程组。Blanchard and Kahn 的贡献在于将这一方法引入经济学，并将其成功应用于线性理性预期方程组的求解，为后来的研究者提供了许多借鉴的机会。

使用 BK 法求解 DSGE 理论模型的步骤始于状态空间表示和线性代数变换。首先，假设矩阵 M 是可逆的，那么式（2.81）可以进行变换，得到：

$$\begin{bmatrix} x_{t+1} \\ E_t y_{t+1} \end{bmatrix} = M^{-1}P \begin{bmatrix} x_t \\ y_t \end{bmatrix} + M^{-1}S\varepsilon_t \tag{2.82}$$

这种变换使得我们可以更方便地处理模型的求解过程。接下来，我们可以使用线性代数的方法来求解这个新的方程组。通过将方程组重新排列为矩阵形式，我们可以使用矩阵的逆运算和乘法来进行解析解。

接下来，再将式（2.82）中 $M^{-1} \times P$ 这一矩阵乘积进行 Jordan 分解，令其等于 $Z \Lambda Z^{-1}$，此处的 Λ 是一个对角矩阵，由 $M^{-1} \times P$ 得到的乘积特征值组成，Z 则是由与上述特征值对应的特征向量构成的矩阵。随后，按照对角线上元素的值，以从小到大的顺序调整 Λ 矩阵的排序，得到矩阵 Λ^*；同时，也按照同样的排序方式对矩阵 Z 中的特征向量进行重新排序，得到新的矩阵 Z^*。此处应注意的是，上述变换并未破坏 Z 矩阵和 Λ 矩阵中特征值、特征向量间的相关性。只要上述特征值中有恰好 m 个（即前定变量的个数，或向量 y_t 的维数）位于单位圆以外（绝对值大于 1），我们就能用 BK 方法进行方程求解。进一步地，满足上述条件的特征值数量又被叫做非稳定根（Explosive Roots）数量，如果 DSGE 模型中期望模型的个数等于该数量，那么经济系统的线性方程组就存在稳定解。

如果忽略模型中的随机性成分，那么式（2.82）即可写成：

$$\begin{bmatrix} x_{t+1} \\ E_t y_{t+1} \end{bmatrix} = Z^* \Lambda^* Z^{*-1} \begin{bmatrix} x_t \\ y_t \end{bmatrix}$$

由于矩阵 Z^* 是可逆矩阵，所以上式可变为：

$$Z^{*-1}\begin{bmatrix}x_{t+1}\\E_ty_{t+1}\end{bmatrix} = \Lambda^* Z^{*-1}\begin{bmatrix}x_t\\y_t\end{bmatrix} \tag{2.83}$$

为了便于求解，对矩阵 Z^{*-1} 与矩阵 Λ^* 进行分块处理，其中 Z^{*-1} 分块后变为：

$$Z^{*-1} = \begin{bmatrix}Z_{11}^* & Z_{12}^*\\Z_{21}^* & Z_{22}^*\end{bmatrix}$$

分块后，方程右侧的 Z_{11}^* 为 $n\times n$ 阶矩阵，Z_{12}^* 为 $n\times m$ 阶矩阵，Z_{21}^* 为 $m\times n$ 阶矩阵，Z_{22}^* 为 $m\times m$ 阶矩阵。而分块后的矩阵 Λ^* 变为：

$$\Lambda^* = \begin{bmatrix}\Lambda_{11}^* & 0_{12}\\0_{21} & \Lambda_{22}^*\end{bmatrix}$$

上式很显然地保留了原矩阵 Λ^* 的对角特征，0_{12}、0_{21} 都是零矩阵，Λ_{11}^* 是由模型全部稳定特征值所构成的对角矩阵，而同为对角矩阵的 Λ_{22}^* 则是由模型全部非稳定特征值（单位圆之外的特征值）构成。运用简单的线性代数方法，我们就可以将式（2.82）改写为由分块矩阵表示的方程组：

$$\begin{cases}[Z_{11}^*x_{t+1}+Z_{12}^*y_{t+1}] = \Lambda_{11}^*[Z_{11}^*x_t+Z_{12}^*y_t]\\[Z_{21}^*x_{t+1}+Z_{22}^*y_{t+1}] = \Lambda_{22}^*[Z_{21}^*x_t+Z_{22}^*y_t]\end{cases} \tag{2.84}$$

对动态经济系统的研究往往需要研究者探索模型方程的稳定解。而在上式中，一个显而易见的问题是 Λ_{22}^* 对角线上的元素全部为非稳定特征值（大于1），如果 $[Z_{21}^*x_t+Z_{22}^*y_t]\neq 0$，那么模型将会面临发散。所以，如果模型确实存在稳定解，那么必有 $[Z_{21}^*x_t+Z_{22}^*y_t]=0$，这一等式关系在 $t+1$ 期自然也有效。所以，不难推得下面的等式关系：

$$y_t = -Z_{22}^{*-1}Z_{21}^*x \tag{2.85}$$

如此一来，我们在前定变量和非前定变量之间建立了线性的函数关系。前面暂时忽略了模型中的随机因素，所以在 t+1 期便有：

$$y_{t+1} = E_ty_{t+1} = -Z_{22}^{*-1}Z_{21}^*x_{t+1} \tag{2.86}$$

将式（2.85）、式（2.86）共同代入式（2.84）中的第一个方程（第二个方程左右均等于 0）并进行化简，便可以得到下面的结果：

$$x_{t+1} = [Z_{11}^* - Z_{12}^* Z_{22}^{*-1} Z_{21}^*]^{-1} \Lambda_{11}^* [Z_{11}^* - Z_{12}^* Z_{22}^{*-1} Z_{21}^*] x_t \qquad (2.87)$$

可见，采用上述方法可以解决一个带有前定变量，即含有理性预期因素，但又不含随机因素的线性方程组的求解问题，最后得出的式（2.86）即可表示方程的解。

在不忽略随机因素的情况下，方程求解过程也与上述步骤类似。如前所述，式（2.82）被整理成如下形式的矩阵方程式：

$$\begin{bmatrix} x_{t+1} \\ E_t y_{t+1} \end{bmatrix} = M^{-1} P \begin{bmatrix} x_t \\ y_t \end{bmatrix} + M^{-1} S \varepsilon_t$$

现在，不忽略随机项，运用式（2.82）、式（2.83）的变换方法，将上式变为：

$$Z^{*-1} \begin{bmatrix} x_{t+1} \\ E_t y_{t+1} \end{bmatrix} = \Lambda^* Z^{*-1} \begin{bmatrix} x_t \\ y_t \end{bmatrix} + Z^{*-1} M^{-1} S \varepsilon_t \qquad (2.88)$$

为了便于下面的计算，将矩阵乘积 $Z^{*-1} M^{-1} S$ 转换成分块矩阵：

$$Z^{*-1} M^{-1} S = \begin{bmatrix} S_1^* \\ S_2^* \end{bmatrix}$$

上式中的分块矩阵 S_1^* 为 $k \times n$ 阶，那么另一分块矩阵 S_2^* 自然就应为 $k \times m$ 阶，这两个矩阵分别与特征圆内、特征圆外（非稳定）的特征值相对应。那么利用上述分块矩阵，可以从式（2.88）推得类似式（2.84）的方程组：

$$\begin{aligned}
[Z_{11}^* x_{t+1} + Z_{12}^* y_{t+1}] &= \Lambda_{11}^* [Z_{11}^* x_t + Z_{12}^* y_t] + S_1^* \varepsilon_t \\
[Z_{21}^* x_{t+1} + Z_{22}^* y_{t+1}] &= \Lambda_{22}^* [Z_{21}^* x_t + Z_{22}^* y_t] + S_2^* \varepsilon_t
\end{aligned} \qquad (2.89)$$

正如前面所讨论的，在式（2.89）的第二个方程中，Λ_{22}^* 矩阵的对角线元素都是非稳定特征值（大于1）。因此，我们可以使用 Sargent and Ljungqvist（2000）提出的动态递归方程求解方法来获得方程解的表达式。

Sargent and Ljungqvist（2000）提出的数值求解方法在宏观经济学中是常用求解手段，通过将方程组转化为递归形式，我们可以使用迭代的方式求解模型的解析解，而后可以利用数值计算技术（如迭代法或数值优化算法）求解该递归方程，得到方程的解析表达式。对于给定随机冲击的期望值，我们可以通过求解动态递归方程，得到方程解析式的收敛结果。这意味着在经过一定的迭代计算后，方程的解将趋于稳定值。总而言之，Sargent and Ljungqvist（2000）的方法为经济学研究者提供了一种有效的工具，用于求解包含非稳定特征值的方程组。运用上述方法求得的方程解表达式为：

$$[Z_{21}^* x_t + Z_{22}^* y_t] = -\sum_{i=0}^{\infty} \Lambda_{22}^{*-i-1} S_2^* E_t\{\varepsilon_{t+i}\} \tag{2.90}$$

根据 Sargent and Ljungqvist（2000）方法的特点可知，在给定随机冲击的期望值的情况下，上述的解应该是收敛的。

当然，在绝大多数研究中，随机冲击项的未来期望值应为 0，所以式（2.90）可整理为：

$$y_t = -Z_{22}^{*-1} Z_{21}^* x_t - Z_{22}^{*-1} \Lambda_{22}^{*-1} S_2^* \varepsilon_t \tag{2.91}$$

如果根据式（2.91），进一步对 t+1 期取期望，那么不难得出：

$$E_t y_{t+1} = -Z_{22}^{*-1} Z_{21}^* x_{t+1}$$

利用以上两个方程，并借助与求解式（2.87）时类似的思路，可以得到：

$$x_{t+1} = \begin{Bmatrix} [Z_{11}^* - Z_{12}^* Z_{22}^{*-1} Z_{21}^*]^{-1} \Lambda_{11}^* [Z_{11}^* - Z_{12}^* Z_{22}^{*-1} Z_{21}^*] x_t \\ -[Z_{11}^* - Z_{12}^* Z_{22}^{*-1} Z_{21}^*]^{-1} [\Lambda_{11}^* Z_{12}^* Z_{22}^{*-1} \Lambda_{22}^{*-1} S_2^* - S_1^*] \varepsilon_t \end{Bmatrix} \tag{2.92}$$

前述步骤概括了含有随机变量和理性预期因素的线性方程组的简化求解过程，式（2.91）和式（2.92）即为模型解的表达式。此外，Blanchard and Kahn（1980）还总结了 BK 方法的解的性质：当矩阵 $M^{-1} \times P$ 的非稳定特征根数量超过非前定变量的数量时，模型无解；如果矩阵 $M^{-1} \times P$ 的非稳定特征根数量少于非前定变量的数量，模型存在多重解；只有当矩阵 $M^{-1} \times P$ 的非稳定特征根数量与非前定变量的数量相等时，模型才具有唯一解。

作为 DSGE 领域早期被广泛认可和应用的模型求解方法，BK 方法得到了广泛的借鉴和改进。然而，BK方法存在一些局限性。在某些形式的DSGE模型中，可能会出现不可逆的系数矩阵，比如含有不可分劳动的Hansen（1985）模型。这在很大程度上影响了BK方法的适用性。当然，对于不可逆系数矩阵的情况，研究者已经提出了其他求解方法，以克服BK方法的局限性。例如，一些研究者通过引入额外的变量或采用数值计算方法来解决不可逆性问题，从而实现对这类模型的求解。这些方法的应用拓宽了模型求解的范围，并促进了宏观经济学领域的研究进展。

二 广义舒尔分解法

由Klein（2000）、Sims（2002）等人率先在DSGE分析中应用的广义舒尔分解法在求解思路上与BK方法总体类似，但其通过一些巧妙而独到的处理克服了BK方法的局限。广义舒尔分解法涉及对矩阵进行分解的技术，该分解方法将矩阵分解为可逆部分和不可逆部分，从而使得模型的求解变得更加灵活和可行。通过这些处理，我们可以更好地理解模型的结构和动态特性。

为了便于说明该方法的原理，我们可以借用之前提到的简化的DSGE模型表达式（2.81）进行阐述：

$$M\begin{bmatrix}x_{t+1}\\E_t y_{t+1}\end{bmatrix}=P\begin{bmatrix}x_t\\y_t\end{bmatrix}+S\varepsilon_t$$

上述方程中各符号的含义均与前文一致。如果暂时忽略随机因素，则上式变为：

$$M\begin{bmatrix}x_{t+1}\\E_t y_{t+1}\end{bmatrix}=P\begin{bmatrix}x_t\\y_t\end{bmatrix}$$

广义舒尔分解的特点在于其采用了QZ因式分解法（QZ Factorization）。首先，定义两个矩阵K、W，以及两个上三角矩阵T、R，以上四个矩阵满足下列关系：

$$M=KTW'$$

$$P = KRW'$$
$$KK' = K'K = I$$
$$WW' = W'W = I$$

从而，不含随机项的模型方程可表达为：

$$KTW' \begin{bmatrix} x_{t+1} \\ E_t y_{t+1} \end{bmatrix} = KRW' \begin{bmatrix} x_t \\ y_t \end{bmatrix} \tag{2.93}$$

从式（2.93）可以看出，若矩阵 T 对角线第 i 行的元素为 t_{ii}，矩阵 R 对角线第 i 行的元素为 r_{ii}，那么上述矩阵对角线元素的比值 $\lambda_{ii} = r_{ii} / t_{ii}$ 即为模型方程组的特征值。

从矩阵 K 的定义可知，如果在式（2.93）两端同时左乘 K'，则方程可简化为：

$$TW' \begin{bmatrix} x_{t+1} \\ E_t y_{t+1} \end{bmatrix} = RW' \begin{bmatrix} x_t \\ y_t \end{bmatrix}$$

其次，对上式中的矩阵进行分块处理，可得：

$$\begin{bmatrix} T_{11} & T_{12} \\ 0_{21} & T_{22} \end{bmatrix} \begin{bmatrix} W'_{11} & W'_{12} \\ W'_{21} & W'_{22} \end{bmatrix} \begin{bmatrix} x_{t+1} \\ E_t y_{t+1} \end{bmatrix} = \begin{bmatrix} R_{11} & R_{12} \\ 0_{21} & R_{22} \end{bmatrix} \begin{bmatrix} W'_{11} & W'_{12} \\ W'_{21} & W'_{22} \end{bmatrix} \begin{bmatrix} x_t \\ y_t \end{bmatrix}$$

通常，上三角矩阵 T、R 是按照特征值从大到小的次序排列各行的，所以上面方程中的分块矩阵 T_{22} 和 R_{22} 刚好使方程拥有非稳定的特征值，那么接下来可以先考察一个从上式拆分出来的方程式：

$$T_{22}[W'_{21} x_{t+1} + W'_{22} E_t y_{t+1}] = R_{22}[W'_{21} x_t + W'_{22} y_t] \tag{2.94}$$

与前文中的分析类似，如果式（2.94）的动态路径不会趋于发散，需满足下面的条件：

$$W'_{21} x_t + W'_{22} y_t = 0$$

那么，式（2.95）即可表示非前定变量 y_t 的解：

$$y_t = - W'^{-1}_{22} W'_{21} x_t \tag{2.95}$$

第二章 融合就业、创业与环境规制的 DSGE 模型设计

所以最初的模型方程可变换为：

$$M\begin{bmatrix} x_{t+1} \\ -W'^{-1}_{22}W'_{21}x_{t+1} \end{bmatrix} = P\begin{bmatrix} x_{t} \\ -W'^{-1}_{22}W'_{21}x_{t} \end{bmatrix}$$

接下来，将矩阵 M 和 P 按与前面 T、R、W 矩阵相同的分块方式做出分块化处理，上述方程变换为：

$$\begin{bmatrix} M_{11} & M_{12} \\ M_{21} & M_{22} \end{bmatrix} \begin{bmatrix} x_{t+1} \\ -W'^{-1}_{22}W'_{21}x_{t+1} \end{bmatrix} = \begin{bmatrix} P_{11} & P_{12} \\ P_{21} & P_{22} \end{bmatrix} \begin{bmatrix} x_{t} \\ -W'^{-1}_{22}W'_{21}x_{t} \end{bmatrix}$$

忽略那些对应非稳定特征值的分块矩阵后，从上述矩阵方程中可以提取出模型稳定解的表达式：

$$[M_{11} - M_{12}W'^{-1}_{22}W'_{21}]x_{t+1} = [P_{11} - P_{12}W'^{-1}_{22}W'_{21}]x_{t} \tag{2.96}$$

前述步骤已经厘清了一个不考虑随机因素的简化模型的求解原理，接下来我们将探讨在考虑随机因素情况下的模型求解方法。我们仍然采用式（2.82）作为待求解模型的表达式，但此时不再忽略其中的随机项。含有随机项的式（2.82）可以表示为：

$$KTW'\begin{bmatrix} x_{t+1} \\ E_t y_{t+1} \end{bmatrix} = KRW'\begin{bmatrix} x_t \\ y_t \end{bmatrix} + S\varepsilon_t$$

上式两端同时左乘以矩阵 K'，并进行矩阵分块后可得：

$$\begin{bmatrix} T_{11} & T_{12} \\ 0_{21} & T_{22} \end{bmatrix} \begin{bmatrix} W'_{11} & W'_{12} \\ W'_{21} & W'_{22} \end{bmatrix} \begin{bmatrix} x_{t+1} \\ E_t y_{t+1} \end{bmatrix} = \begin{bmatrix} R_{11} & R_{12} \\ 0_{21} & R_{22} \end{bmatrix} \begin{bmatrix} W'_{11} & W'_{12} \\ W'_{21} & W'_{22} \end{bmatrix} \begin{bmatrix} x_t \\ y_t \end{bmatrix}$$

$$+ \begin{bmatrix} K'_{11} & K'_{12} \\ K'_{21} & K'_{22} \end{bmatrix} \begin{bmatrix} S_1 \\ S_2 \end{bmatrix} \varepsilon_t$$

与之前的分析相同，需要注意到矩阵 K、T、R、W 的行排序已按照特征值大小进行调整，导致发散特征值位于矩阵的最底部。为了确保模型不会发散，我们需要满足以下条件：

$$R_{22}W'_{21}x_t + R_{22}W'_{22}y_t + [K'_{21}S_1 + K'_{22}S_2]\varepsilon_t = 0$$

51

对上式进一步整理后即可得出非前定变量解的表达式：

$$y_t = -[R_{22}W'_{22}]^{-1}R_{22}W'_{21}x_t - [R_{22}W'_{22}]^{-1}[K'_{21}S_1 + K'_{22}S_2]\varepsilon_t \qquad (2.97)$$

将式（2.97）前推一期并取期望（同样令随机冲击项未来期望为 0），又可得：

$$E_t y_{t+1} = -[R_{22}W'_{22}]^{-1}R_{22}W'_{21}x_{t+1}$$

将上式与式（2.97）一并代回式（2.82），并对式中矩阵进行分块处理[如同推导式（2.96）时的做法]，可得：

$$\begin{bmatrix} M_{11} & M_{12} \\ M_{21} & M_{22} \end{bmatrix} \begin{bmatrix} I \\ -[R_{22}W'_{22}]^{-1}R_{22}W'_{21} \end{bmatrix} x_{t+1} =$$

$$\begin{bmatrix} P_{11} & P_{12} \\ P_{21} & P_{22} \end{bmatrix} \begin{bmatrix} I \\ -[R_{22}W'_{22}]^{-1}R_{22}W'_{21} \end{bmatrix} x_t + \begin{bmatrix} S_1 - P_{12}[R_{22}W'_{22}]^{-1}[K'_{21}S_1 + K'_{22}S_2] \\ S_2 - P_{22}[R_{22}W'_{22}]^{-1}[K'_{21}S_1 + K'_{22}S_2] \end{bmatrix} \varepsilon_t$$

如果仅考虑方程中对应稳定特征值的那些分块矩阵，那么就可从上述方程中提取出模型的稳定解：

$$\{M_{11} - M_{12}[R_{22}W'_{22}]^{-1}R_{22}W'_{21}\}x_{t+1} =$$
$$\{P_{11} - P_{12}[R_{22}W'_{22}]^{-1}R_{22}W'_{21}\}x_t + \{S_1 - P_{12}[R_{22}W'_{22}]^{-1}[K'_{21}S_1 + K'_{22}S_2]\}\varepsilon_t$$

$$(2.98)$$

总之，广义舒尔分解法是一种与 BK 法相似的求解思路，但其在矩阵变换方面采用了 QZ 因式分解法，这是其创新之处。通过巧妙而独到的处理，广义舒尔分解法能够克服 BK 方法的局限性，并在 DSGE 模型的求解中发挥重要作用。广义舒尔分解法的优势不仅在于放宽了对矩阵可逆性的要求，还在于导出的矩阵是实矩阵而非复数矩阵。这一特点简化了求解过程，并提高了计算的效率。相比之下，BK 方法容易导致复数矩阵的出现，从而增加了求解的难度。由于广义舒尔分解法的优点，近年来它在 DSGE 模型的求解中得到了广泛应用。本书也采用了广义舒尔分解法来解决 DSGE 模型，以充分利用其求解思路和技巧，提高模型求解的准确性和效率。

为了对复杂的 DSGE 模型进行求解和分析，我们需要借助计算机技术的力量。上述的线性化 DSGE 方程可以直接用计算机程序语句表示，从而实现模型的程序化、数字化。这意味着我们可以利用计算机软件自动完成模型求解和后续步骤，使分析过程更加高效和精确。目前，主流的 DSGE 模型求解和估计软件是 Dynare 系列。Dynare 是一个嵌入在 Matlab 平台上的工具包，它专门用于处理包含期望变量的线性和非线性动态模型。使用 Dynare，用户只需按照特定的程序语法将模型方程和相关命令输入 .mod 文件中，就能够实现模型的一阶泰勒展开和反应函数计算。这种自动化的过程不仅提高了求解效率，还避免了手动编写模型状态空间表示的烦琐工作。

除了模型求解，Dynare 还提供了 DSGE 模型参数估计的功能。用户可以选择最大似然法或贝叶斯估计法来获得模型参数的估计值。对于贝叶斯估计，Dynare 可以帮助用户设置参数的先验分布，从而进一步提高估计结果的准确性。这使得研究人员能够更好地理解和解释经济现象，并为政策制定者提供有关经济政策的科学建议。

总之，借助计算机软件如 Dynare，我们能够更加便捷地处理和分析复杂的 DSGE 模型。通过数字化和程序化的方法，我们可以提高求解效率，并获得模型参数的准确估计。这为经济学研究提供了更多的工具和方法，帮助我们更好地理解和解释经济系统的运行机制。对 Dynare 的具体介绍可以参见网址：https:∥www.dynare.org。

第三章 DSGE 模型参数化与建模质量评价

在进行对数线性化处理后，本书所使用的 DSGE 模型包含 99 个方程。参考 Schorfheide（2010），本书对 DGSE 模型的部分稳态参数和不影响结论的参数（共计 35 个）进行直接校准，对其余 37 个参数（含 11 个外生冲击标准差）进行贝叶斯估计，前者通过利用统计数据和借鉴前人经验等方式对参数进行校准，而后者则先对待估参数的先验分布进行校准，然后再利用实际数据来估计参数的后验分布情况。参数化过程将使本书 DSGE 模型成为真正意义上的实证模型，具备对现实规律的拟合与解释能力。

第一节 部分参数的校准

在研究经济模型时，我们可以利用前人研究经验或可获得的统计数据、事实来确定一些稳态参数以及对模型结论不敏感的参数。

校准方法是经济学建模中一种常用的技术，它允许我们将模型的参数设置为合理的值，以使模型的输出与实际观测数据相一致。根据 Schorfheide（2010）的观点，通过校准这些参数，我们可以减少需要估计的参数数量，从而有助于确保贝叶斯估计的稳健性。

校准过程涉及合理确定参数的数值，以使模型的模拟结果与经济现象的实际表现相匹配。为此，在校准过程中，我们可以利用已有的经济理论和经验知识来设定参数值。这些稳态参数通常是与经济体的结构特征相关的，例如生产函数中的产出弹性参数或消费函数中的替代弹性参数。通过校准这些参数，我们可以将模型与实际经济现象相连接，从而使模型更具实际意义。此外，校准方法还可以帮助我们减少参数估计过程中的不确定性。在经济学中，由于数据的有限性和模型的复杂性，参数估计常常受到不确定性的影响。通过校准稳态参数，我们可以将估计问题转化为更简单的问题，从而降低不确定性对估计结果的影响。

总之，校准方法可以在经济模型参数化中起到重要的作用。通过校准稳态参数，我们可以简化估计过程，提高估计结果的可靠性，并使模型与实际经济现象更加契合。

接下来，我们对一部分参数（包括关键变量的稳态值）进行校准（见表3-1）。本书参数校准的依据主要来自 Zhang（2013）、Angelopoulos et al.（2013）、Bilbiie et al.（2012）、王蓓与崔治文（2012）、Annicchiarico and Di Dio（2015）、武晓利（2017）、陈利锋（2017）等现有文献，以及来自中国国家统计局网站（http：//www.stats.gov.cn/）、中国国家市场监督管理总局网站（https：//www.samr.gov.cn/）、《中国环境年鉴》的统计数据。

表 3-1 参数校准及其依据

参数	定义	校准值	参考依据
β^h	代表性家户跨期贴现率	0.990	Zhang（2009）
σ^h	家户消费风险规避系数	1.000	陈利锋（2017）
δ^a	低污染产业固定资产折旧率	0.025	Zhang（2009）
δ^b	高污染产业固定资产折旧率	0.025	Zhang（2009）
$\overline{L^h}$	稳态劳动力总量	1.000	陈利锋（2017）
$\overline{U}$	稳态失业总量	0.050	中国国家统计局季度调查失业率
γ_y^a	低污染产业在国民经济中的比重	0.500	中国国家统计局年度统计数据
δ^{wha}	低污染产业的离职率	0.049	CLDS 数据
δ^{whb}	高污染产业的离职率	0.045	CLDS 数据
ν^{ha}	低污染产业劳动力求职成本表达式中的参数	2.000	陈利锋（2017）
ν^{hb}	高污染产业劳动力求职成本表达式中的参数	0.500	陈利锋（2017）

续表

参数	定义	校准值	参考依据
γ_e^h	家户成员的消费、环境质量权衡程度	0.700	武晓利（2017）
ν^a	低污染产业减排成本函数的参数	0.185	Annicchiarico and Di Dio (2015) 与武晓利（2017）
ϖ^a	低污染产业减排成本函数的系数	2.800	Annicchiarico and Di Dio (2015) 与武晓利（2017）
ν^b	高污染产业减排成本函数的参数	0.185	Annicchiarico and Di Dio (2015) 与武晓利（2017）
ϖ^b	高污染产业减排成本函数的系数	2.800	Annicchiarico and Di Dio (2015) 与武晓利（2017）
$\overline{E}$	没有任何污染问题时的环境质量水平理想值（稳态）	100.000	作者自行校准
$\overline{CL^a}$	稳态下的低污染产业中间产品生产商减排幅度	0.628	《中国环境年鉴》
$\overline{CL^b}$	稳态下的高污染产业中间产品生产商减排幅度	0.628	《中国环境年鉴》
χ^a	低污染产业中间产品生产商污染物排放系数	0.135	《中国环境年鉴》
χ^b	高污染产业中间产品生产商污染物排放系数	0.339	《中国环境年鉴》
Δ	政府污染治理支出的转化效率	5.000	Angelopoulos et al. (2013)
$\overline{G^E/Y}$	环境治理支出占国内生产总值之比	0.00624	中国国家统计局年度统计数据
$\overline{\tau^{pb} PL^b Q^{eb}/Y^{mb}}$	稳态下高污染产业环境保护税纳税额占产值比	0.00114	《中国环境年鉴》
$\overline{\tau^{pb}}$	环境保护税的稳态税率	0.009	《中国环境年鉴》，相当于0.9元/当量
$\overline{Q^{ea}}$	低污染产业企业总数（标准化）	1.000	Bilbiie et al. (2012)
$\overline{Q^{eb}}$	高污染产业企业总数（标准化）	1.000	Bilbiie et al. (2012)
δ^{ea}	低污染产业企业退出比率	0.100	中国国家工商总局《全国内资企业生存时间分析报告》
δ^{eb}	高污染产业企业退出比率	0.075	中国国家工商总局《全国内资企业生存时间分析报告》
fc^a	低污染产业创业成本稳态值	1.000	Annicchiarico et al. (2018)
fc^b	高污染产业创业成本稳态值	2.000	Annicchiarico et al. (2018)
$\overline{p^b}$	高污染产业产品定价与全国物价水平之比	0.920	中国国家统计局年度统计数据

续表

参数	定义	校准值	参考依据
$(\overline{G^P}+\overline{G^E})/\overline{Y}$	政府财政支出（含环境治理支出）占总产出的比例	0.142	中国国家统计局年度统计数据
$\overline{\tau^c}$	商品消费税稳态平均税率	0.169	王蓓与崔治文（2012）
$\overline{\tau^w}$	工薪收入税稳态平均税率	0.103	王蓓与崔治文（2012）
$\overline{\tau^k}$	资产收入税稳态平均税率	0.252	王蓓与崔治文（2012）

根据模型定义，可以推得在稳态下有 $\beta^h = 1/\overline{R}$；根据中国 2000~2020 年季度市场利率（银产业同业拆借利率）均值，可将 β^h 校准为 0.99。参考陈利锋（2017），校准家户消费风险规避系数 σ^h 的值为 1.0。

两类产业资产折旧率（δ^a、δ^b）参考 Zhang（2009）的经验校准为 0.025。根据中国国家统计局自 2018 年 4 月以来发布的季度调查失业率，将稳态失业水平 $\overline{U}$ 校准为 5%。就简化角度而言，低污染产业在现实中可以对应第三产业。所以，根据中国国家统计局数据，可将低污染产业在国民经济中的比重 γ_y^a 近似地校准为 0.5。根据中山大学社会科学调查中心中国劳动力动态调查项目（CLDS）数据，[①] 将 δ^{wha}、δ^{whb} 分别校准为 0.049、0.045。参考陈利锋（2017），将培训成本表达式中的参数 ν^{ha}、ν^{hb} 分别校准为 2.5、0.5。

在环境相关参数中，参考 Annicchiarico and Di Dio（2015）与武晓利（2017），将低污染产业生产商减排成本函数中的参数 ν^a、ϖ^a 分别校准为 0.185、2.8，为简便起见，这里将高污染产业生产商的对应参数 ν^b、ϖ^b 校准为相同的一组值。参考武晓利（2017），家户消费与环境质量的权衡参数 γ_e^h 均被校准为 0.7。为使稳态实际环境质量保持为正（否则会导致错误的模拟结果），本书令 $\overline{E}=100$，这也便于对稳态环境质量进行指数化表达。[②] 根

[①] 本书使用的数据来自中山大学社会科学调查中心开展的"中国劳动力动态调查"（CLDS）。本书的观点和内容由作者自负。如需了解有关此数据的更多信息，请登录 http://css.sysu.edu.cn。

[②] 现有环境经济 DSGE 研究对该参数的取值没有一致的标准，而且在保证稳态环境参数为正值的前提下，该参数的具体取值对模型参数估计和数值模拟均不存在显著影响。

据历年《中国环境年鉴》中污染物产生量与排放量数据，将稳态下的生产商减排幅度 $\overline{CL^a}$、$\overline{CL^b}$ 校准为 0.628。有害污染物排放系数 χ^a、χ^b 的校准值推算是《中国环境年鉴》中主要污染物的总排放当量数（按照《环境保护税法》规定的标准折算）除以中国实际 GDP 水平（2000~2020 年均值）与 $1-\overline{CL^i}$；$i \in \{a,b\}$ 的乘积，得出的比值约为 0.339（1×10^6 当量/亿元）；然而，考虑到本书 DSGE 模型对低污染、高污染产业的差异化设定，这里将 χ^a 校准为 0.135、χ^b 校准为 0.339。

在环境政策相关参数中，参数 Δ 代表政府污染治理支出的转化效率，本书将参数 Δ 参照 Angelopoulos et al.（2013）的做法校准为 5，环境治理支出占总产出的比值 $\overline{G^E}/\overline{Y}$ 校准为 0.00624（根据中国国家统计局网站数据）。由于环境保护税的稳态有效税率难以直接校准，本书根据历年《中国环境年鉴》提供的排污费数据（2001~2017 年），① 将稳态下环保税纳税额占高污染产业产出额的比值 $\overline{\tau^{pb}}\overline{PL^b}\overline{Q^{eb}}/\overline{Y^{mb}}$ 进行校准，校准为 0.00114。随后，利用参数 χ^b 的校准值以及方程（2a.65），便可以推算得出稳态下的环保税实际税率 $\overline{\tau^{pb}}$。根据方程（2a.65），稳态下有 $\overline{PL^b} = (1-\overline{CL^b})\chi^b\overline{Y^{mb}}$ 且 $\overline{Q^{eb}} = 1$，所以高污染产业环保税缴纳额占产值之比可简化表达为 $\overline{\tau^{pb}}(1-\overline{CL^b})\chi^b$。本书已将 $\overline{CL^b}$ 校准为 0.628，将 χ^b 校准为 0.339，那么就可以根据 $\overline{\tau^{pb}}(1-\overline{CL^b})\chi^b$ 的校准值 0.00114 反推出环保税稳态税率 $\overline{\tau^{pb}}$ 的值为 0.009（亿元/1×10^6 当量），或也可换算为 0.9（元/当量），恰好介于 2003 年国家规定的排污费率标准（大气污染物 0.6 元/当量，水污染物 0.7 元/当量）和 2014 年启用的排污税率标准（大气污染物 1.2 元/当量、水污染物 1.4 元/当量，2018 后环保税率沿袭此标准）之间。可见，参数 $\overline{\tau^{pb}}$ 的校准依据全部来自《中国环境年鉴》和国家统计局数据库（权威性不言而喻），校准过程完全

---

① 在 2018 年之前的中国大陆地区，排污费制度事实上完全扮演了环境保护税的职能，并在 2018 年后按"税负平移"原则转型为环保税（Niu & Liu, 2021）。当然，为了不引起混淆和误解，本书内容中仍会以"环保税"来统称以往的排污费和 2018 年后的环保税。

遵循本书DSGE模型内部的理论逻辑（不会和其他参数的校准值、稳态值产生冲突），并且校准结果也与现实中的法定税（费）率基本吻合，所以$\bar{\tau}^{pb}$的校准已能满足"证据充分、逻辑合理、结果可信"这三大标准，其他文献的税率测算对本书仅具参考意义。同理，综合利用参数χ^a、χ^b、$\bar{\tau}^{pb}$、CL_{ss}^a、CL_{ss}^b的值，也可根据方程（2a.76）、方程（2a.77）的稳态推算稳态减排补贴率$\overline{RE^a}$、$\overline{RE^b}$（具体过程略）。

在企业数量动态相关参数中，稳态下高污染产业、低污染产业的企业数量$\overline{Q^{ea}}$、$\overline{Q^{eb}}$全部标准化为1。然后，根据中国国家工商总局《全国内资企业生存时间分析报告》中的企业死亡率数据，将两类产业的企业退出比率δ^{ea}、δ^{eb}分别设定为0.1与0.075。参考Bilbiie et al.（2012）与Annicchiarico et al.（2018），两类产业新创企业的进入成本参数fc^a、fc^b分别设为1、2，这主要是考虑到高污染企业往往要面对更高的环保准入门槛。根据2000～2020年农林牧渔业产品和工业品的环比价格指数加权均值（以两类产品的产值为权重，原始数据来自国家统计局网站），可得到高污染产业价格水平与全国物价水平之比（2001～2017年均值）为0.92，此即为$\bar{p}^b$的校准值（$\bar{p}^a$可据此从模型稳态推得）。

在财政政策方面，按中国国家统计局网站数据（2000～2020年均值），将政府财政支出（含环境治理支出）占总产出的比例$(\overline{G^P}+\overline{G^E})/\bar{Y}$校准为0.142。根据王蓓与崔治文（2012）、张杰（2018）等的中国有效税率测算结果，将稳态下的消费税率$\bar{\tau}^c$、工薪收入税率$\bar{\tau}^w$、资产收入税率$\bar{\tau}^k$分别校准为0.169、0.103、0.252。

第二节 贝叶斯估计

一 贝叶斯估计的基本原理

DSGE模型的参数估计过程与单方程计量模型或宏观经济结构化计量模

型的参数估计过程没有本质区别，均包含参数识别、估计和估计效果评价等步骤，具体的估计方法也有多种选择。具体到 DSGE 模型而言，参数估计方法可大体分为有限信息法和完全信息法两种。

主流的有限信息估计方法包括结构向量自回归（Structural Vector Autoregressive，SVAR）、模拟矩法（Simulated Method of Moments，SMM）、广义矩法（Generalized Method of Moments，GMM）等。有限信息法在思想和手段上相对保守和传统。它的主要思想是，由于 DSGE 只是一个抽象的理论模型，模型的基本设置不可能 100% 准确符合实际。因此，研究人员不需要追求模型整体描述现实的能力，而只需要在某些维度上将模型与真实数据进行匹配即可。

完全信息估计法与有限信息估计法的最大区别则在于，它需要依赖模型的所有信息进行估计，所以在使用这种方法时需要掌握完整的模型结构、明确外生冲击的分布，并使用所有的观测数据样本进行分析。理论上，完全信息估计方法比有限信息估计方法具有更高效、更全面的优点，但在实际应用中，这种方法对研究人员手中的计算设备的性能有很高的要求，对样本量、数据质量的要求也更严苛，而且该方法还意味着研究人员必须尽可能避免不合理的模型设定，否则他们将产生有偏见和不可信的估计。目前，最常用的完全信息估计方法主要有贝叶斯估计（Bayesian Estimation）和最大似然估计（Maximum Likelihood，ML），其中较早在宏观经济模型中得到运用的是最大似然估计法（Hansen and Sargent，1982），Christiano and Vigfusson（2003）、Cogley and Sargent（2005）等研究也将其用于 DSGE 的参数估计。最大似然估计的基本原理是利用卡尔曼滤波法（Kalman filtering）对 DSGE 模型的状态空间方程进行处理，得到包含待估计参数和观测数据的似然函数，并通过求解得到似然函数的最大值，即最优的参数估计值。

在实际应用中，最大似然估计方法面临许多限制。例如，当观测数据对应的变量大于外生冲击的数量时会遇到奇异性问题，而当某些参数识别不够时，它又会在相应维度中产生一个"扁平"的似然函数曲线。因此，近十年来，以 Smets and Wouters（2003）为代表的大多数 DSGE 研究更倾向于使用另一种拓展版的最大似然估计法：贝叶斯估计方法。

由于本书采用的参数估计方法正是贝叶斯估计法，此处以数学形式对其原理作一详细阐述。① 接下来，以大写字母 D 作为某 DSGE 模型的抽象表达，而令 θ_D 表示模型 D 的某个结构参数，贝叶斯估计所用的观测数据的样本量为 O，$p(\cdot)$ 表示概率密度函数（Probability Density Function）。首先，设参数 θ_D 的先验概率密度函数为 $p(\theta_D \mid D)$。其次，贝叶斯估计法同样需要构建似然函数，但与传统的最大似然估计（ML）不同的是，贝叶斯估计的似然函数的内涵是同时基于模型设定和变量观测数据来构建一个条件概率：

$$\mathcal{L}(\theta_D \mid Y_O, D) \equiv p(Y_O \mid \theta_D, D) \tag{3.1}$$

式（3.1）也表明，贝叶斯方法融合了校准和最大似然估计法，本质上是一种受约束的最大似然估计，即以先验分布 $p(\theta_D \mid D)$ 来给似然函数 $\mathcal{L}(\theta_D \mid Y_O, D)$ 设置一个惩罚因子；如果先验分布被设置为退化的（标准差为 0），那么贝叶斯估计就等价于校准；当先验分布为"不明确"（Noninformative）时，则贝叶斯估计过程退化为常规的最大似然估计。

DSGE 模型是具有递归性质的，所以上述的似然函数又可表示为：

$$p(Y_O \mid \theta_D, D) = p(Y_O \mid \theta_D, D) \prod_{t=1}^{O} p(y_t \mid Y_{t-1}, \theta_D, D) \tag{3.2}$$

$$p(\theta \mid Y_O) = \frac{p(\theta; Y_O)}{p(Y_O)}$$

利用贝叶斯定理，不难结合上面的似然函数和先验密度函数进行推导，得到后验密度函数：

$$p(\theta_D \mid Y_O, D) = \frac{p(Y_O \mid \theta_D, D) \times p(\theta_D \mid D)}{p(Y_O \mid D)} \tag{3.3}$$

---

① 此处关于贝叶斯估计的介绍参考陈利锋所著《非线性 DSGE 方法及其在货币政策中的应用研究》（华中科技大学博士学位论文，2013 年），第 39~40 页。

方程（3.3）中的分子是条件概率和先验分布的乘积，又叫作后验核；而分母是基于模型变量观测数据得到的边缘密度函数（Marginal Density）；该函数的值通常以下面的积分运算得出：

$$p(Y_O \mid D) = \int_{\theta_D} p(\theta_D; Y_O \mid D) d\theta_D$$

上述边缘密度函数的值实际上并不依赖 θ_D，所以不难进一步求得参数的后验核密度函数（Posterior Kernel）：

$$p(\theta_D \mid Y_O, D) \propto p(Y_O \mid \theta_D, D) \times p(\theta_D \mid D) \equiv \mathcal{K}(\theta_D \mid Y_O, D) \quad (3.4)$$

式（3.4）中的 $\mathcal{K}(\theta_D \mid Y_O, D)$ 为核密度函数，是给定每一个模型观测到数据的概率。在以上方法的基础上，可以运用似然函数进一步估计，得到待估参数的后验分布，从而确定参数的近似值与分布区间。

但是，贝叶斯估计的似然函数是包含参数的复杂函数，所以极难通过推导其显示解来得出完整后验分布。如果这一问题难以解决，那么贝叶斯估计法的实际应用价值也会所剩无几，所以似然函数的求解难题长期以来的确影响了贝叶斯估计法的推广与发展。所幸，在计算设备性能突飞猛进的当下，克服上述问题的变通手段马尔可夫链蒙特卡洛模拟法（Markov Chain Monte Carlo, MCMC）已经出现，成为贝叶斯估计过程中使用的主要计算方法（Sargent and Ljungqvist, 2000）。马尔可夫链蒙特卡洛模拟法的基本原理是，以计算机程序模拟具有下述马尔科夫性质的随机过程 $\{x_i\}$：

$$p_r(x_{i+1} \mid x_i, x_{i-1}, x_{i-2}, \cdots\cdots) = p_r(x_{i+1} \mid x_i)$$

以上过程又被叫作"马尔可夫链"（Markov Chain）。通常在 DSGE 模型的贝叶斯估计中，研究者会设置多条马尔可夫链，然后对各条链采用特定的递推算法进行抽样、模拟，目前研究中的主流方法（也是本书采用的方法）是 MH 抽样法（Metropolis-Hastings Sampling）。

MCMC 模拟与 MH 抽样法的基本原理是，首先构建一个遍历分布为 $p(\theta_D \mid Y_O, D)$ 的马尔可夫链，然后通过 MH 抽样法等递推算法，从观测数据得出逼近 $p(\theta_D \mid Y_O, D)$ 的经验分布。MH 抽样大体可以分为以下四个步骤。

第一步，选定抽样的总次数（下文符号 s 表示当前进行第 s 次抽样），而且在 $s=0$ 时参数的初始值为 θ^0。

第二步，提出一个被认为最优的点 θ^*，该点须满足下面的条件：

$$J(\theta^* \mid \theta^{s-1}) = \mathcal{N}(\theta^{s-1}, c\Sigma_m)$$

上式中的矩阵 Σ_m 是对后验分布的海塞矩阵（Hessian Matrix）求逆得到的。

第三步，按照下面的方法计算最优点 θ^* 的接受率（Acceptance Ratio）：

$$r = \frac{p(\theta^* \mid Y_o)}{p(\theta^{s-1} \mid Y_o)} = \frac{\mathcal{K}(\theta^* \mid Y_o)}{\mathcal{K}(\theta^{s-1} \mid Y_o)}$$

第四步，决定 θ^* 是否应被真正视作最优点，其依据如下：

$$\theta^s = \begin{cases} \theta^*, & \text{在 } \min(r,1) \text{ 的概率下} \\ \theta^{s-1}, & \text{在 } 1-\min(r,1) \text{ 的概率下} \end{cases}$$

如果最优点 θ^* 被放弃，那么程序又将回到第一步并开始新一轮的抽样，直至找到对参数的最优拟合点为止。在实际计算中，MH 抽样法会使得模拟结果总是趋近后验分布曲线的最高处（但在较低概率下也会滑向分布曲线的两侧），所以可最大限度地避免模拟结果陷入局部最优（Kiley，2007）。

从以上原理可以看出，贝叶斯估计法的最大特点是在极大似然估计的基础上引入先验分布，并将先验信息作为似然函数的权重。为了更准确地定位参数，估计值被拉近到研究者认为先验合理的范围，先验分布也使目标函数更平滑、有利于参数最优估计值的求解。然而，贝叶斯估计的似然函数是一个包含参数的复杂函数，因此通过推导其显式解来推导完整后验分布是极其困难的。如果这个问题很难解决，那么贝叶斯估计法的实际应用价值也就所剩无几了，因此似然函数的求解问题确实长期影响着贝叶斯估计法的推广和发展。幸运的是，在过去若干年，计算设备性能的突飞猛进使得研究者得以有效运用马尔可夫链蒙特卡洛模拟（MCMC）来解决上述问题，这已成为贝叶斯估计过程中使用的主要计算方法（Sargent and Ljungqvist, 2000），同时也是本书中 DSGE 模型参数贝叶斯估计所用的求解方法。

二 待估参数先验设定

对除校准参数之外的 26 个待估参数、11 个外生冲击标准差，本书通过贝叶斯估计法来确定其取值。为保证贝叶斯估计的质量，需要先对待估参数的先验分布进行恰当设置。

结合前述介绍可知，贝叶斯估计的先验分布设置过程本质上是一个校准过程，但这一校准过程并不会直接、彻底地给定参数值，研究者选定的参数先验数值在贝叶斯后验分布估计过程中仍会受到约束和修正。当然，如果参数先验分布存在显著偏误，贝叶斯估计在技术上也会不可行（估计过程出错）。因此，贝叶斯估计法实际上可以实现对先验分布设置的自检和修正，克服了单纯校准带来的局限。本书建立的是关于中国经济的 DSGE 模型，所以参数先验分布设置的依据多数来自国内学者的理论和实证分析，具体依据包括朱军（2015）、王曦等（2017）、庄子罐等（2020）、Niu et al.（2018）、王凯风与吴超林（2021）、Mattesini and Rossi（2012）、Galí et al.（2012）等现有文献。

在家户效用函数的主要参数中，参考刘斌（2008）、薛鹤翔（2010），设置家户劳动供给弹性的倒数（Frisch 劳动厌恶系数）φ^h 的先验均值为 6.16。消费的习惯性系数 ζ^h 的先验均值定为 0.5（王凯风和吴超林，2021）。

在生产部门的主要参数中，参数 α^a、α^b 代表两类产业的劳动力产出弹性，由于低污染产业更依赖资本要素，α^a 的先验均值被定为 0.3，α^b 的先验均值被定为 0.6。

在价格设定与波动的相关参数方面，参考庄子罐等（2020），将两类产业中间产品生产商的价格刚性水平 θ^a、θ^b 的先验均值设为 0.75。货币政策规则（Taylor 规则）的参数先验设置均参考 Galí et al.（2012）、Mattesini and Rossi（2012）、王曦等（2017）。其中，通胀反应参数 ψ_p 的先验均值设置为

2.0；产出波动反应参数 ψ_y 的先验均值设置为 0.25；Taylor 规则平滑系数 ρ_m 的先验均值定为 0.4。

在决定产品市场结构的相关参数中，贾俊雪和孙传辉（2019）根据中国企业调查数据将稳态价格加成校准为 1.38，这个数值对应本书中的 $(\varepsilon^i - 1)/\varepsilon^i; i \in \{a, b\}$，所以本书将替代弹性系数 ε^a、ε^b、ε^p 的先验均值均定为 3.63。

在劳动力搜寻匹配动态过程的相关参数中，两类家户在两类产业的劳动力培训成本函数中存在四个待估系数，分别为 ϖ^{ha}、ϖ^{hb}，参考陈利锋（2017），将这两个参数的先验均值全部定为 1.5。

在与环境直接相关的待估参数中，本书参考 Angelopoulos et al.（2013），将生态环境自我恢复能力参数 ρ_e 的先验均值设定为 0.1。

对所有外生冲击 AR（1）过程中的持续性参数，即 $\rho_k, k \in \{n, A, gp, r, P, ea, eb, pb, rea, reb, ge\}$，参考 Galí et al.（2012），一律设先验均值为 0.5。对所有外生冲击标准差的先验均值，即 $\sigma_k, k \in \{n, A, gp, r, P, ea, eb, pb, rea, reb, ge\}$，一律参考 Niu et al.（2018），以 0.1 为先验均值。

表 3-2　DSGE 模型参数贝叶斯估计的先验设定及其依据

参数	参数定义	先验均值	分布类型	先验标准差	先验设定参考依据
α^a	低污染产业劳动力产出弹性	0.300	beta	0.100	朱军（2015）
α^b	高污染产业劳动力产出弹性	0.600	beta	0.100	朱军（2015）
ζ^h	消费的习惯性系数	0.500	beta	0.100	王凯风与吴超林（2021）
φ^h	劳动供给弹性倒数	6.160	gamma	0.500	刘斌（2008）、薛鹤翔（2010）
θ^a	低污染产业价格刚性（Calvo 规则）	0.700	beta	0.100	庄子罐等（2020）
θ^b	高污染产业价格刚性（Calvo 规则）	0.700	beta	0.100	庄子罐等（2020）

续表

参数	参数定义	先验均值	分布类型	先验标准差	先验设定参考依据
ψ_y	利率对产出的反应程度（Taylor规则）	0.250	gamma	0.050	Mattesiniand Rossi（2012）、王曦等（2017）
ψ_p	利率对通胀的反应程度（Taylor规则）	2.000	gamma	0.250	Mattesiniand Rossi（2012）、王曦等（2017）
ε^a	低污染产业中间产品替代弹性	3.630	gamma	0.500	贾俊雪与孙传辉（2019）
ε^b	高污染产业中间产品替代弹性	3.630	gamma	0.500	贾俊雪与孙传辉（2019）
ε_p	跨产业产品替代弹性	3.630	gamma	0.250	贾俊雪与孙传辉（2019）
ϖ^{ha}	劳动力在低污染产业的培训成本系数	1.500	gamma	0.250	陈利锋（2017）
ϖ^{hb}	劳动力在高污染产业的培训成本系数	1.500	gamma	0.250	陈利锋（2017）
ρ_A	技术冲击的平滑参数	0.500	beta	0.200	Galí et al.（2012）
ρ_r	利率冲击的平滑参数	0.500	beta	0.200	Galí et al.（2012）
ρ_n	劳动供给冲击的平滑参数	0.500	beta	0.200	Galí et al.（2012）
ρ_m	货币政策规则的平滑参数（Taylor规则）	0.400	beta	0.200	王曦等（2017）
ρ_{gp}	财政支出冲击的平滑参数	0.500	beta	0.200	Galí et al.（2012）
ρ_{pb}	高污染产业环保税冲击的平滑参数	0.500	beta	0.200	Galí et al.（2012）
ρ_{rea}	低污染产业减排补贴冲击的平滑参数	0.500	beta	0.200	Galí et al.（2012）
ρ_{reb}	高污染产业减排补贴冲击的平滑参数	0.500	beta	0.200	Galí et al.（2012）
ρ_{ge}	政府环境治理支出冲击的平滑参数	0.500	beta	0.200	Galí et al.（2012）
ρ_P	环境技术冲击的平滑参数	0.500	beta	0.200	Galí et al.（2012）
ρ_{ea}	低污染产业关停整顿冲击的平滑参数	0.500	beta	0.200	Galí et al.（2012）
ρ_{eb}	高污染产业关停整顿冲击的平滑参数	0.500	beta	0.200	Galí et al.（2012）
ρ_{env}	环境质量的恢复速度	0.100	beta	0.100	Angelopoulos et al.（2013）
σ_A	技术冲击的标准差	0.100	invert gamma	Inf.	Niu et al.（2018）
σ_r	利率冲击的标准差	0.100	invert gamma	Inf.	Niu et al.（2018）
σ_{gp}	财政支出冲击的标准差	0.100	invert gamma	Inf.	Niu et al.（2018）
σ_n	劳动供给冲击的标准差	0.100	invert gamma	Inf.	Niu et al.（2018）

续表

参数	参数定义	先验设定 先验均值	先验设定 分布类型	先验设定 先验标准差	先验设定参考依据
σ_{pb}	高污染产业环保税冲击的标准差	0.100	invert gamma	Inf.	Niu et al.（2018）
σ_{rea}	低污染行业减排补贴冲击的标准差	0.100	invert gamma	Inf.	Niu et al.（2018）
σ_{reb}	高污染产业减排补贴冲击的标准差	0.100	invert gamma	Inf.	Niu et al.（2018）
σ_{ge}	政府环境治理支出冲击的标准差	0.100	invert gamma	Inf.	Niu et al.（2018）
σ_{P}	环境技术冲击的标准差	0.100	invert gamma	Inf.	Niu et al.（2018）
σ_{ea}	低污染产业关停整顿冲击的标准差	0.100	invert gamma	Inf.	Niu et al.（2018）
σ_{eb}	高污染产业关停整顿冲击的标准差	0.100	invert gamma	Inf.	Niu et al.（2018）

三　数据来源

本书使用 Matlab R2015a 软件与 Dynare 4.5.0 程序包进行贝叶斯估计。依据贝叶斯估计的秩条件（Blanchard-Kahn 条件），观测变量应小于等于模型中的外生冲击个数，所以本书选择总产出 $\hat{y}_t$、消费 $\hat{c}_t^b$、通货膨胀率 π_t、高污染产业污染排放 $\widehat{pl}_t^b$ 作为观测变量，时间跨度为 2005 年第 1 季度至 2018 年第 4 季度，共计 56 期。上述观测变量对应的季度样本数据分别为 GDP（当然，由于本书的 DSGE 模型未考虑外国部门，数据中减去了当期的净出口数额）、社会商品零售总额、消费价格指数（环比）、高污染产业大气污染物排放量，前三类数据来自中国国家统计局网站、中经网数据库。

大气污染物排放数据的处理和运用是本书主要创新之一。考虑到数据可得性，本书以第一、第二产业代表高污染产业（相应地，低污染产业以第三产业为主），使用来自全球大气研究排放数据库（EDGAR）的数据，[①]其原始数据为地理栅格（NetCDF 格式），时间频度为月度。上述栅格数据包含第一、第二产业排放的黑碳、一氧化碳、氨气、氮氧化物、粉尘、二

---

① 数据来源于 https://edgar.jrc.ec.europa.eu/dataset_htap_v3#sources，浏览时间：2022 年 5 月 26 日。

氧化硫等污染物，本书按照《中华人民共和国环境保护税法》规定的系数将各污染物的排放量折算为总当量值，而后在中国国界范围内提取栅格数据、计算季度均值，最终得到可用于贝叶斯估计的季度数据序列。

为匹配对数线性化后的 DSGE 模型，以上数据在正式投入估计以前，还需进行以下几步处理。首先，运用以 2000 年 1 季度为基期的定基 CPI 指数，将产出、消费等数据全部折算为实际值。其次，运用 Census X12 方法，对全部数据进行去季节化处理。最后，本书的 DSGE 模型方程经过对数线性化处理，所有变量均是相对于稳态的对数偏离值，那么样本数据自然也要能与观测变量的对数线性化结果真正对应。所以，还须对样本数据全部取对数，并运用 Hodrick and Prescott（1997）的 HP 滤波法（Hodrick-Prescott filter）对数据进行消除趋势处理（detrending），从而得到样本数据相对于其长期趋势曲线的对数偏离值。

为保证估计结果的稳健性，本书选择 MH（Metropolis-Hastings）算法估计后验分布，并要求 Dynare 程序使用 4 个平行马尔科夫链并进行 500000 次马尔可夫链蒙特卡洛（MCMC）模拟。模型参数贝叶斯估计的先验设定与后验结果可参见图 3-1、表 3-3，多变量收敛性诊断结果报告见图 3-2。

第三节　DSGE 模型的建模质量评价

一　DSGE 模型的参数估计质量

DSGE 模型的参数估计质量主要从三个方面体现。其一是参数先验设置、后验结果间的差别，以及参数估计值的现实合理性；通过表 3-3 中的估计结果可发现，除了个别参数的识别结果较差外，绝大部分参数的先验设置、后验结果间差别均不大，或是至少能在先验、后验均值上较为接近；而图 3-1 中先验分布与贝叶斯估计后验分布情况也显示，大多数参数的先验设置、后验结果间差别不大，并且后验分布曲线是平滑且贴近先验分布曲线的，说明 DSGE 模型参数的识别效果较为理想。其二是多变量收敛性诊断结果（见图 3-2），随着模拟次数增加，本书多变量检验的指标曲线逐渐重合并保持稳定，进一步表明参数估计结果是稳健的，参数化后的 DSGE 模型可以较准确地拟合中国经济的波动规律。其三是 DSGE 模型的参数估计结果也基本符合主流理论观点和经济常识，例如参数 α^b 大于 α^a，说明高污染产业更符合劳动密集型产业的特点（黄纪强、祁毓，2022）；参数 ε^b、ε^a 均远大于参数 ε_p，说明产业内部不同企业产品（或服务）间的可替代性大于不同产业产品之间的可替代性；参数 ϖ^{ha} 大于参数 ϖ^{hb}；说明劳动力进入低污染产业时的培训成本相对更高，这与低污染产业更依赖资本、技术的特点是相符的。

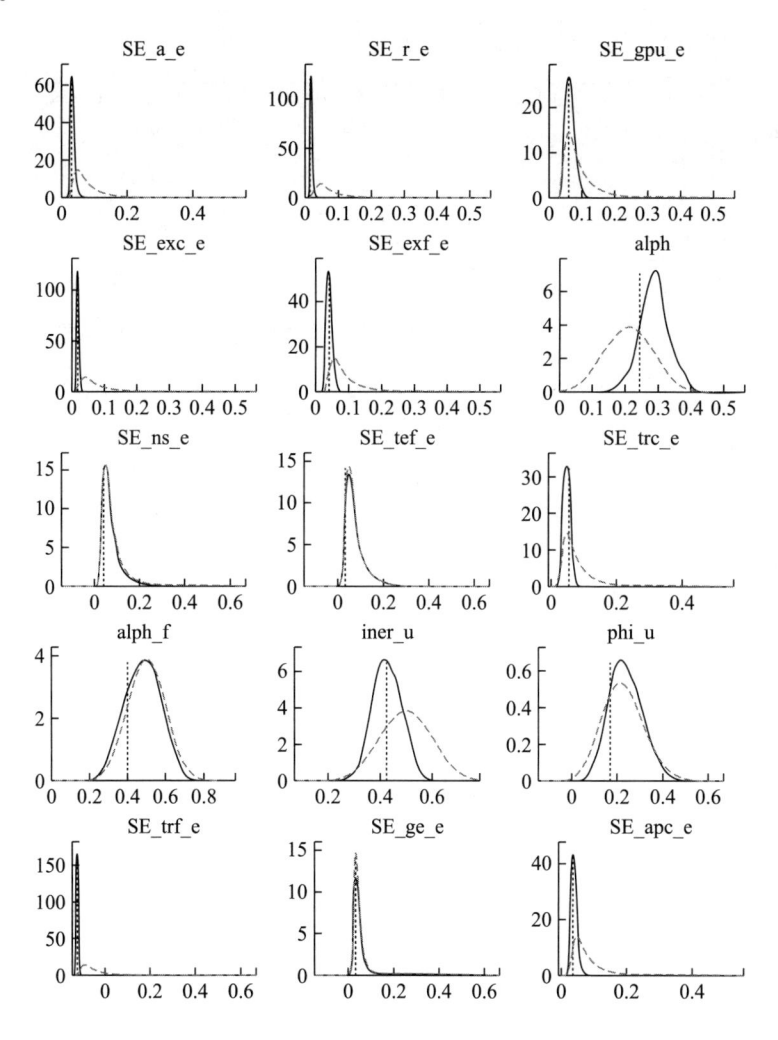

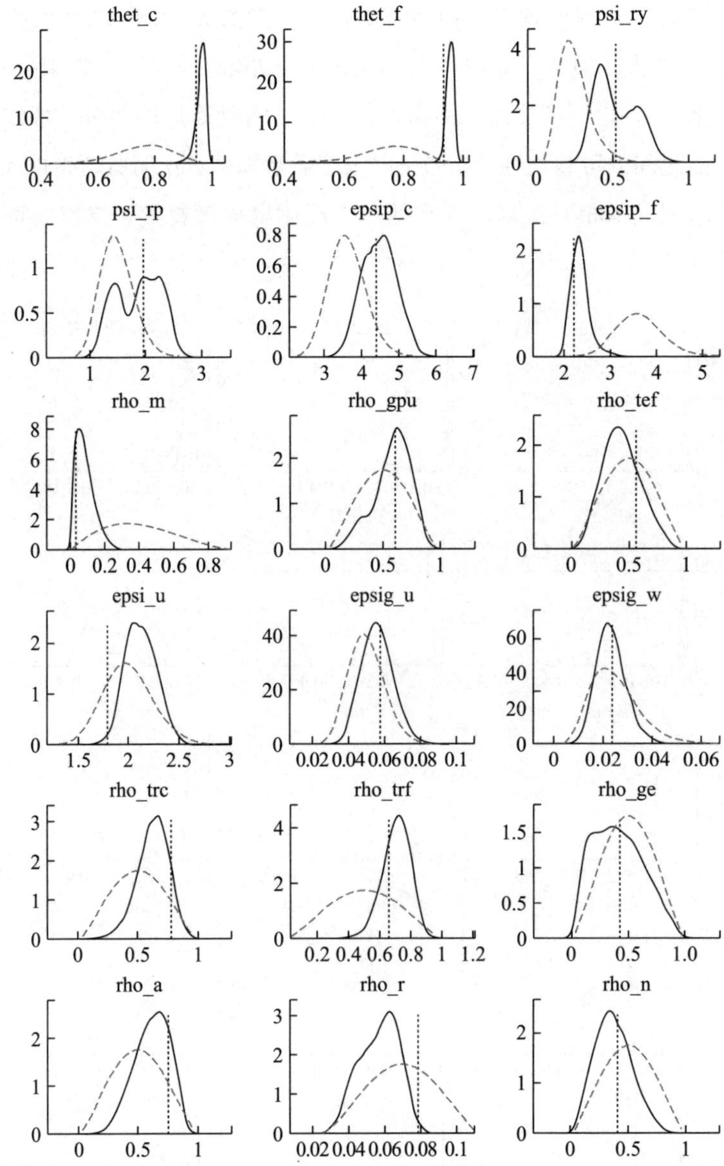
thet_c
thet_f
psi_ry
psi_rp
epsip_c
epsip_f
rho_m
rho_gpu
rho_tef
epsi_u
epsig_u
epsig_w
rho_trc
rho_trf
rho_ge
rho_a
rho_r
rho_n

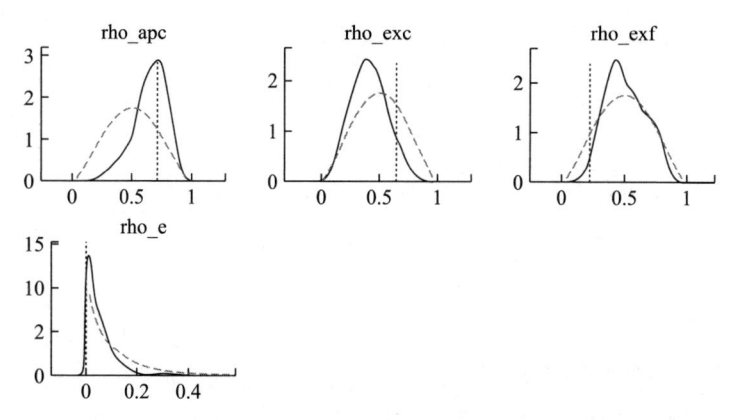

图 3-1 DSGE 模型参数先验分布与贝叶斯估计后验结果对比情况

注：图中浅色曲线为与参数先验设定对应的概率分布曲线，黑色线条代表由贝叶斯估计得出的后验分布结果，垂直虚线对应其后验均值。图中参数符号与正文模型的对应关系可见附录3a。该图由 Matlab R2015a 软件与 Dynare 4.5.0 程序包生成并导出。

表 3-3 DSGE 模型参数贝叶斯估计的先验设定与后验结果

参数	参数定义	先验均值	分布类型	先验标准差	后验均值	95%置信区间
α^a	低污染产业劳动力产出弹性	0.500	beta	0.100	0.6042	[0.4823, 0.7339]
α^b	高污染产业劳动力产出弹性	0.500	beta	0.100	0.4785	[0.2958, 0.6575]
ζ^h	消费的习惯性系数	0.500	beta	0.100	0.4275	[0.3221, 0.5412]
φ^h	劳动供给弹性倒数	6.160	gamma	0.750	6.2624	[5.0998, 7.4063]
θ^a	低污染产业价格刚性（Calvo 规则）	0.750	beta	0.100	0.9626	[0.9261, 0.9911]
θ^b	高污染产业价格刚性（Calvo 规则）	0.750	beta	0.100	0.9644	[0.9394, 0.9890]
ψ_y	利率对产出的反应程度（Taylor 规则）	0.250	gamma	0.100	0.5200	[0.3129, 0.7778]
ψ_p	利率对通胀的反应程度（Taylor 规则）	1.500	gamma	0.300	1.8661	[1.1947, 2.5134]
ε^a	低污染产业中间产品替代弹性	3.630	gamma	0.500	4.4848	[3.6326, 5.3827]

续表

参数	参数定义	先验设定			后验结果	
		先验均值	分布类型	先验标准差	后验均值	95%置信区间
ε^b	高污染产业中间产品替代弹性	3.630	gamma	0.500	2.3489	[1.9731, 2.7476]
ε_p	跨行业产品替代弹性	2.000	gamma	0.250	2.1277	[1.8407, 2.4286]
ϖ^{ha}	劳动力在低污染产业的培训成本系数	0.050	gamma	0.010	0.0557	[0.0391, 0.0730]
ϖ^{hb}	劳动力在高污染产业的培训成本系数	0.025	gamma	0.010	0.0233	[0.0119, 0.0351]
ρ_A	技术冲击的平滑参数	0.500	beta	0.200	0.6178	[0.3412, 0.8846]
ρ_r	利率冲击的平滑参数	0.500	beta	0.200	0.3566	[0.1197, 0.5715]
ρ_n	劳动供给冲击的平滑参数	0.500	beta	0.200	0.3741	[0.0773, 0.6750]
ρ_m	货币政策规则的平滑参数（Taylor规则）	0.400	beta	0.200	0.0879	[0.0032, 0.2000]
ρ_{gp}	财政支出冲击的平滑参数	0.500	beta	0.200	0.5807	[0.2269, 0.8594]
ρ_{pb}	高污染产业环保税冲击的平滑参数	0.500	beta	0.200	0.4412	[0.1265, 0.7711]
ρ_{rea}	低污染产业减排补贴冲击的平滑参数	0.500	beta	0.200	0.6240	[0.3687, 0.8692]
ρ_{reb}	高污染产业减排补贴冲击的平滑参数	0.500	beta	0.200	0.7064	[0.5288, 0.8732]
ρ_{ge}	政府环境治理支出冲击的平滑参数	0.500	beta	0.200	0.4128	[0.0469, 0.8085]
ρ_P	环境技术冲击的平滑参数	0.500	beta	0.200	0.6555	[0.3559, 0.9099]
ρ_{ea}	低污染产业关停整顿冲击的平滑参数	0.500	beta	0.200	0.4133	[0.1217, 0.7156]
ρ_{eb}	高污染产业关停整顿冲击的平滑参数	0.500	beta	0.200	0.5083	[0.2354, 0.8250]
ρ_{env}	环境质量的恢复速度	0.100	beta	0.050	0.0554	[0.0000, 0.1637]
σ_A	技术冲击的标准差	0.100	invert gamma	Inf.	0.0316	[0.0196, 0.0454]
σ_r	利率冲击的标准差	0.100	invert gamma	Inf.	0.0218	[0.0159, 0.0286]

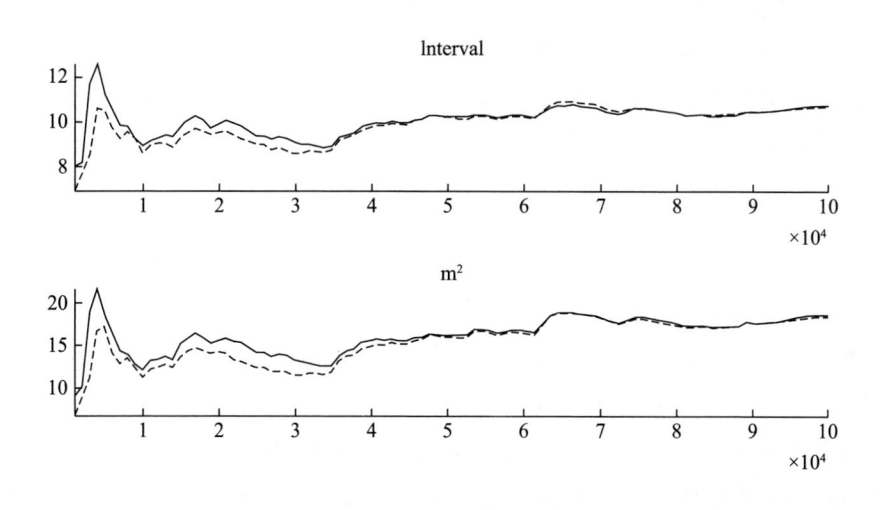

续表

参数	参数定义	先验设定			后验结果	
		先验均值	分布类型	先验标准差	后验均值	95%置信区间
σ_{gp}	财政支出冲击的标准差	0.100	invert gamma	Inf.	0.0501	[0.0251, 0.0790]
σ_{n}	劳动供给冲击的标准差	0.100	invert gamma	Inf.	0.0760	[0.0219, 0.1735]
σ_{pb}	高污染产业环保税冲击的标准差	0.100	invert gamma	Inf.	0.0866	[0.0210, 0.2191]
σ_{rea}	低污染行业减排补贴冲击的标准差	0.100	invert gamma	Inf.	0.0459	[0.0255, 0.0676]
σ_{reb}	高污染产业减排补贴冲击的标准差	0.100	invert gamma	Inf.	0.0237	[0.0191, 0.0287]
σ_{ge}	政府环境治理支出冲击的标准差	0.100	invert gamma	Inf.	0.1018	[0.0198, 0.2816]
σ_{P}	环境技术冲击的标准差	0.100	invert gamma	Inf.	0.0392	[0.0231, 0.0577]
σ_{ea}	低污染产业关停整顿冲击的标准差	0.100	invert gamma	Inf.	0.0226	[0.0165, 0.0290]
σ_{eb}	高污染产业关停整顿冲击的标准差	0.100	invert gamma	Inf.	0.0340	[0.0199, 0.0505]

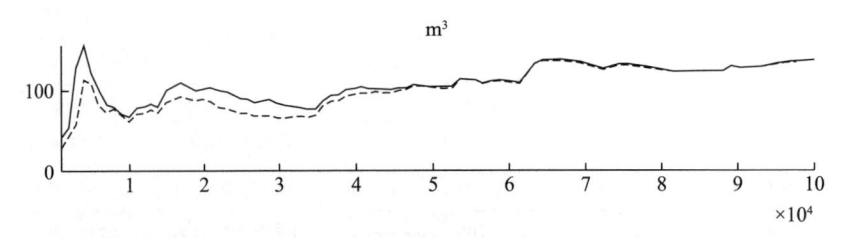

图 3-2 基准 DSGE 模型多变量收敛性诊断（Brooks and Gelman, 1998）

注：横轴表示抽样次数，上下两条曲线间的距离关系表征检验统计量的收敛性，interval 表示均值，m^2 表示方差，m^3 表示 3 阶矩，该图由 Matlab R2015a 软件与 Dynare 4.5.0 程序包生成并导出。

二 DSGE 模型质量的对比评价

为了考察并保证本书 DSGE 模型的合理性，本章除了构建基准 DSGE 模型之外，还要进一步构建用于对比评价的备择模型。构建备择模型的原因，及它所能起到的作用主要体现在以下几个方面。

现有的 DSGE 研究文献在以环境污染问题作为研究对象时，通常是直接构建含有环境问题和环境规制政策的 DSGE 模型并加以运用，对模型的建模质量通常缺少全面、客观的评价；部分文献虽有较成熟的评价手段，但是在模型评价的基本逻辑方面往往存在问题。例如 Mandelman and Zlate（2012）、张伟进等（2015）等，通常只对去除关键结构要素的 DSGE 模型进行建模质量评价，并没有将其与其他备择模型（去除重要数据或更换估计技术）进行比对。这类用单一模型评价结果来体现自身建模合理性的做法实际上是存在"自证循环"嫌疑的，无法有效确认模型中关键参数的识别结果是否合理、模型是否真正有效拟合了中国经济的现实情况。

实际上，大气污染物遥感数据在主流 DSGE 模型参数估计中的运用属于富有开创意义的做法（本书重要的创新点），但这也意味着任何采用该数据的模型都应谨慎地审视这种新型数据的运用效果。在采纳大气污染物遥感反演数据并进行参数估计之后，DSGE 模型的建模质量比加入之前出现了显著下降，那么从这样一个模型中得出的分析结论必然会受到更多的怀疑乃至批判，其理论意义和应用价值也就要大打折扣——甚至可以说，在此情况下，大气污染物遥感反演数据的采用是缺少基本必要性的。

所以，在建模质量评价方面，本书选择了一种更具有逻辑合理性的技术路线：在使用相同参数估计技术、相同数据来源（除污染物数据外），并且模型数理方程设计也完全一致的前提下，建立起一个备择模型，该模型与基准 DSGE 模型的区别在于其观测变量数据中没有大气污染物遥感反演数据。

1. 备择模型的参数估计

本书将对备择模型进行参数校准与估计，并利用基准模型、备择模型的估计结果计算后验优比、进行二阶矩匹配，以判断各模型的建模质量（对现实经济数据的拟合质量）。如果基准 DSGE 模型在对现实经济数据的拟合质量上至少不弱于备择模型，那么即可认为：本书的基准 DSGE 模型在总体上具备相对较高的建模质量、能够更准确地拟合现实数据（即便与结构相对简单、机制更加单一的模型相比），所以大气污染物遥感反演数据在本书 DSGE 模型参数估计中的运用并不是多余的，而是合理有效、贴合现实的，并且这些数据的缺失将会有损模型的质量。

本书备择 DSGE 模型的贝叶斯估计结果如图 3-3、表 3-4 所示。可见与基准 DSGE 模型类似，未采用大气污染物遥感数据的备择模型的大部分参数的先验设置、后验结果间差别均不大，或是至少能在先验、后验均值上较为接近；其多变量检验的指标曲线也能逐渐重合并保持稳定，表明备择模型参数估计结果是稳健的，其与基准模型之间具备可比性。

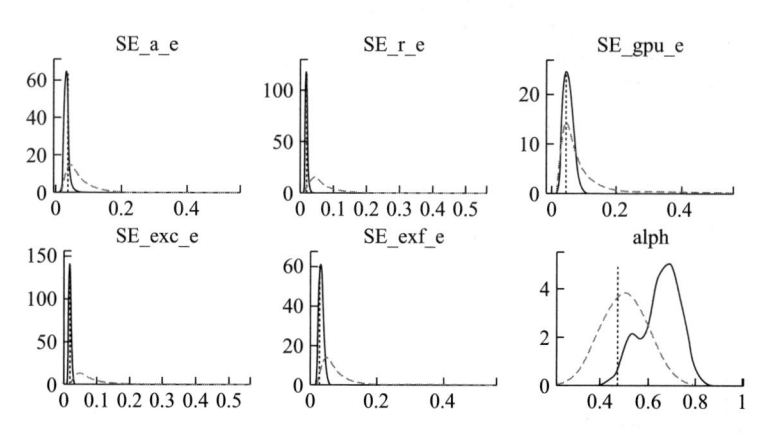

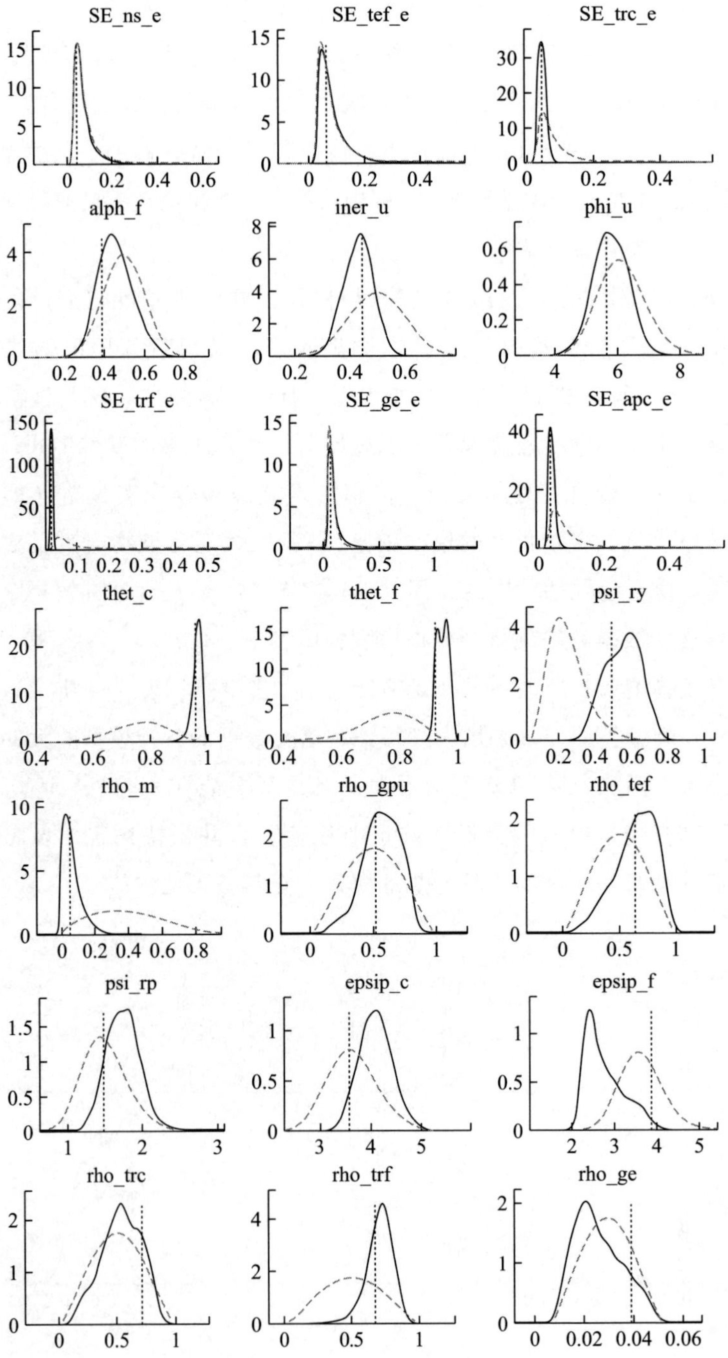
SE_ns_e
SE_tef_e
SE_trc_e
alph_f
iner_u
phi_u
SE_trf_e
SE_ge_e
SE_apc_e
thet_c
thet_f
psi_ry
rho_m
rho_gpu
rho_tef
psi_rp
epsip_c
epsip_f
rho_trc
rho_trf
rho_ge

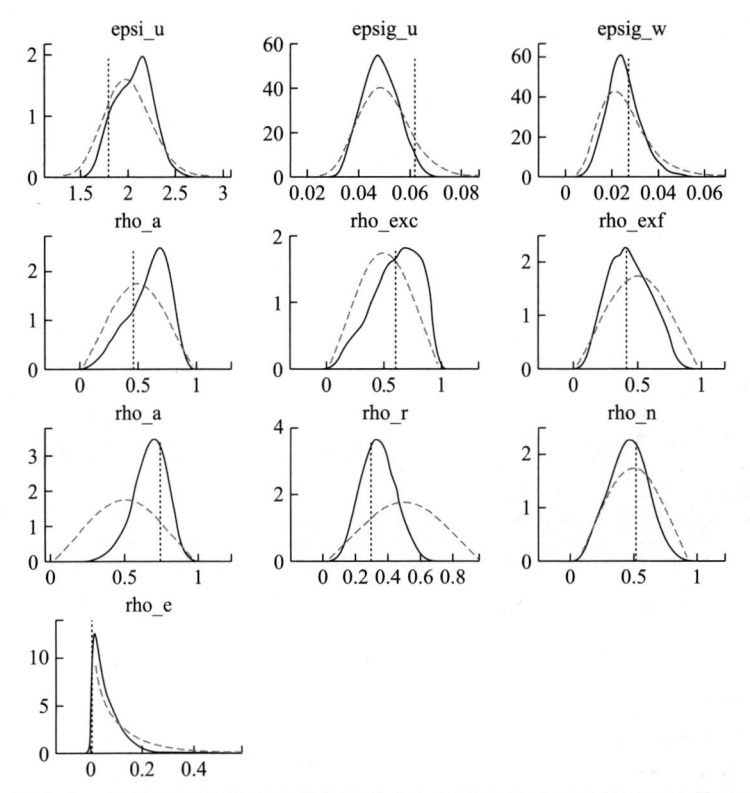

图 3-3 备择 DSGE 模型参数先验分布与贝叶斯估计后验结果对比情况

注：图中浅色曲线为与参数先验设定对应的概率分布曲线，黑色线条代表由贝叶斯估计得出的后验分布结果，垂直虚线对应其后验均值。图中参数符号与正文模型的对应关系可参见附录 3a。该图由 Matlab R2015a 软件与 Dynare 4.5.0 程序包生成并导出。

表 3-4 备择 DSGE 模型参数贝叶斯估计的先验设定与后验结果

参数	参数定义	先验设定 先验均值	分布类型	先验标准差	后验结果 后验均值	95% 置信区间
α^a	低污染产业劳动力产出弹性	0.500	beta	0.100	0.6493	[0.4823, 0.7339]
α^b	高污染产业劳动力产出弹性	0.500	beta	0.100	0.4573	[0.2958, 0.6575]
ζ^h	消费的习惯性系数	0.500	beta	0.100	0.4314	[0.3221, 0.5412]
φ^h	劳动供给弹性倒数	6.160	gamma	0.750	5.7967	[5.0998, 7.4063]

续表

参数	参数定义	先验设定 先验均值	先验设定 分布类型	先验设定 先验标准差	后验结果 后验均值	后验结果 95%置信区间
θ^a	低污染产业价格刚性（Calvo规则）	0.750	beta	0.100	0.9619	[0.4804, 0.7875]
θ^b	高污染产业价格刚性（Calvo规则）	0.750	beta	0.100	0.9488	[0.2981, 0.6294]
ψ_y	利率对产出的反应程度（Taylor规则）	0.250	gamma	0.100	0.5549	[0.3309, 0.5339]
ψ_p	利率对通胀的反应程度（Taylor规则）	1.500	gamma	0.300	1.7392	[4.7416, 6.8351]
ε^a	低污染产业中间产品替代弹性	3.630	gamma	0.500	4.0813	[0.9265, 0.9924]
ε^b	高污染产业中间产品替代弹性	3.630	gamma	0.500	2.7713	[0.9139, 0.9848]
ε_p	跨行业产品替代弹性	2.000	gamma	0.250	2.0589	[0.3661, 0.7280]
ϖ^{ha}	劳动力在低污染产业的培训成本系数	0.050	gamma	0.010	0.0482	[1.3222, 2.1575]
ϖ^{hb}	劳动力在高污染产业的培训成本系数	0.025	gamma	0.010	0.0249	[3.4587, 4.7233]
ρ_A	技术冲击的平滑参数	0.500	beta	0.200	0.6716	[2.1482, 3.7148]
ρ_r	利率冲击的平滑参数	0.500	beta	0.200	0.3413	[1.6757, 2.3999]
ρ_n	劳动供给冲击的平滑参数	0.500	beta	0.200	0.4569	[0.0351, 0.0616]
ρ_m	货币政策规则的平滑参数（Taylor规则）	0.400	beta	0.200	0.0754	[0.0106, 0.0388]
ρ_{gp}	财政支出冲击的平滑参数	0.500	beta	0.200	0.5640	[0.4354, 0.8749]
ρ_{pb}	高污染产业环保税冲击的平滑参数	0.500	beta	0.200	0.6442	[0.1448, 0.5486]
ρ_{rea}	低污染产业减排补贴冲击的平滑参数	0.500	beta	0.200	0.5362	[0.1292, 0.7758]
ρ_{reb}	高污染产业减排补贴冲击的平滑参数	0.500	beta	0.200	0.7013	[0.0019, 0.1753]
ρ_{ge}	政府环境治理支出冲击的平滑参数	0.500	beta	0.200	0.4225	[0.2837, 0.8402]

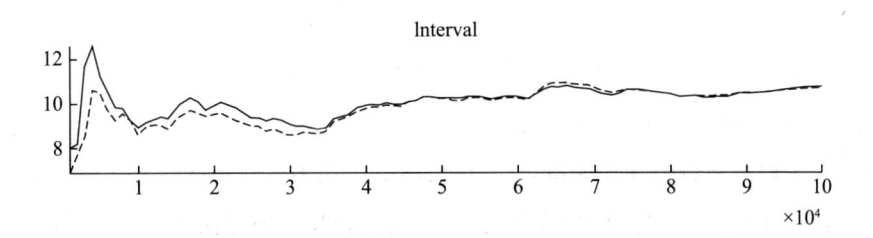

续表

参数	参数定义	先验设定			后验结果	
		先验均值	分布类型	先验标准差	后验均值	95%置信区间
ρ_P	环境技术冲击的平滑参数	0.500	beta	0.200	0.5908	[0.2865, 0.9473]
ρ_{ea}	低污染产业关停整顿冲击的平滑参数	0.500	beta	0.200	0.6044	[0.1967, 0.8297]
ρ_{eb}	高污染产业关停整顿冲击的平滑参数	0.500	beta	0.200	0.4357	[0.5037, 0.8874]
ρ_{env}	环境质量的恢复速度	0.100	beta	0.050	0.0578	[0.0829, 0.8379]
σ_A	技术冲击的标准差	0.100	invert gamma	Inf.	0.0324	[0.2315, 0.8799]
σ_r	利率冲击的标准差	0.100	invert gamma	Inf.	0.0223	[0.2154, 0.9315]
σ_{gp}	财政支出冲击的标准差	0.100	invert gamma	Inf.	0.0519	[0.1476, 0.7443]
σ_n	劳动供给冲击的标准差	0.100	invert gamma	Inf.	0.0744	[0.0000, 0.1665]
σ_{pb}	高污染产业环保税冲击的标准差	0.100	invert gamma	Inf.	0.0812	[0.0206, 0.0454]
σ_{rea}	低污染行业减排补贴冲击的标准差	0.100	invert gamma	Inf.	0.0443	[0.0161, 0.0292]
σ_{reb}	高污染产业减排补贴冲击的标准差	0.100	invert gamma	Inf.	0.0240	[0.0250, 0.0817]
σ_{ge}	政府环境治理支出冲击的标准差	0.100	invert gamma	Inf.	0.0964	[0.0217, 0.1596]
σ_P	环境技术冲击的标准差	0.100	invert gamma	Inf.	0.0401	[0.0227, 0.1791]
σ_{ea}	低污染产业关停整顿冲击的标准差	0.100	invert gamma	Inf.	0.0215	[0.0247, 0.0663]
σ_{eb}	高污染产业关停整顿冲击的标准差	0.100	invert gamma	Inf.	0.0309	[0.0184, 0.0297]

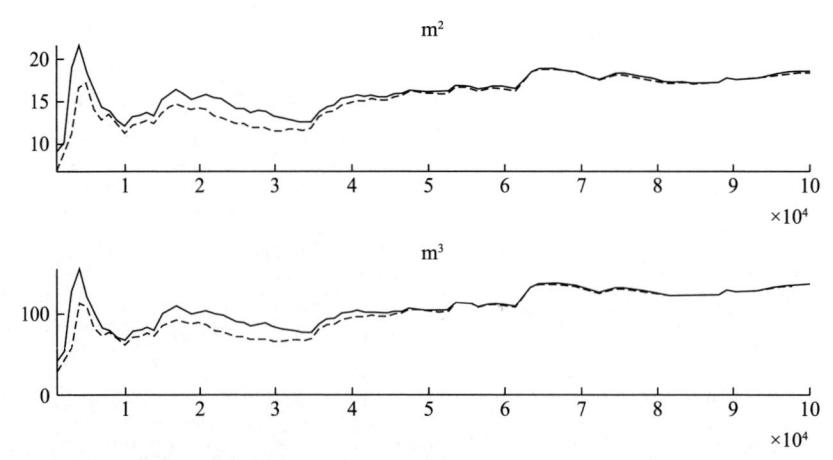

图 3-4 备择 DSGE 模型多变量收敛性诊断（Brooks and Gelman，1998）

注：横轴表示抽样次数，上下两条曲线间的距离关系表征检验统计量的收敛性，interval 表示均值，m^2 表示方差，m^3 表示 3 阶矩，该图由 Matlab R2015a 软件与 Dynare 4.5.0 程序包生成并导出。

2. 建模质量比较：拟合优度分析

上述建模质量的评价、比较工作需要在完成贝叶斯估计后开展，这主要是因为贝叶斯估计过程能够帮助我们获取与建模质量（DSGE 模型对现实经济数据拟合能力）有关的一系列指标和统计量，从而构建起相应的模型评价准则。最典型的一种通过贝叶斯估计得到的模型评价准则是后验优比（Posterior Odds Ratio）。这一评价准则的基本原理是，若研究者手中有两个通过贝叶斯估计得到的 DSGE 模型，分别简称为模型 A 和模型 B，而这两个模型总体上的先验分布分别为 $p(A)$、$p(B)$，那么利用贝叶斯定理和前述的后验分布计算方法可以得出：

$$p(I \mid Y_o) = \frac{p(I) \times p(Y_o \mid I)}{\sum_{I=A,B} p(I) \times p(Y_o \mid I)} \quad (3.5)$$

$p(A \mid Y_o)$ 和 $p(B \mid Y_o)$ 即为模型总体的后验分布，而上式中的 $p(Y_o \mid A)$、$p(Y_o \mid B)$ 分别为两个模型的数据边缘密度，又称边缘似然函数（因为其值来自似然函数中参数的积分）；Dynare 等主流 DSGE 分析软件估算 $p(Y_o \mid A)$、$p(Y_o \mid B)$ 的算法通常有两种：一种是拉普拉斯逼近法（Laplace Approximation），另一种是利用 MH 抽样的结果得到调和平均估计量（Harmonic Mean Estimator）。利用上述两个后验分布，研究者便可进行模型之间的比较与选择。通常的做法是将上述后验分布代入下面的公式，计算出 A、B 两个模型间的后验优比：

$$\frac{p(A\mid Y_O)}{p(B\mid Y_O)} = \frac{p(A) \times p(Y_O\mid A)}{p(B) \times p(Y_O\mid B)} \tag{3.6}$$

式（3.6）中 $p(A)$、$p(B)$ 的比值被称作"先验优比"（Prior Odds Ratio），$p(Y_O\mid A)$ 与 $p(Y_O\mid B)$ 的比值则亦被叫作"贝叶斯因子"（Bayes Factor），能够体现观测数据与哪个模型相对更匹配。也就是说，后验优比等于先验优比乘以贝叶斯因子。如果模型 A 相对于模型 B 的后验优比，即 $p(A\mid Y_O)/p(B\mid Y_O)$ 大于1，那么便可认为模型 A 的建模质量强于模型 B。

参考朱军（2015）的简化方式，本书将所有待评价模型之间的先验优比均设为1（认为所有模型的先验分布相等）。进而，从式（3.6）不难理解，模型之间的后验优比将完全取决于各模型之间的数据边缘密度比值，数据边缘密度更大的模型也就具有更好的建模质量。

所以，根据上述标准，基准 DSGE 模型和三类备择模型的数据边缘密度被并列展示于表3-5，而且表中同时列出了以拉普拉斯逼近法、调和平均估计量得到的两类数据边缘密度值。

表3-5　基于后验优比和数据边缘密度的 DSGE 模型建模质量对比情况

数据边缘 密度的算法	模型类别	
	基准 DSGE 模型	备择 DSGE 模型
Laplace Approximation	550.0880	541.2685
Harmonic Mean Estimator	589.0428	580.5752

从表3-5可见，不论采用何种算法，本书基准 DSGE 模型的数据边缘密度值均显著大于备择 DSGE 模型的数据边缘密度值。所以，与备择 DSGE 模型相比，基准 DSGE 模型的后验优比必然大于1，表明基准 DSGE 模型拥有比备择 DSGE 模型更理想的建模质量。

3. 建模质量比较：二阶矩匹配

二阶矩匹配的基本原理是将 DSGE 模型模拟得出的二阶矩（理论矩）与现实经济数据的二阶矩进行比对，通过匹配比率判断模型对现实经济指标波动的解释能力。

在二阶矩匹配分析中，Kydland-Prescott 方差比是一种常用的评价指标，用于衡量模型对现实经济数据的拟合程度。通过将模型模拟结果的二阶矩与实际数据的二阶矩相除，我们可以计算出 Kydland-Prescott 方差比，方差比越接近 1，表示模型对现实经济指标波动的解释能力越好。

由表 3-6 和表 3-7 可见，与仅采用宏观经济数据估计的备择 DSGE 模型相比，采用大气污染物遥感反演数据估计的基准 DSGE 模型的二阶矩匹配情况显然更好，这主要体现在以下两点。首先，基准 DSGE 模型中大气污染物排放量的 Kydland-Prescott 方差比十分接近 1，而备择 DSGE 模型的大气污染物排放量 Kydland-Prescott 方差比则高达 2，可见与只能依靠宏观经济数据对环境模块参数进行间接识别的备择 DSGE 模型相比，大气污染物遥感反演数据显著地提高了基准 DSGE 模型对环境质量波动规律的拟合能力。其次，基准 DSGE 模型中大气污染物排放量与总产出的相关系数也更接近实际值，而备择 DSGE 模型在此方面是力有未逮的。以上评价结果共同表明，遥感反演数据使 DSGE 模型对环境质量变化规律的解释能力发生了质的飞跃，使本书 DGSE 模型成为能够在真正意义上拟合中国大气污染数据的环境经济 DGSE 模型。所以，大气污染物遥感反演数据的运用在本书研究工作当中是必要且有效的，这使本书 DSGE 模型能够紧贴新时期中国经济的高质量发展需要，细致、深入地刻画环境规制政策的作用路径与效应产生机理，对政策效应进行准确且全面的量化模拟。

综上所述，本书基准 DSGE 模型拥有比备择 DSGE 模型更理想的建模质量，能相对更准确地拟合现实数据、模拟环境质量与经济的变化规律；换而言之，基准 DSGE 模型中的关键创新要素（大气污染物遥感反演数据）如果被去掉，将会使上述建模质量降低。所以，本节的模型评价与比较结果充分证明了基准 DSGE 模型建模工作的合理性，该模型完全可以被用于后续分析。

表 3-6　采用大气污染物遥感反演数据估计的基准 DSGE 模型二阶矩匹配结果

变量	实际数据标准差	模拟标准差	模拟值95%置信区间下界	模拟值95%置信区间上界	模拟值置信区间是否覆盖实际值	Kydland-Prescott方差比
总产出	0.019604	0.023228	0.018547	0.027583	是	1.184856
总消费	0.019718	0.024408	0.017643	0.031586	是	1.237836
通胀率	0.007183	0.007896	0.006097	0.009486	是	1.099219
污染排放总量	0.027183	0.025716	0.016206	0.035361	是	0.946032
变量	与总产出相关系数（实际）	与总产出相关系数（模拟）	模拟值95%置信区间下界	模拟值95%置信区间上界	模拟值置信区间是否覆盖实际值	
总产出	1	1	1	1	—	
总消费	0.230824	0.295466	0.019714	0.579295	是	
通胀率	0.247994	0.100325	-0.16289	0.341756	是	
污染排放总量	0.207994	0.160325	0.05212	0.321963	是	

注：该表数据由 Matlab R2015a 软件与 Dynare 4.5.0 程序包生成并导出。表中 Kydland-Prescott 方差比是模拟标准差与实际数据标准差之比，其数值越是接近 1，二阶矩匹配结果就越理想。

表 3-7　仅采用宏观经济数据估计的备择 DSGE 模型二阶矩匹配结果

变量	实际数据标准差	模拟标准差	模拟值95%置信区间下界	模拟值95%置信区间上界	模拟值置信区间是否覆盖实际值	Kydland-Prescott方差比
总产出	0.019604	0.026999	0.020283	0.033610	否	1.377242
总消费	0.019718	0.021027	0.016254	0.025547	是	1.066363
通胀率	0.007183	0.007745	0.005832	0.009618	是	1.078212
污染排放总量	0.027183	0.056112	0.038948	0.082121	否	2.108478
变量	与总产出相关系数（实际）	与总产出相关系数（模拟）	模拟值95%置信区间下界	模拟值95%置信区间上界	模拟值置信区间是否覆盖实际值	
总产出	1	1	1	1	—	

续表

变量	与总产出相关系数（实际）	与总产出相关系数（模拟）	模拟值95%置信区间下界	模拟值95%置信区间上界	模拟值置信区间是否覆盖实际值
总消费	0.230824	0.307289	0.01877	0.602237	是
通胀率	0.247994	0.097832	−0.12768	0.281274	是
污染排放总量	0.207994	0.438520	0.220621	0.637756	否

注：该表数据由 Matlab R2015a 软件与 Dynare 4.5.0 程序包生成并导出。

第四章 数值模拟：就业创业政策与环境规制的叠加效应

基于参数化后的基准 DSGE 模型，本书可以通过脉冲响应函数（IRF）来模拟宏观经济短期波动过程中环境规制政策的效应。随后，为了验证那些涉及劳动力市场的政策措施（就业、创业政策）能否切实改变环境规制政策的效应，还将对相关的政策参数进行渐进式调整、得出反事实分析结果，从中归纳政策启示。

在动态分析过程中，首先将根据环境规制政策外生冲击下的环境、经济变量动态变化，分析特定行业的环境规制政策效应如何以劳动力流动为渠道传递到其他未实施政策的行业，以及行业差异在传导过程中扮演的角色，最终从减排激励和劳动力再配置角度对环境规制政策的效应产生机理进行诠释，为劳动力再配置影响下的环境规制政策优化设计提供政策启示。

随后，为了验证那些涉及劳动力迁移、就业和创业的劳动力市场调控措施能否切实改变环境规制政策的效应（尤其是跨行业效应），还将对相关的政策参数进行渐进式调整，得出反事实分析结果，从中归纳政策启示。

动态分析结果的稳健性主要通过以下两类方式来保证。其一，借由上述参数的渐进调整（改革效应模拟）得出的模拟结果本身即可起到稳健性检验作用，如果参数的渐进调整不会使 DSGE 模型的 IRF 分析结果发生突然的、本质的扭转，那么本书的动态分析结果就具备足够的稳健性。

第一节 环境规制政策的效应产生机理

一 环保税政策效应的产生机理

1. 环保税的环境效应产生机理

图 4-1 报告了环保税率正向冲击下的动态模拟结果,冲击幅度为 1 标准差。

环保税首先会对高污染产业直接产生污染减排效应,其机理主要是:短期内环保税负担的骤然增加,会提高代表性企业的污染排放成本[参见式(2.92)],这会促使企业通过工艺挖潜、管理变革等途径提高自主减排率[参见式(2.92)、式(2.82)],使得环境质量在冲击发生后得到更有效改善。当然,更大的减排努力也会令企业承担更大的减排成本压力、利润水平降低[参见式(2.2)和式(2.92)],导致高污染产业的创业活动减少、企业数量下降。

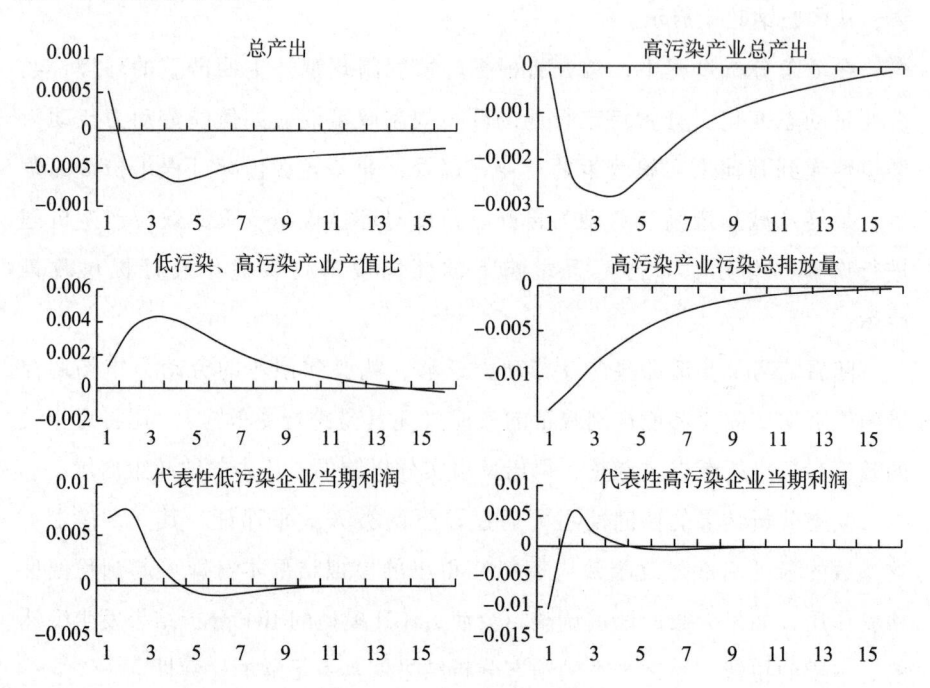

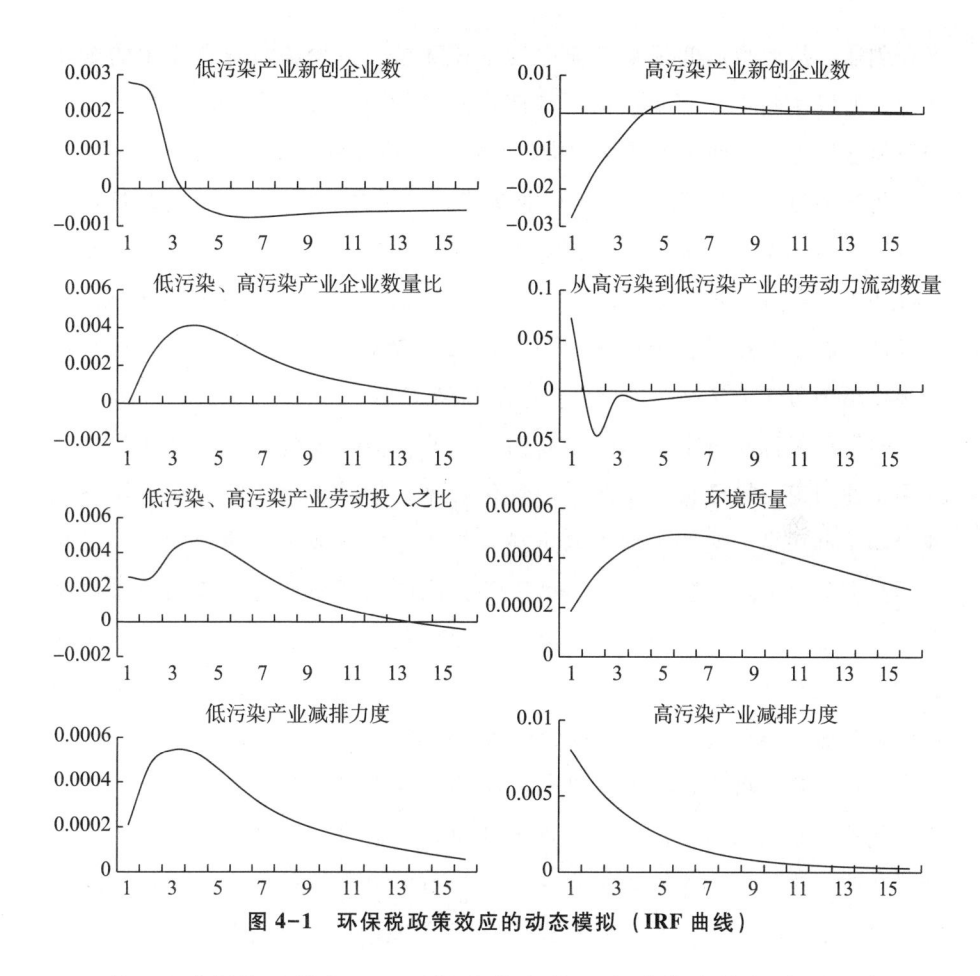

图 4-1 环保税政策效应的动态模拟（IRF 曲线）

所以，在污染减排方面，环保税税率的正向冲击直接影响到了高污染企业的环境行为，从而显著提高了自主减排率、减少了污染排放。

2. 劳动力流动：环保税跨行业影响的传导渠道

根据本书的模型设计，劳动力（包括创业者在内）的跨产业流动是环保税污染减排效应传导的主要渠道。

环保税跨行业影响的传导渠道之一是创业活动的转移。创业活动也是一种劳动，所以创业活动的转移也应被视为劳动力跨产业流动的一种特殊形式。环保税冲击使高污染产业的生产商面临当期利润和长期价值的下降［参见式（2.2）和式（2.92）］，这会令理性的创业者更多地选择在低污染产业创业,从而增加低污染产业中的企业数量、减少高污染产业中的企业数量。所以从图4-1可见,低污染产业的新创企业数量在环保税率正向冲击下显著增加,从而扩大了低污染、高污染产业间的企业数量比。

传导渠道之二是劳动力的跨行业转移。参见式(2.97)、式(2.93)和式(2.94)可知,企业歇业、创业失败、企业数量萎缩等因素都会迫使更多高污染产业劳动者重新择业,增加当期待业求职人员的数量;同时,低污染产业的企业数量和生产规模不断增长、劳动力需求显著扩大,这自然会促使更多劳动力从高污染产业流向低污染产业。

尽管环保税政策主要作用于高污染产业,但其经济效应和环保效应会经由上述渠道传导至低污染产业。环保税率正向冲击发生时,从高污染产业流动至低污染产业的劳动力数量显著扩大,但该数量在冲击发生第二季度后又会显著下降,这一方面是由于部分流向低污染产业的劳动力未被雇佣、不得不回流至高污染产业;另一方面也和劳动力涌入低污染产业所导致的实际工资下降有关;当然,由于劳动力回流数量相对较少,高污染产业流动到低污染产业的劳动力数量总体上仍是增多的。

从以上机理可见,在环保税率正向冲击发生时,劳动力流动会扩大低污染产业在企业数量、产值等方面的比重,从而进一步加强环保税的污染减排效应。当然,上述机理也意味着,劳动力再配置过程中的摩擦、阻力(以及相关政策因素)也应被视为环保税政策效应的影响因素。

3. 环保税经济效应的产生机理

由于全球金融危机后宏观经济波动风险加剧,以及中国经济在疫情冲击和复杂环境影响下的稳定性问题日益突出,[①] 分析以产出波动为主要表征的环境规制政策经济效应在此背景下显得非常必要。在新常态下,经济稳定无论对于中国经济的持续健康发展,还是对于进一步深化改革、结构转型和对外开放,都是重要的前提条件。这也是为何2023年十四届全国人民代表大会上的《政府工作报告》将"经济要稳住"置于政府工作主要目标之一的原因。可见,在当前的形势下,宏观经济的稳定具有重要意

---

① 2018年中央经济工作会议正式提出了"六稳"目标。

义。从理论角度来看，宏观经济的一般均衡系统在稳态下是有效率的，因此过大的总量波动意味着效率下降和福利损失。在分析分配效应的同时，我们还需要通过相应的经济波动幅度变化，考察环境规制政策改革所带来的效率代价。这也是本书后续部分采用福利损失函数进行政策评价的进一步原因。

从总产出角度来看，在短期波动情境下，环保税的经济效应主要体现在供给侧。环保税负担的骤然增加，会通过推高污染排放成本来提升生产商的边际成本，从而抑制总供给扩张，导致产出下降。并且，利润的下降也会导致高污染产业创业行为减少、企业数量萎缩，对劳动力的需求变得相对不足，这会迫使部分劳动力（也包括一部分创业者）退出该行业（见图4-1）。

所以，在环保税正向冲击发生后，高污染产业的新创企业减少、企业总数不断萎缩、产值逐步下滑，而且整个产业的衰退趋势能够保持至冲击发生后第4季度。整个经济的总产出在冲击发生时仍会短暂上升，主要是因为低污染产业在初期的产值扩张幅度更大（因为其有大量劳动力流入且未受环保税影响），抵消了高污染产业萎缩对总产出的影响〔与Niu et al.（2018）的结论类似〕。当然，随着高污染产业的不断衰退，就业机会的缩减会引发消费的衰减，高污染产业利润水平的下降（其幅度大于低污染产业利润水平增幅）又会进一步造成投资衰退，导致整个总需求的萎靡不振，以至于经济总量最终仍会走向萎缩，所以环保税对总产出的影响总体上是负向的。

进一步地，从经济结构角度看，正向的环保税率冲击会导致高污染产业的企业数量萎缩，最终改变了两类产业的企业数量对比（低污染产业的企业数量相对更多）和产值对比（低污染产业的总产值相对更高）。同时，由于劳动力的跨产业流动，正向的环保税率冲击促进了劳动力结构的转变（低污染产业劳动力占比更高），这与陈诗一等（2022）的发现类似。

4. 税率改革对环保税政策效应的影响

我国环保税（排污费）的实际税率在近20年时间内历经多轮调整。例如2007年国务院发布《节能减排综合性工作方案》后，部分试点地区开始将SO_2排污的费（税）率从2004年以来的0.63元/公斤逐步调至更高水平（最终不低于1.26元/公斤）。2014年9月，1.26元/公斤的SO_2排污费（税）率最低法定标准又被推广至所有地区。随后，2018年1月1日，中国开始按《环境保护税法》改排污费为环保税，其原则是"税负平移"[谢贞发等（2024）]，即环保税的税基、税率规则、征收对象等要素都尽量与排污费保持一致，且应税污染物监测管理仍由各地环境管理部门负责（和排污费一样）。所以在2018年后，中国大陆至少有19个省份直接按以往的排污费费率标准确定环保税率。

　　基于以上改革实际，为了比较不同环保税率对环保税政策效应的影响，图4-2中同步展现了稳态税率（$\bar{\tau}^{pb}$）不变（等于现实中的有效税率）、提高100%、提高200%这三种情形下的IRF曲线——需要说明的是，在现实中，环保税（或排污费）的税（费）率的确有过幅度达到甚至超过100%、200%的调整。例如，从2015年开始，大气污染物排污费的全国基本费率从2004年以来的0.63元/公斤正式调整为1.26元/公斤（参见发改价格〔2014〕2008号文件），而在2018年后，已有至少15个省（自治区、直辖市）将大气污染物的环保税率标准调整至2.5元/当量以上。所以，本书在税率提高100%、200%等情形下展开的数值模拟是完全具备现实意义的。

　　以上模拟可以体现环保税率改革（提升）的动态效应。从本书模型设计部分可知，稳态税率$\bar{\tau}^{pb}$的提升会扩大动态税率τ_t^{pb}在外生冲击下的实际波动幅度，但不会从根本上改变环保税的政策效应产生机理。所以从图4-2中可见，环保税率提升后的政策效应出现了同向、渐进的变化。较高的环保税率会加大高污染产业企业数量和产出水平的降幅，最终导致更强的经济下行压力，但也提高了低污染产业在总产出和劳动力投入中的占比。当然，高污染企业的自主减排率也随环保税率上涨而提高，进而增强了环保税的污染减排作用。

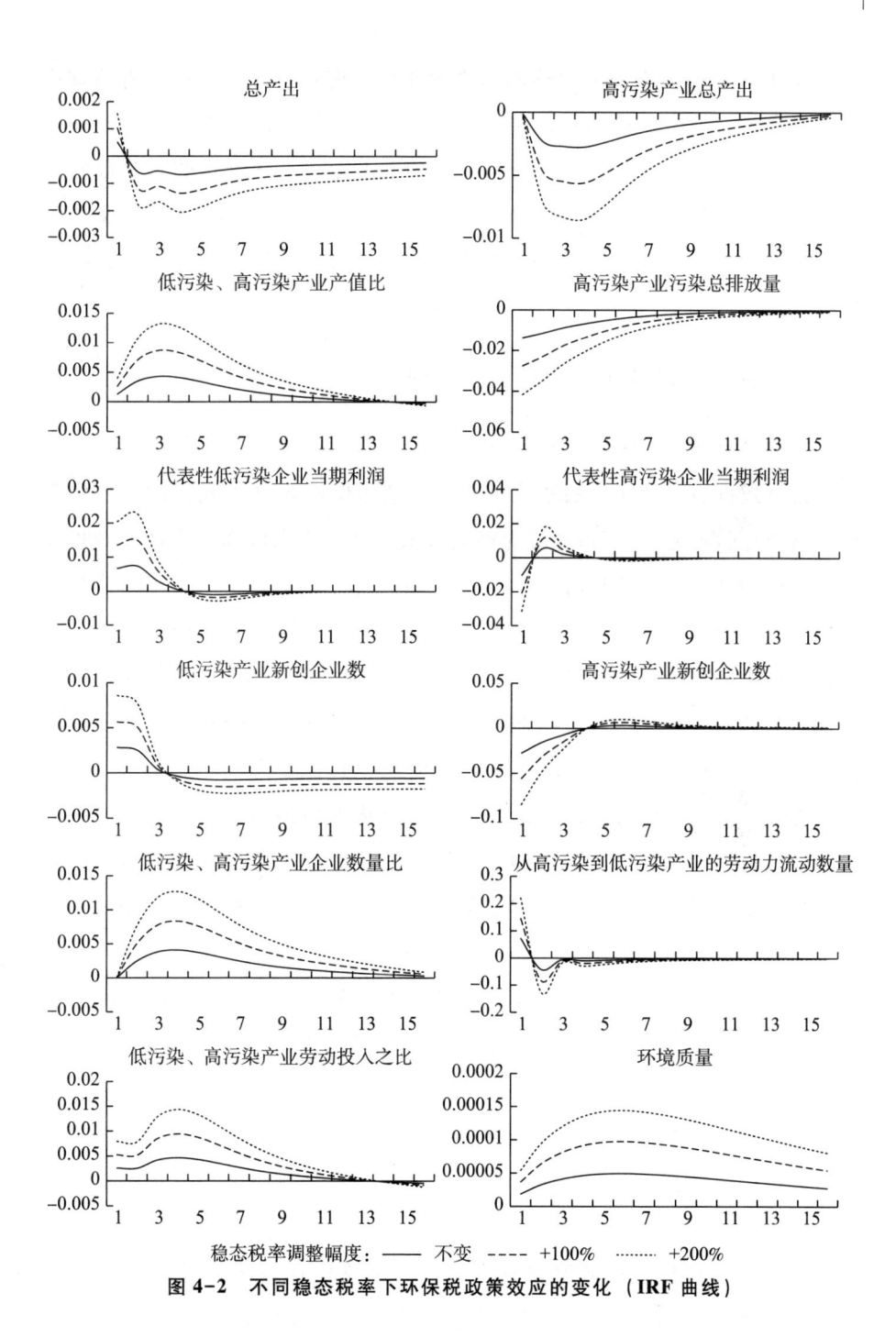

第四章 数值模拟：就业创业政策与环境规制的叠加效应

稳态税率调整幅度： —— 不变 - - - +100% ······ +200%

图 4-2 不同稳态税率下环保税政策效应的变化（IRF 曲线）

91

此外，图4-2中IRF曲线的渐进变化也说明：首先，文中分析的政策机理及其量化效应的确和环保税率值紧密相关，说明前面的动态分析是合理可信的；其次，环保税率的调整只会使IRF曲线产生渐进的、有限的移动，说明文中的动态分析结果并不会在环保税率改变的情形下出现突然的、彻底的扭转，这证明本书DSGE模型及其动态分析结果具有充分的稳健性。

二 减排补贴政策效应的产生机理

1. 减排补贴的环境效应产生机理

污染减排的奖励性补贴政策主要面向高污染产业（如我国的大气污染综合治理补贴政策），所以与环保税的分析类似，本书以高污染产业减排补贴作为模型经济中减排补贴政策的代表进行分析。

图4-3显示了高污染产业减排补贴率正向冲击下的动态模拟结果，冲击幅度为1标准差，其现实意义相当于补贴费率提升。在环境效应方面，与环保税政策的效应类似，更高的高污染产业减排补贴率带来了环境质量的进一步改善，其机理主要表现在以下两点。

首先，更高的高污染产业减排补贴率意味着高污染产业企业在减排方面可以获得正向、直接的经济激励。这样的补贴政策可以降低高污染产业的减排成本，促使企业更积极地采取减排措施，其影响机理与环保税其实是类似的。

其次，补贴政策的引入会提高减排技术创新和研发投入。由于减排补贴的经济回报，为了规避上述成本、保证利润，理性的生产商便会通过各种创新手段增加自主减排率——即便在技术路径难以根本改变的短期波动情境下，理性的生产商也能够通过技术挖潜、工艺调整、管理流程优化等渠道，提高环保资源配置效率、实现更大幅的自主减排，最终促进更有效的污染减排、减少生产活动的环境外部性。

另外，与环保税的政策机理类似，高污染产业减排补贴政策还产生了跨行业影响。减排补贴在高污染产业产生了更强的挤出效应（这主要是因为高污染产业资本回报率偏低），导致大量高污染企业减少产出或关闭，劳动力将重新寻找就业机会，所以高污染产业减排补贴政策的实施可能导致部分高污染产业中的劳动力和创业者流向低污染产业，经济结构得以向更有利于环保的方向转型（高污染产业本身即是污染的主要排放来源）。低污染产业则由于产出的扩大（意味着排污成本扩大）和本产业减排补贴政策的吸引力，其减排力度也随着高污染产业一同逐步提升，最终高污染产业减排补贴对环境质量产生了更显著、更持续的改善作用。

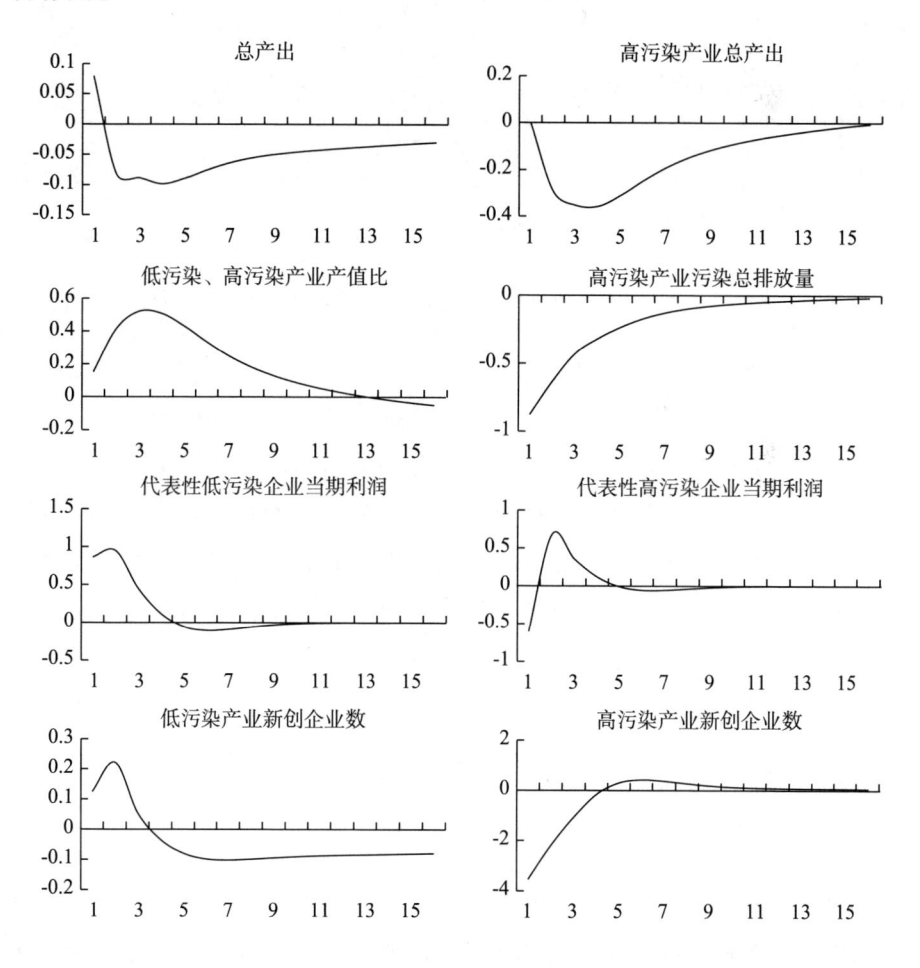

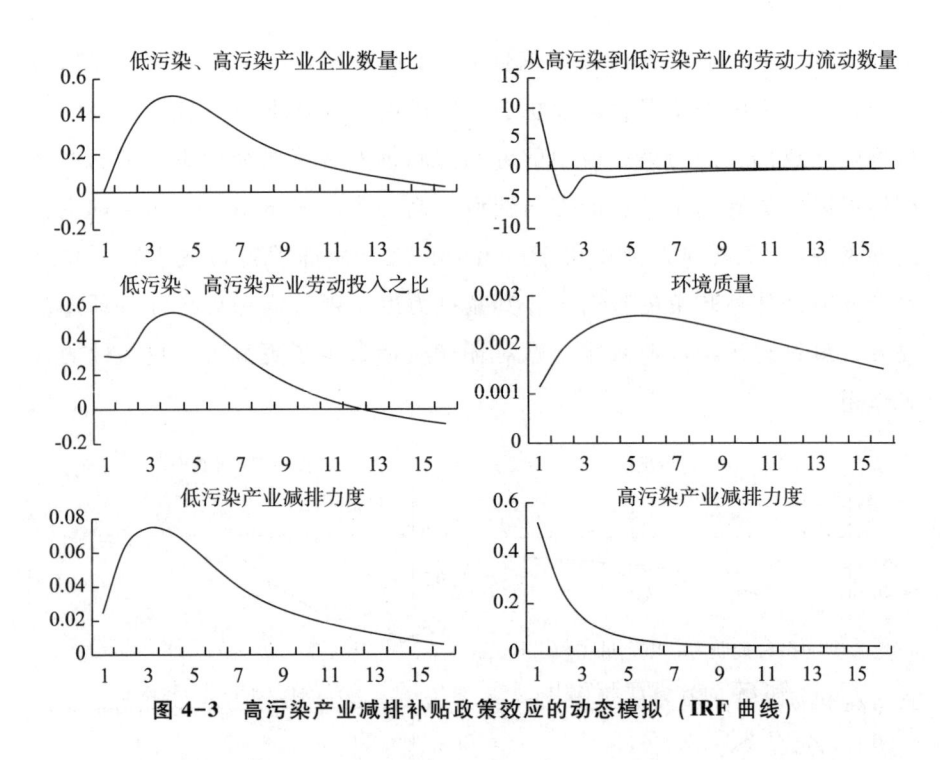

图 4-3　高污染产业减排补贴政策效应的动态模拟（IRF 曲线）

2. 减排补贴的经济效应产生机理

根据图 4-3 的结果，高污染产业减排补贴作为政府支出的一部分，对总需求产生了显著的影响。补贴率的提升导致了总产出的大幅波动，这对于中国经济在新常态下实现"稳增长"可能带来了不利的影响。并且由于更强的挤出效应，高污染产业减排补贴冲击可能导致一部分企业减少产出或关闭，从而在一定程度上导致高污染企业在经济结构中的占比下降。这种情况导致高污染产业陷入持续的产能衰退，从长期来看可能是一种有利于高质量发展的结构转型。

三　关停整顿政策的效应产生机理

1. 关停整顿政策的环境效应产生机理

由于关停整顿政策的作用对象主要是中国的高污染产业，所以本书以高污染产业关停整顿政策作为代表进行分析。图 4-4 显示了企业数量变化比率负向冲击下的动态模拟结果（相当于环境监管部门采取强制关停整顿措施),冲击幅度为1标准差。

在环境政策学的主流理论中,关停整顿政策被视为一种"命令—控制"型环境规制手段。所以在环境效应方面,关停整顿政策的作用方式和效果是直接而显著的。更大的高污染产业关停整顿力度使众多高污染企业直接退出市场,带来了积极的环境效应,从图4-4可见环境质量得到了有效且持续的改善。

环境经济学研究指出,关停整顿政策能够通过两个主要的机制实现环境效应的提升。首先,这种政策直接降低了高污染行业的产能和产出规模,从而削减环境污染物的排放量。高污染行业在生产过程中产生的污染物对环境质量产生了不可忽视的负面影响,而通过减少这些行业的产出,关停整顿政策为环境质量的改善提供了契机。

其次,在政策冲击发生之初,关停整顿政策还通过行政手段推动高污染企业的退出和转型,推动了产业结构的优化。在这一过程中,高污染企业受到市场份额下降和法规限制等多重压力,这迫使企业采取措施减少污染物排放、寻求更环保的生产方式,同时高污染企业的劳动力也以更大幅度流向低污染产业。这种转型和优化不仅有助于环境质量的改善,也为新的绿色产业提供了发展空间。所以,在政策冲击发生之初,低污染产业在经济中的占比显著提高。

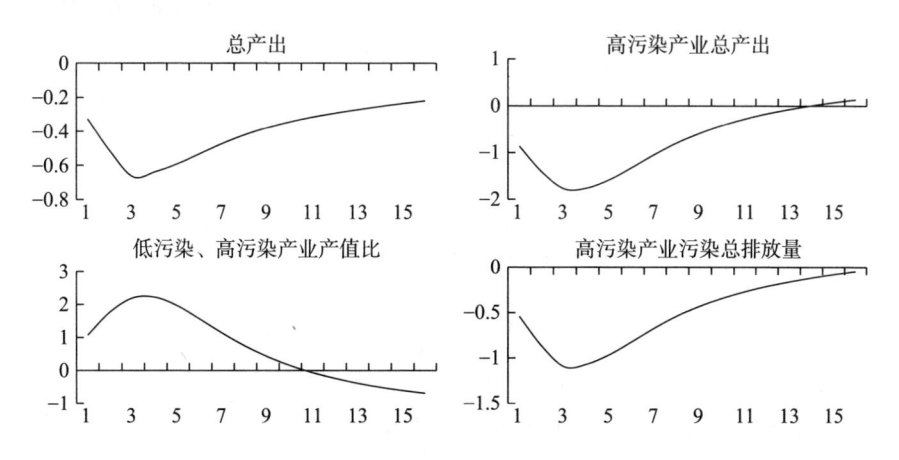

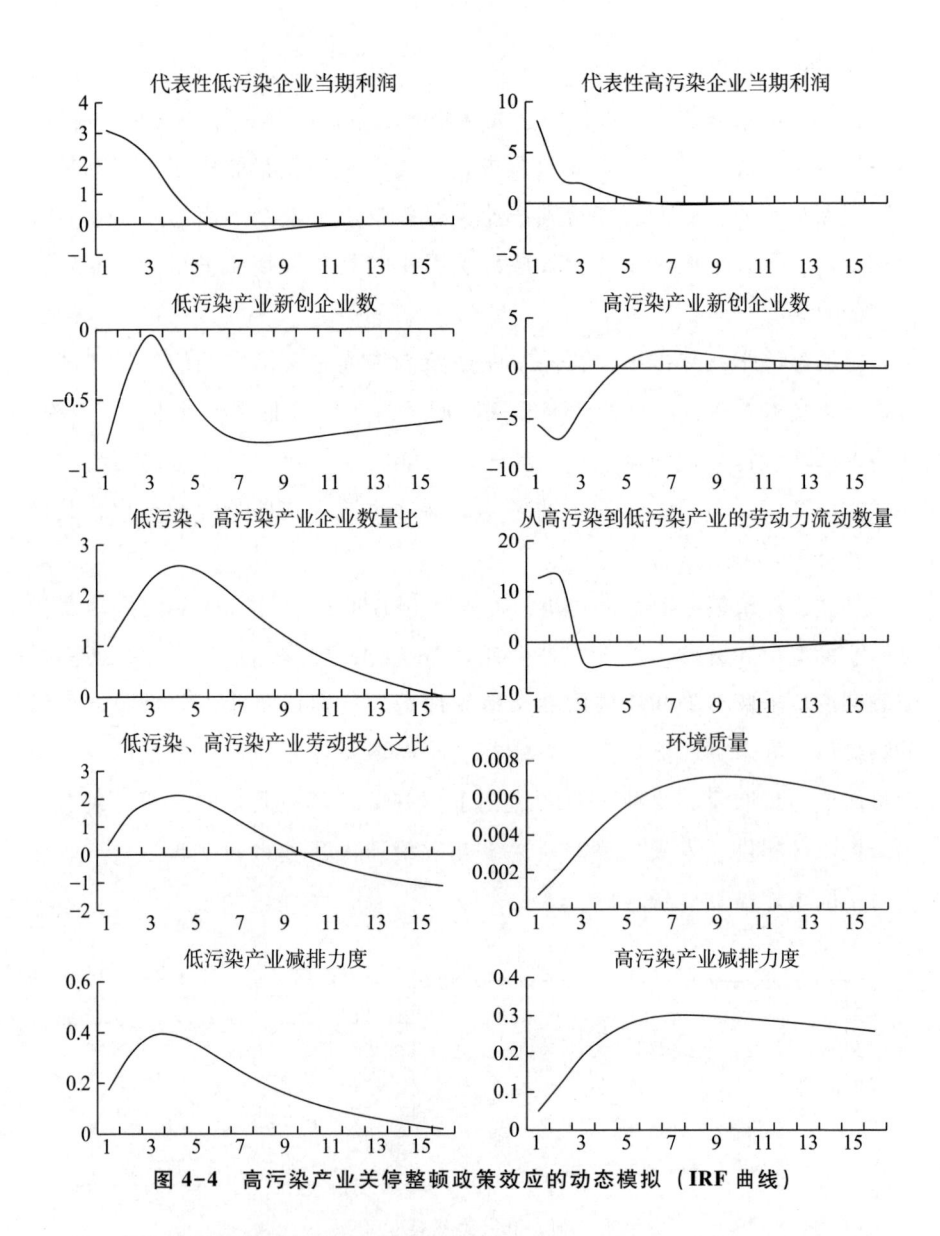

图 4-4　高污染产业关停整顿政策效应的动态模拟（IRF 曲线）

2. 关停整顿政策的经济效应产生机理

从图 4-4 可见，尽管关停整顿政策在改善环境质量方面取得了一定成效，这种政策所引发的高污染产业产能萎缩也直接导致了整体经济总量的急剧收缩和剧烈波动。

而且，除了短期内的波动与经济下行压力之外，关停整顿政策的实施也并未完全消除高污染产业的产能，而是在一定程度上促进其创业活动的恢复性增长，导致产能反弹，使市场结构中高污染产业的占比出现回升。这一现象可以通过产业组织理论得到解释，根据产业组织理论，关停整顿政策会导致高污染产业中的部分企业退出市场，从而提高了整体市场的集中度。而高集中度的市场结构往往意味着更少的竞争，因此在关停整顿政策实施的 11~12 个季度之后，高污染产业的竞争减弱、创业活跃和产能复苏会使其在市场中重新占据更大的份额，这也会在一定程度上削弱此类政策的污染减排效应。

四 环境治理支出的政策效应产生机理

1. 环境治理支出的环境效应产生机理

环境治理支出在本书模型中被用于环境污染问题的事后治理上。图 4-5 中的模拟结果展示了在环境治理支出规模扩大（即正向冲击，幅度为 1 标准差）的情况下，环境效应的变化情况。根据环境经济学的主流理论，我们可以对图 4-5 中环境效应的产生机理进行更加详细的分析。

首先，更大规模的支出被投入环境质量的治理与修复中，这意味着政府对环境问题的关注和投入资金规模的增加，而且即便在生产者污染排放行为未受到直接影响的情况下，环境治理支出也能够发挥其环保效应。这种增加的支出可以用于改善污染控制设施、推动环境监测和执法力度的加强，以及开展污染问题事后修复和生态环境恢复等工作。所以，根据图 4-5 的模拟结果，环境治理支出的增加将显著改善环境质量。

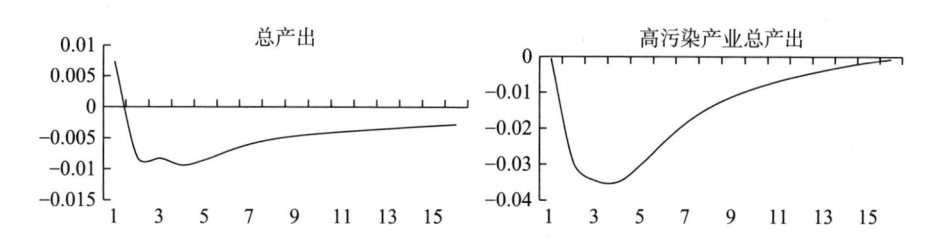

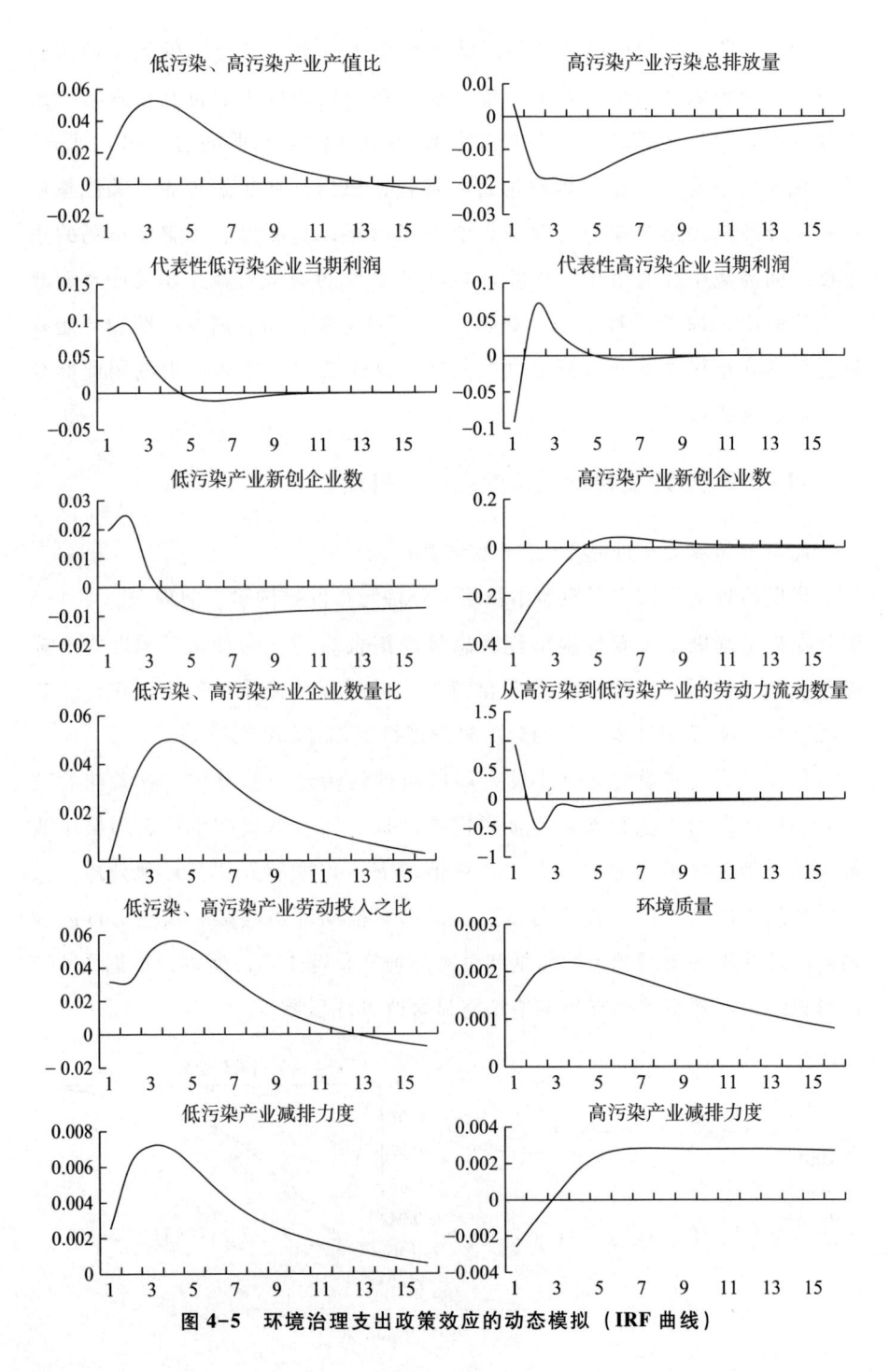

图 4-5 环境治理支出政策效应的动态模拟（IRF 曲线）

2. 环境治理支出的经济效应产生机理

环境治理支出是实施环境污染问题事后治理的财政手段。在经济效应方面，与减排补贴支出带来的效应类似，同属政府支出的环境治理支出的规模扩张也给经济总量带来了更强有力的刺激，导致经济总量在冲击发生之初产生正向波动。这主要是因为环境治理支出的规模扩大能够直接扩大总需求，并进一步将影响传导至供给侧，带动相关产业的发展。环境治理产业涉及环境监测、污染治理设备的制造和销售、环境工程和生态修复等领域。当支出规模扩大时，相关产业将迎来更多的商机和市场需求，从而促进产业发展和就业增长。

但是，在更长的时段内，环境治理支出对经济总量的效应会转为负向。根据环境经济学的主流理论，环境治理支出在实施过程中可能会对经济总量产生一定的抑制作用，这是由其挤出效应导致的。

挤出效应指的是当政府增加环境治理支出时，会对其他经济部门的资源分配产生竞争，从而抑制了经济总量的增长。一方面，环境治理支出需要从政府的总预算中分配资金，这就意味着在环境治理方面投入更多资源的同时，其他领域可能会面临资金的减少。这种资源的重新配置可能会对其他经济活动产生不利影响，进而对经济总量的增长产生抑制作用。另一方面，环境治理支出的增加可能会引起其他部门的投资回报率下降。当政府增加对环境治理的投入时，通常需要通过税收或债务等方式来筹集资金。这可能导致资本市场供给受限，从而提高了借贷成本。由于环境治理支出对借贷需求的竞争，私人部门的投资可能会受到抑制，特别是在资金供给相对紧张的情况下。这种挤出效应进一步削弱了私人投资的动力，从而对经济总量的增长产生负面影响。

因为上述机理，从图 4-5 可见，在冲击发生后较长的时期内，环境治理支出的挤出效应导致高污染产业、低污染产业的新创企业数量均出现下降，经济总量在第二季度后转入持续的衰退阶段，这进一步增大了宏观经济的波动幅度。

第二节 就业、创业政策对环保税政策效应的影响

一 降低求职成本对环保税政策效应的影响

第一节的动态模拟结果表明，劳动力跨产业流动是环保税政策效应传导的重要渠道。我国近年来实施了一系列降低求职成本、提高劳动力流动性的政策措施，如放宽人员流动限制（如落户限制）、提供职业培训和补贴、维护劳动者自由择业权益等。所以，此处以下调低污染产业求职成本参数 ϖ^{ha} [与求职成本 G_t^{ha} 成正比，见式（2.55）] 为手段，模拟有助降低求职成本的就业促进政策对环保税政策效应的影响，以剖析相关政策措施的作用。为便于对比分析，本书在图4-6中同步展现了参数 ϖ^{ha} 取值不变、降低20%、降低40%这三种情形下的环保税率正向冲击IRF曲线。

从图4-6可见，在环保税率正向冲击下，参数 ϖ^{ha} 的下调一方面增强了劳动力前往低污染产业求职的意愿，另一方面降低了低污染企业的招聘成本。最终，模型经济中的劳动力结构产生了显著转变，低污染产业劳动力占比显著提升。而且参数 ϖ^{ha} 的下调也进一步提高了低污染企业的当期利润、长期价值 [式（2.2）和式（2.92）]，激励了低污染产业的创业活动；所以，伴随着 ϖ^{ha} 取值降低，环保税对低污染企业数量的扩张作用变得更强。综上所述，在环保税政策强度不变的前提下，更低的劳动力流动阻力使低污染产业获得了更充裕的劳动力资源、产值扩张幅度更大，这进一步提高了低污染产业在产出、就业等领域的占比，高污染产业也因此出现了更大程度的萎缩。

最终，从环境效应来看，就业促进政策（有助降低求职成本）有利于低污染产业的扩张，会增强环保税的减排降污作用（环境质量的IRF曲线上移）。而从经济效应来看，参数 ϖ^{ha} 的下调使更多的高污染产业劳动力和创业资源被吸引至低污染产业，在短期内扩大了高污染产业的萎缩程度，最终令总产出呈现更大的向下波动趋势。所以，在短期内，就业促进政策会在短期内加剧环保税导致的经济下行压力，不利于宏观经济稳定。

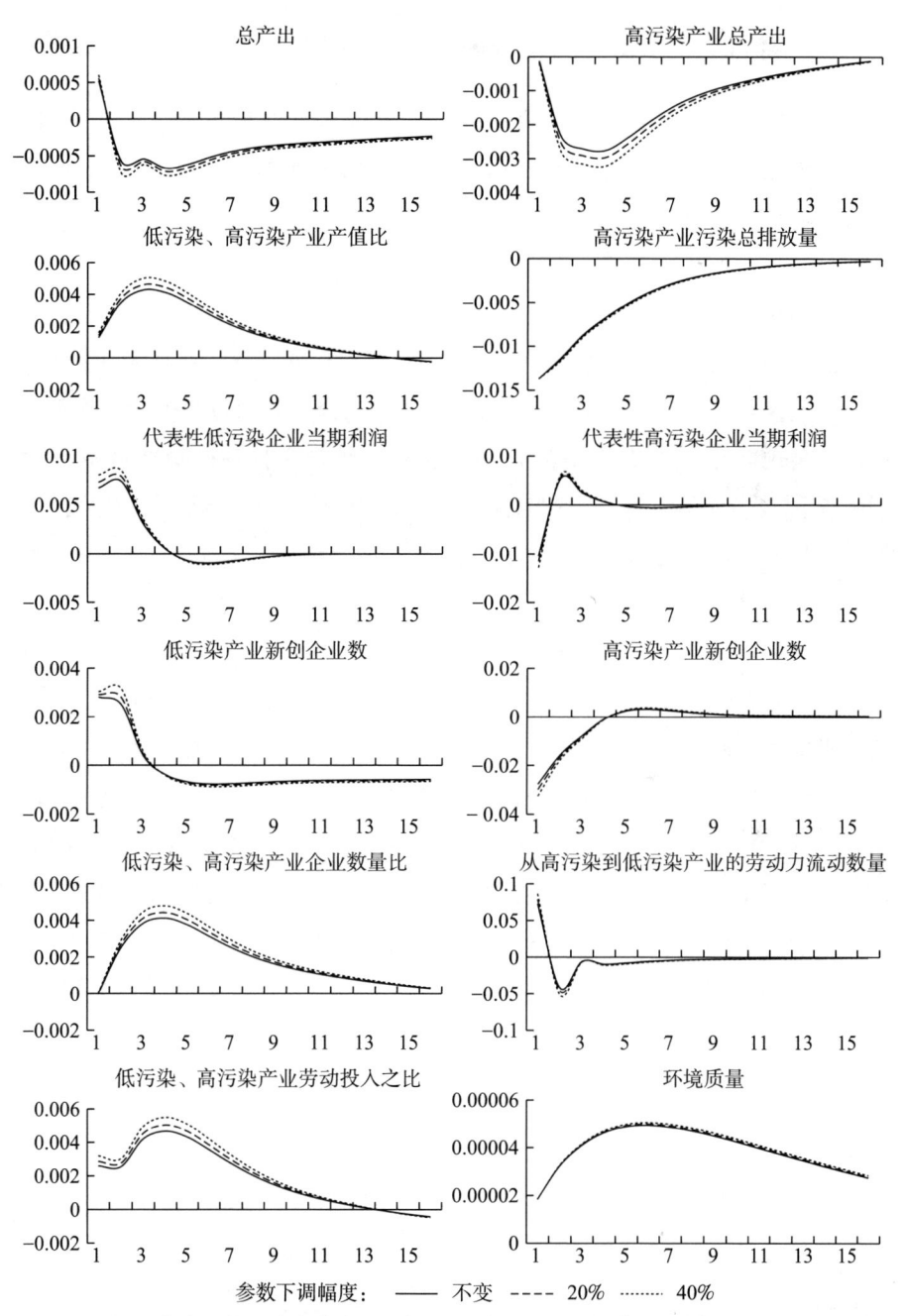

第四章 数值模拟：就业创业政策与环境规制的叠加效应

图 4-6 低污染产业求职成本参数（ϖ^{ha}）影响下环保税政策效应的变化（IRF 曲线）

二 降低创业成本对环保税政策效应的影响

前文的动态模拟表明,企业数量波动机制显著地影响了环保税的政策效应。创业活动也是一种劳动,而离开高污染产业的劳动者(含创业者)有可能前往低污染产业进行创业,所以创业活动应被视为劳动力跨产业流动的另一主要形式。同样地,劳动者创业时承担的进入成本也应被视为劳动力流动过程中的阻力因素。

因此,此处进一步模拟低污染产业创业成本降低对环保税政策效应的影响,其模拟方式是下调创业成本参数 fc^a。作为一种抽象化表达,参数 fc^a 的取值与现实中创业者享受的补贴、退税、低息贷款等政策扶持成反比。图4-7同步展现了参数 fc^a 取值不变、降低50%、降低100%这三种情形下的环保税率正向冲击IRF曲线,以供对比。

图4-7中的动态模拟结果表明,在环保税率正向冲击下,更低的创业成本会促使更多劳动力转变为低污染产业创业者[参见式(2.7)],这导致低污染产业的企业数量IRF曲线上移(增幅扩大),从而进一步增加了就业岗位、吸纳了更多来自其他产业的劳动力,扩大了低污染产业的产值增长幅度。

最终,从环境效应来看,创业促进政策(有助于降低创业时的进入成本)可进一步加大低污染、高污染产业在企业数量和产值水平上的差距,增加了低污染产业在经济中的占比,最终令环保税的减排降污作用更为显著(环境质量的IRF曲线上移)。而从经济效应来看,参数 fc^a 的下调使高污染产业劳动力和创业资源以更大程度外流,这会在短期内进一步拉低高污染产业的产值,所以与调整参数 ϖ^{ha} 的效应类似,创业促进政策会在短期内加大环保税导致的经济下行压力。

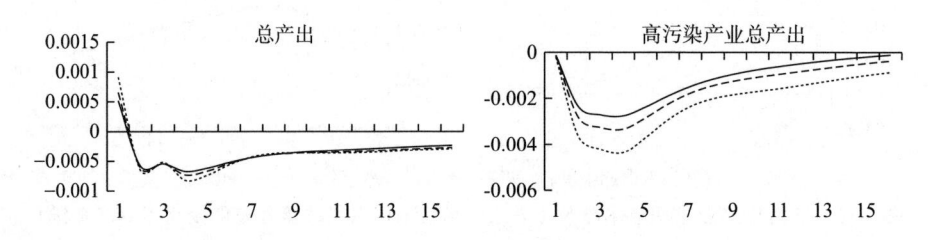

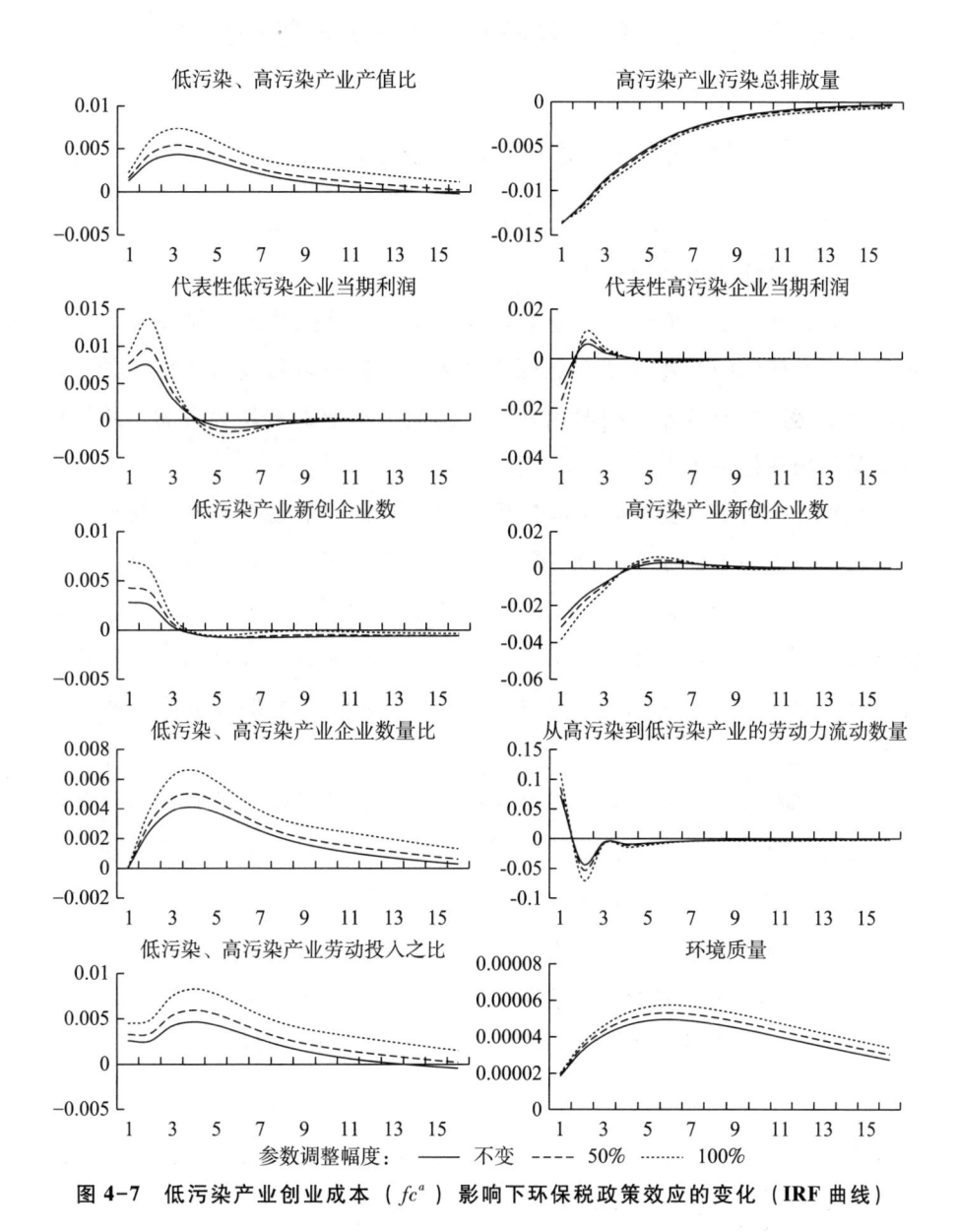

第四章 数值模拟：就业创业政策与环境规制的叠加效应

参数调整幅度： —— 不变 ---- 50% ······ 100%

图 4-7 低污染产业创业成本（fc^a）影响下环保税政策效应的变化（IRF 曲线）

103

第三节 就业、创业政策对减排补贴政策效应的影响

一 降低求职成本对减排补贴政策效应的影响

减排补贴政策的目标是通过向高污染产业提供经济激励，促使其减少排放并转向更清洁的生产方式。

首先，通过下调低污染产业求职成本参数，模拟结果（见图4-8）显示求职者在低污染产业的就业意愿增加。这一调整不仅吸引了更多的劳动力前往低污染产业就业，同时也减少了高污染产业的劳动力资源，从而降低了其产出和排放水平。

其次，低污染产业求职成本参数的调整对创业活动也产生了影响。由于低污染产业的求职成本降低，更多的创业者将倾向于选择进入低污染产业（主要是因为企业需要承担一部分求职成本，所以其预期利润更高），从而增加了该行业的竞争和创新活动。这种创业行为进一步推动了低污染产业的技术进步和生产效率提升，从而减少了高污染产业的市场份额和排放量。

所以，在环境效应方面，就业促进政策（有助于降低求职成本）加强了减排补贴政策的污染减排作用，其原因是就业的更大便利吸引了更多劳动力进入低污染产业，从而加快了高污染产业的萎缩。

在经济效应方面，就业促进政策（有助于降低求职成本）进一步加剧了高污染产业劳动力的外流，使其由减排成本、挤出效应而导致的产出萎缩态势变得更为严峻，整个模型经济的总产出也以更大的幅度向下波动。

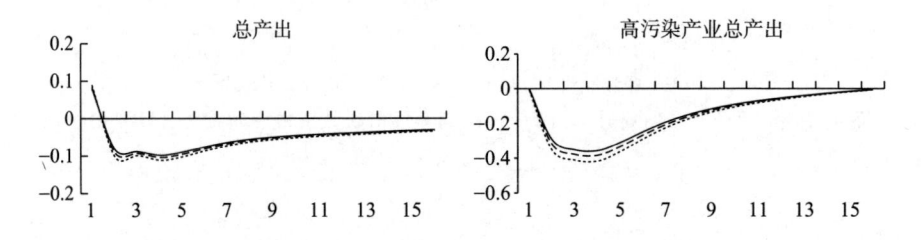

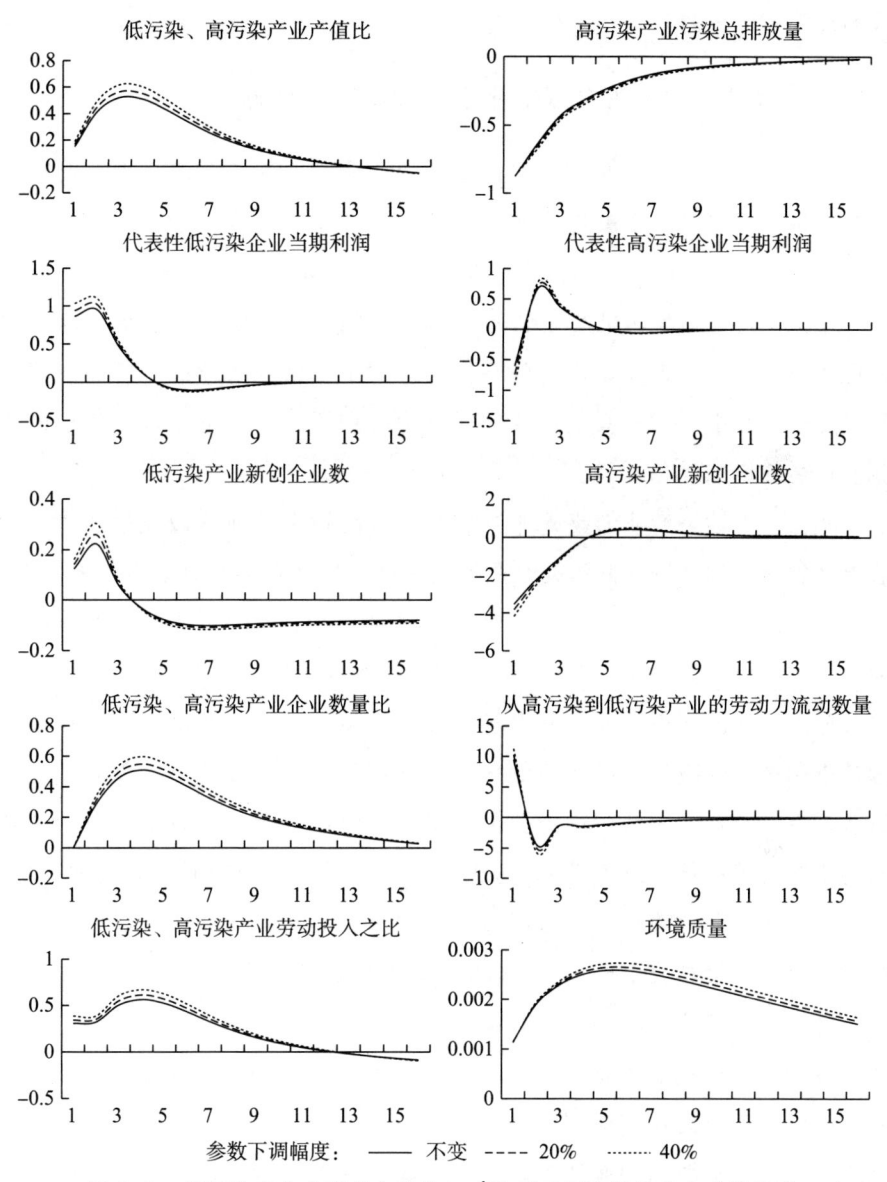

图 4-8　低污染产业求职成本参数（ϖ^{ha}）影响下高污染产业减排补贴政策效应的变化（IRF 曲线）

总之，在针对高污染产业运用减排补贴政策的过程中，促进劳动力向低污染产业顺畅流动的政策措施将很可能在短期内加剧经济波动、带来更

105

大的经济下行压力。

二 降低创业成本对减排补贴政策效应的影响

与之前讨论的参数调整相似，低污染产业创业成本对高污染产业的影响机理也值得探究。本书将着重分析低污染产业创业成本参数下调对减排补贴政策效应的影响，以深入了解其对高污染产业的影响机制。

首先，通过对低污染产业创业成本参数的下调，创业者会更倾向于进入低污染产业进行创业。这种调整不仅扩大了低污染产业的规模和产值增长幅度，还吸引了来自其他产业的劳动力转向低污染产业，进一步促进了就业机会的增加。

其次，低污染产业创业成本参数下调对高污染产业构成竞争压力。随着更多创业者选择进入低污染产业创业，高污染产业面临创业资源的外流，其在总体经济中面对的跨产业竞争压力也会加剧。这导致高污染产业的企业数量和产值受到抑制，在短期内产生了更大的经济下行压力。

所以，如图4-9所示，从环境效应的角度来看，低污染产业创业成本参数下调增强了减排补贴政策的效果。下调创业成本促使更多创业者选择进入低污染产业，为低污染产业创造了更多就业机会（所以更多劳动力从高污染产业流向低污染产业），这进一步扩大了低污染产业的规模和产值，增加了减排补贴政策的污染减排效果。同时，高污染产业的产能萎缩也减少了其总体污染排放水平，从而增强了减排补贴政策的减排效果。

总之，在经济效应方面，创业促进政策（有助于降低创业时的进入成本）使得更多的创业者选择进入低污染产业，导致资源在经济中的重新配置。高污染产业面临创业资源的外流，其产值受到抑制，而低污染产业则迎来了更多的资源和创业活动。这种资源的重新配置对高污染产业造成了冲击，加剧了低污染产业与高污染产业之间的竞争。低污染产业的规模扩大和产值增长使其具备更大的竞争力，而高污染产业则面临来自低污染产业的市场份额和利润的挤压。这种竞争加大了高污染产业的经营困难，进一步促使其减少产出，导致了更严重的经济波动。最后，面对创业促进政

第四章 数值模拟：就业创业政策与环境规制的叠加效应

策（有助于降低创业时的进入成本）带来的高污染产业的萎缩和经济下行，经济中一方面会出现就业机会的减少和工资收入的下降，使居民消费能力受到削弱；另一方面则会因高污染产业的利润下降（其幅度大于低污染产业的利润增长）而投资下滑，消费和投资的减弱最终会在短期内进一步加大经济波动和经济下行压力。

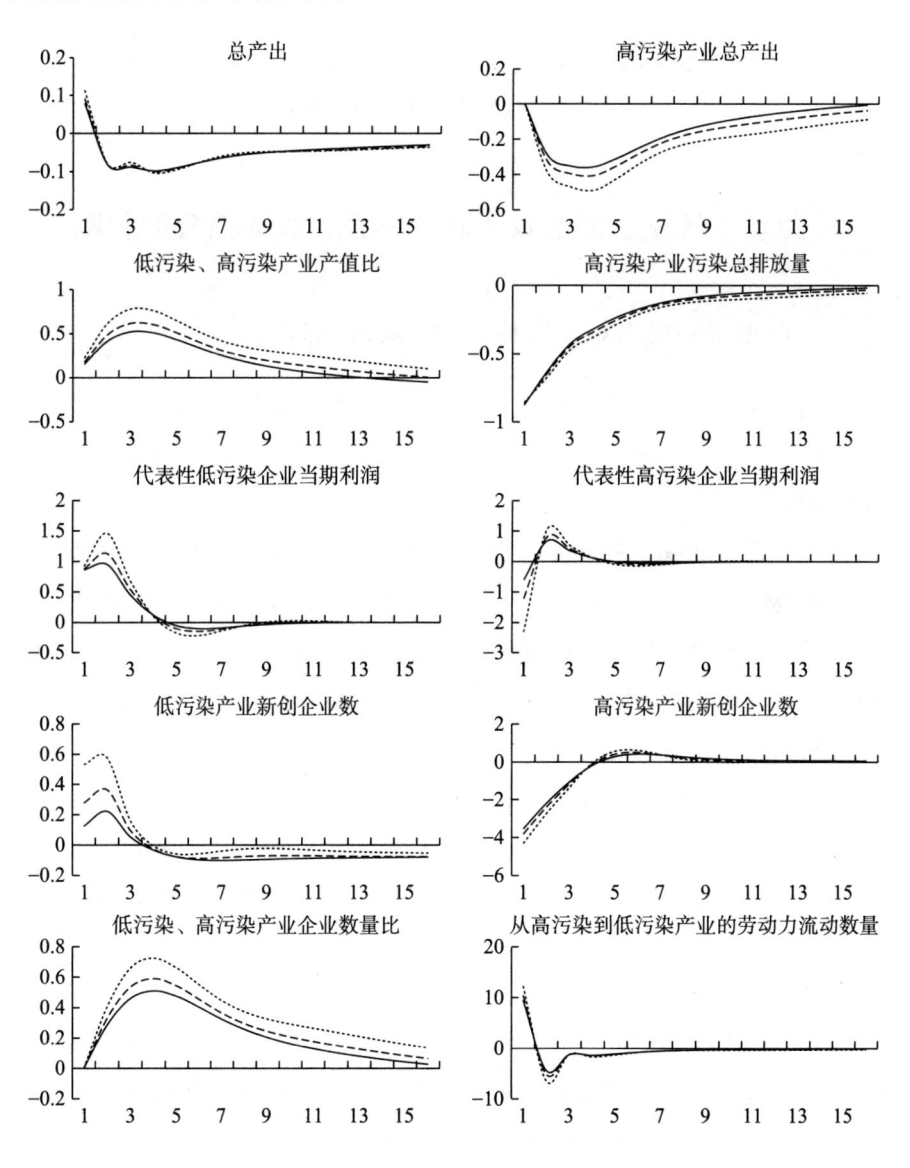

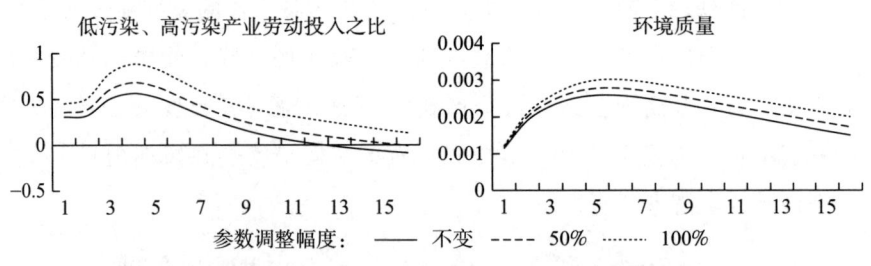

图 4-9 低污染产业创业成本（fc^a）影响下高污染产业减排补贴政策效应的变化（IRF 曲线）

第四节 就业、创业政策对关停整顿政策效应的影响

一 降低求职成本对关停整顿政策效应的影响

从图 4-10 可见，低污染产业求职成本参数的下调对高污染产业关停整顿政策的污染减排效应产生重要影响。该调整主要通过影响劳动力跨产业流动来发挥作用。

首先，低污染产业求职成本的下调降低了劳动者进入低污染产业的门槛，使得更多的劳动力选择进入低污染产业就业，导致高污染产业失去了一部分劳动力资源，从而可能降低其产能和生产规模。劳动力的外流会导致高污染产业面临更大的劳动力成本压力，提高其减产甚至关停的可能性，进而促使污染减排效应的实现。

其次，低污染产业求职成本的下调还可能影响创业者的选择。创业者在面临更低的创业成本时，更有可能选择低污染产业作为创业领域。这将进一步加强低污染产业的发展，并提供更多的替代选择，使得高污染产业在竞争中面临更大的压力。

需要注意的是，关停整顿政策更侧重于通过行政化的强制手段来限制高污染产业的生产和排放。因此，尽管关停整顿政策和环保税等经济激励型规制政策都可以对高污染产业的减排产生影响，但效应和机制上存在一定的区别，改变了求职成本对环境效应的影响幅度。

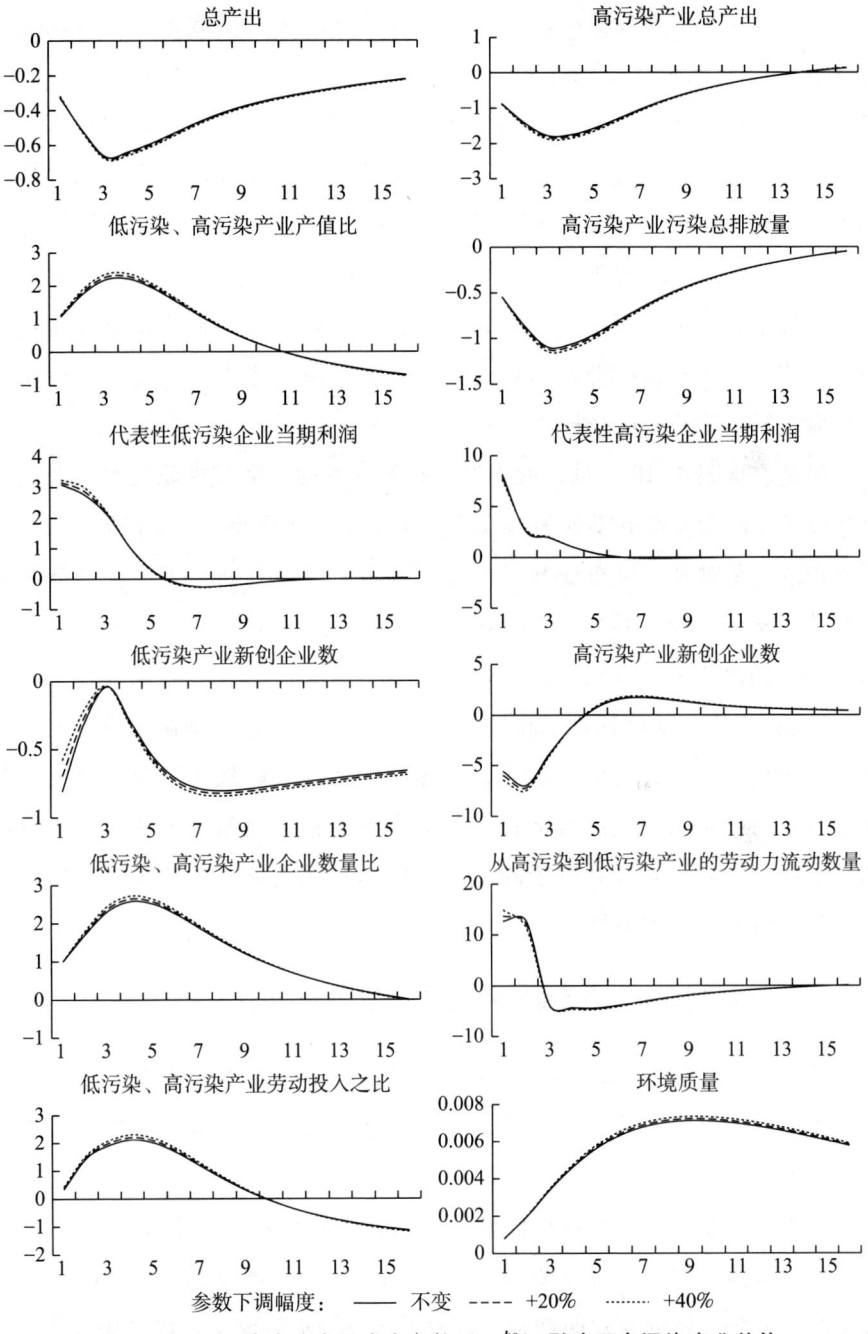

第四章 数值模拟：就业创业政策与环境规制的叠加效应

参数下调幅度： —— 不变　---- +20%　……… +40%

图 4-10　低污染产业求职成本参数（ϖ^{ha}）影响下高污染产业关停整顿政策效应的变化（IRF 曲线）

109

所以，对于类似环保税这样的经济激励型环境规制政策而言，就业促进政策（有助于降低求职成本）一方面增强了劳动力前往低污染产业求职的意愿，另一方面也降低了低污染企业的招聘成本。最终，模型经济中的劳动力结构产生了显著转变，低污染产业劳动力占比显著提升。而且低污染产业求职成本的下调进一步提高了低污染企业的当期利润、长期价值，激励了低污染产业的创业活动；所以，伴随着ϖ^{ha}取值降低，环保税对低污染企业数量的扩张作用也变得更强。因此，更低的劳动力流动阻力使低污染产业获得了更充裕的劳动力资源、产值扩张幅度更大，从而使经济激励型环境规制政策的污染减排效应进一步增强。

但是，从图4-10可见，就业促进政策（有助于降低求职成本）对关停整顿政策效应的影响并不显著（IRF曲线移动幅度很小），这主要是因为关停整顿政策是对高污染企业数量的直接调节，其一方面并不会降低高污染企业的利润（反而会因减少市场竞争而提高在位企业利润，可通过图4-10和图4-6的对比来理解）；另一方面高污染产业的创业活动也会在冲击发生5期后走向复苏，从而提供了相对更多的就业岗位，这都抑制了冲击发生后劳动力从高污染产业的流出。所以，即便劳动力求职成本下降，劳动力前往低污染产业求职的意愿也会得到相对有限的提高。基于上述机理，模拟结果中就业促进政策（有助于降低求职成本）无法显著改变关停整顿政策效应的原因可以得到解释。

二 降低创业成本对关停整顿政策效应的影响

从图4-11可见，低污染产业创业成本的下调对高污染产业关停整顿政策的污染减排效应也造成了影响，这同样是通过劳动力跨产业流动渠道发挥作用的。

首先，创业成本的下调直接激励了低污染产业的创业行为，所以与求职成本参数调整的效应（见图4-10）不同，低污染产业创业成本的下调直接提高了低污染新创企业的增幅，其效果比下调求职成本参数更加显著。

低污染产业的新创企业增长无疑能在产业内部创造更多的就业岗位，

使更多的劳动力选择进入低污染产业就业,这导致了一种结果:在关停整顿政策力度不变的情况下,随着低污染产业创业成本的降低,新创的低污染企业可以在更大的程度上填补那些被关停的高污染企业留下的市场空间,使得低污染、高污染产业在劳动力投入、企业数量、产能等方面均出现了此消彼长的变化,低污染产业在整体经济中的占比得以进一步提高,这显著改善了关停整顿政策的污染减排效应。

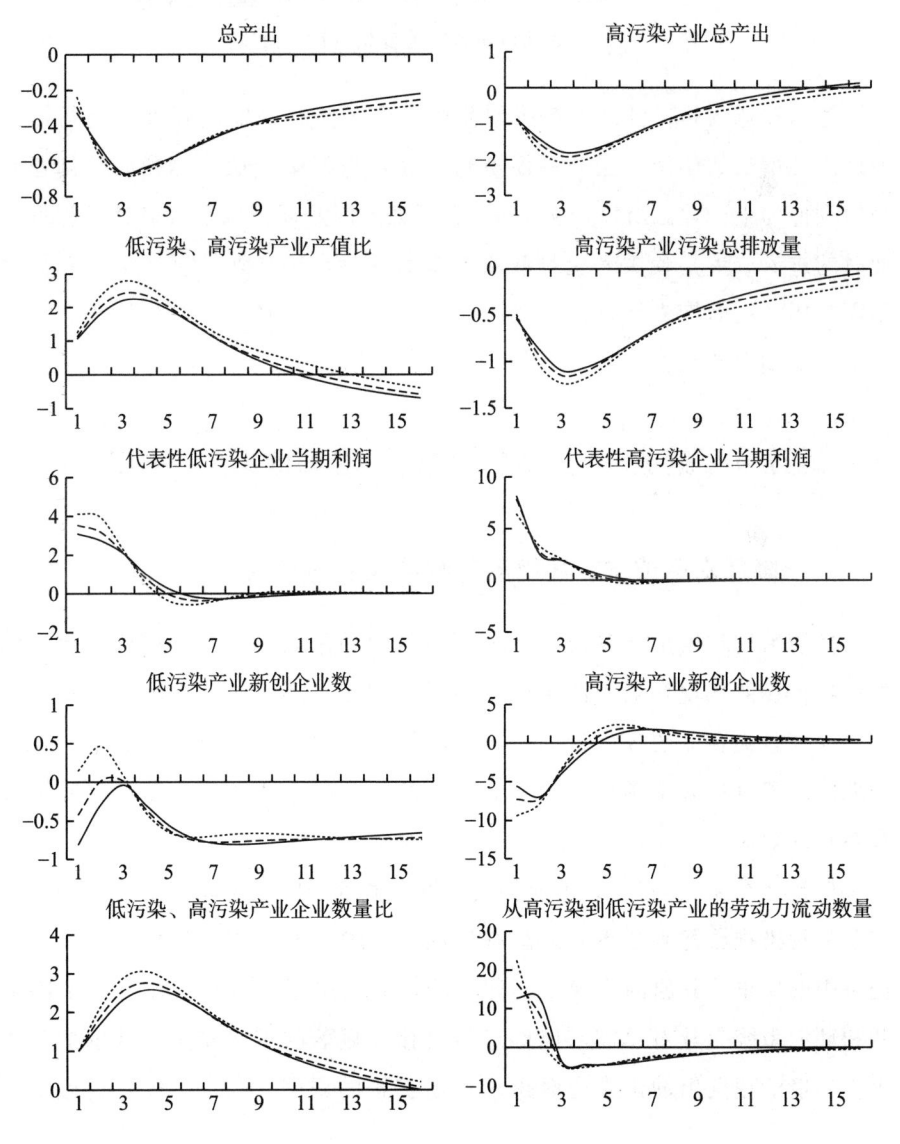

低污染、高污染产业劳动投入之比　　　环境质量

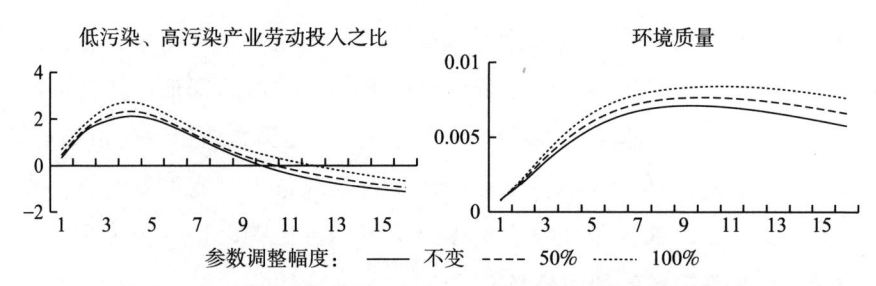

参数调整幅度：—— 不变　---- 50%　······ 100%

图 4-11　低污染产业创业成本（fc^a）影响下高污染产业关停整顿政策效应的变化（IRF 曲线）

值得注意的是，低污染产业创业成本的下降，也能起到抑制高污染产业恢复性增长的作用，能够将很多原本进入高污染产业追逐利润的创业者吸引到低污染产业。所以，从图 4-11 可见，创业促进政策（有助于降低创业时的进入成本）使关停整顿政策冲击后的高污染产业恢复性增长趋势被不断削弱，从而带来更好的污染减排效应；当然从经济效应角度来看，这也会在短期内带来更大幅的经济波动和更严峻的经济下行压力。

第五节　就业、创业政策对环境治理政策效应的影响

一　降低求职成本对环境治理政策效应的影响

环境治理政策是针对已经产生的污染问题采取的弥补性措施，旨在修复已经存在的环境污染，改善环境质量。当然，环境治理支出的增长不能直接改变各类企业的环境行为，同时求职成本的调节是通过影响生产要素资源的配置过程来干预居民和企业行为的，所以这两方面的政策看似不应存在互动效应。

但是从图 4-12 可见，就业促进政策（有助于降低求职成本）对高污染产业的污染排放起到了更好的削减作用，同时也增加了低污染产业在宏观经济中的比重。其原因主要是，环境治理支出的增长直接作用于经济需求侧和环境系统，其对总需求能够产生直接、显著的扩张作用，这也是总产出在环境治理支出冲击发生时出现一定扩张的原因。当然，环境治理支出

和其他财政支出一样具有对民间投资的挤出效应,所以两类产业产出均会在政策冲击发生一段时期后走向萎缩。在这一阶段,低污染产业求职成本参数的降低使高污染产业的劳动力在行业不景气的情况下更多地流入另一产业,最终形成了低污染、高污染产业在劳动投入、产出规模、企业数量方面此消彼长的态势,低污染产业在经济中的占比进一步扩大,这在理论上可以增强环境治理支出政策的污染减排效应,但也会在短期内加剧因此带来的产出波动和经济下行压力。

当然,从图4-12也可看出,由于环境治理支出的增长与各类企业的环境行为和生产决策不存在直接关联,从两类产业之间的劳动力流动水平和环境质量改善程度来看,环境治理政策的环境效应在实施就业促进政策(有助于降低求职成本)的过程中仅发生了极其微弱的变化,这首先是因为环境治理政策是一种事后弥补措施,其总体政策力度并不直接取决于企业、居民等微观个体的行为;其次,这一结果也是由于环境治理支出对劳动力跨产业流动的促进作用十分有限(例如与图4-8、图4-9中的同类效应相比),相关参数的调整必然只能起到极其微小的作用。

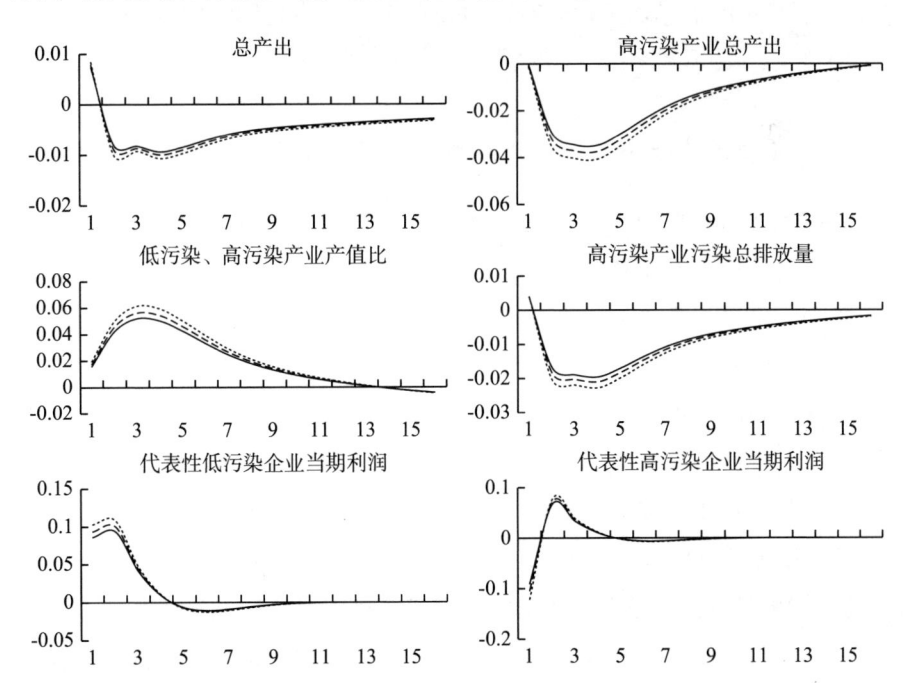

参数下调幅度： —— 不变 ---- 20% ······ 40%

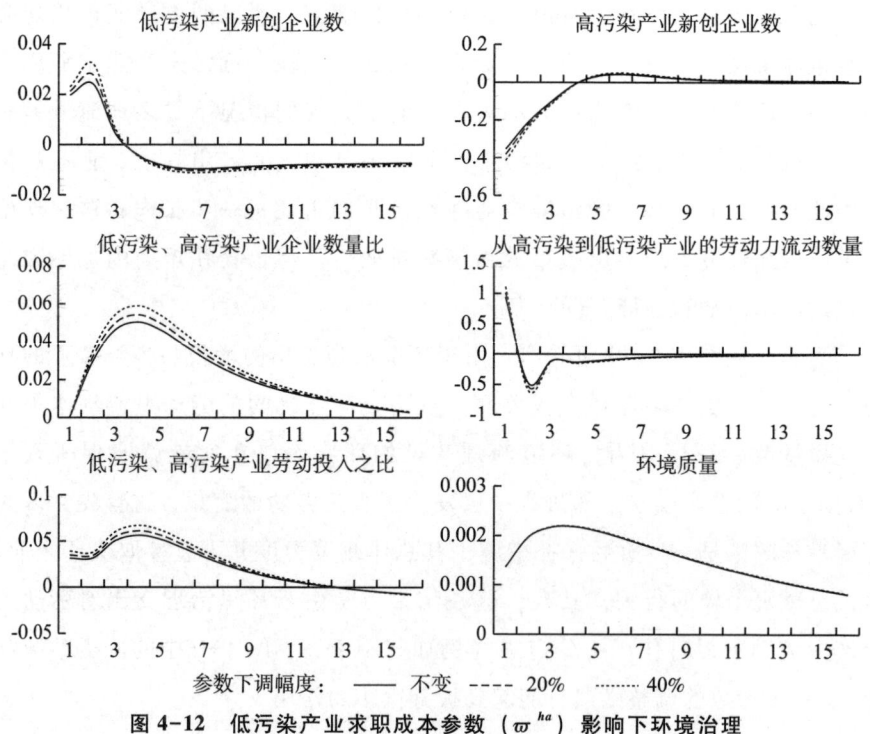

图 4-12 低污染产业求职成本参数（ϖ^{ha}）影响下环境治理政策效应的变化（IRF 曲线）

二 降低创业成本对环境治理政策效应的影响

从图 4-13 可见，与降低求职成本相比，低污染产业创业成本的降低能够相对更显著地改善环境治理政策的保护效应。

首先，在创业促进政策（有助于降低创业时的进入成本）的刺激下，创业者会更倾向于进入低污染产业进行创业。这种调整不仅扩大了低污染产业的规模和产值增长幅度，还吸引了来自其他产业的劳动力转向低污染产业，进一步促进了就业机会的增加。相应地，高污染产业面临创业资源的外流，其在总体经济中面对的跨产业竞争压力也会加剧。这导致高污染产业的企业数量和产值受到抑制，在短期内产生了更大的经济下行压力（但这一影响没有降低求职成本的效应那样明显）。

同时，创业促进政策（有助于降低创业时的进入成本）能够直接激励低污染产业的创业活动，从而更加显著地提高低污染产业的企业数量（可通过对比图 4-12 与图 4-13 来理解），所以即便从高污染产业流动到低污染产业的劳动力很有限（可通过对比图 4-8、图 4-9、图 4-12 与图 4-13 来理解），踊跃的创业活动也能够大幅提高低污染产业在劳动投入、产出规模、企业数量等方面的比重，从而产生更显著的污染减排效应，使环境质量得到更明显的改善。同理，低污染产业创业成本的降低能使环境治理支出冲击初期的经济扩张幅度变得更大、第 2 期后的经济萎缩幅度也相对有限（与高污染产业的产能萎缩相比），这恰恰也正是因为低污染产业创业活动受到的直接激励，使高污染产业的产能萎缩问题能够及时地被低污染产业的规模扩张弥补。

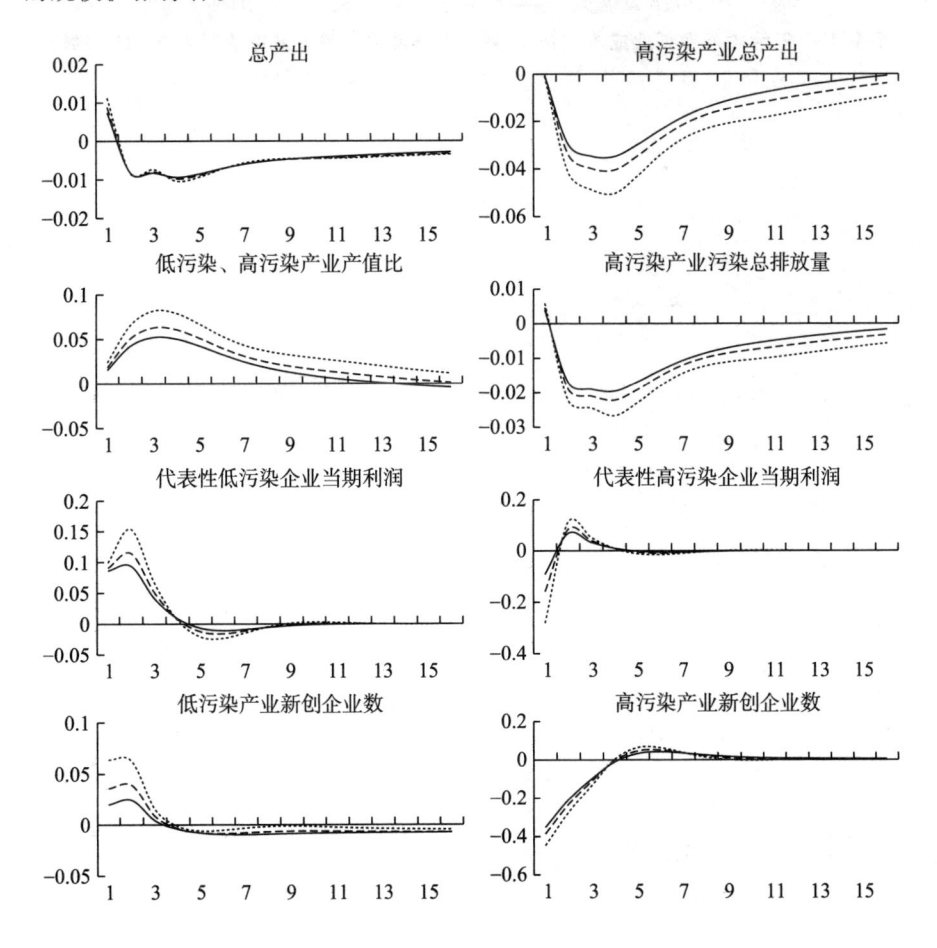

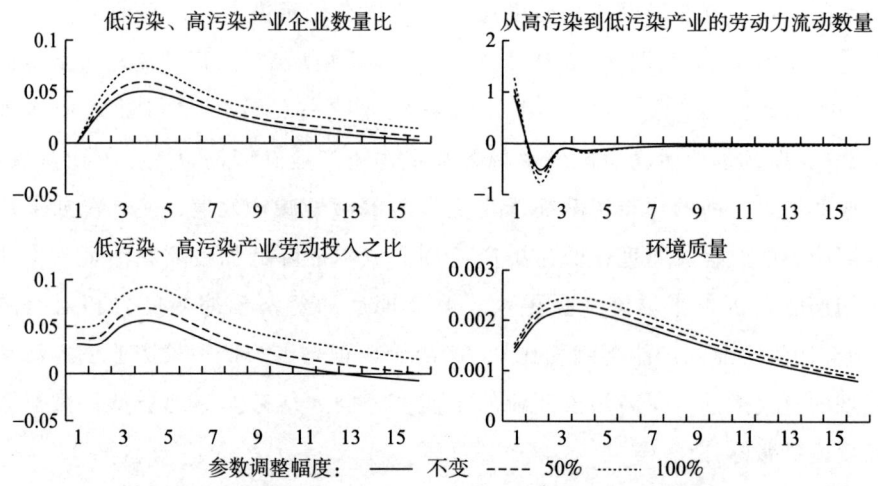

图4-13 低污染产业创业成本（fc^e）影响下环境治理政策效应的变化（IRF曲线）

第五章　福利分析：就业创业与环境规制政策的协同运用探索

理论上，宏观经济波动意味着经济效率（福利）的损失（Woodford and Walsh，2005），可以视作环境保护的短期经济代价。数值模拟结果表明，在短期波动情境下，环境规制与就业创业政策的结合运用可能无法同时达到改善环境和稳定经济的效果，理性的政策制定者须对此加以权衡。

举例来说，如果一个改革措施可以有效避免效率损失，但可能对环境产生负面影响，那么该措施是否应被否定？相反，如果一项改革措施在改善环境质量的同时，却导致更大的经济波动和更高的效率损失，那么社会是否应该为了环保、就业而承受这种效率代价呢？显然，前文提到的直观但单一的动态分析方法只适用于评估备选政策方案的单一效应，无法解决上述涉及多个权衡因素的问题。因此，我们需要引入专门的政策评估标准，以进行更具说服力的政策效果评估。

在新凯恩斯主义的主流方法体系中，福利损失函数被视为一种可行的政策效果评估方法。本研究将基于模型方程，运用线性二次型方法（Woodford and Walsh，2005；Galí，2015；陈利锋，2017）推导出包含环境质量、消费和就业等因素的福利损失函数，该函数能够直接用于对总体经济福利的定量评估，使本书可对政策及其改革方案进行综合量化评价，从而以人民福祉为关键尺度，探寻能有效权衡环保和效率的政策协同运用方案。

第一节 福利损失函数推导

根据现有主流理论（Angelopoulos et al., 2013; Annicchiarico and Di Dio, 2015; Galí and Monacelli, 2016），基于 Woodford and Walsh（2005）的方法，本书对 DSGE 模型中的效用函数进行线性二次型变换，推得含有经济变量和环境质量的福利损失函数：

$$WL_t \simeq -E_0 \sum_{k=0}^{\infty} \frac{1}{2}\beta^k \begin{Bmatrix} (1-\beta^h\xi^h)\bar{U}_C\bar{C}(\hat{c}_t^h)^2 + [1+\beta^h(\xi^h)^2]\bar{U}_{CC}\bar{C}^2(\hat{c}_t^h)^2 \\ +(1-\gamma_e^h)(1-\sigma^h)\bar{U}_{ENV}\overline{ENV}(\widehat{env}_t)^2 \\ -(1+\varphi^h)(\bar{N}^{nth})^{(\varphi^h+1)}(\hat{n}_t^{nth})^2 \end{Bmatrix} \quad (5.1)$$

方程（5.1）中，变量符号的小写格式（顶部加尖形符号）表示变量相对其稳态的对数偏离程度，用顶部带有横线的变量符号表示变量稳态值，例如 $\hat{x}_t \equiv \log X_t/\bar{X}$。各项参数的含义分别为：$\bar{U}_C = \gamma_e^h[(1-\xi^h)\bar{C}^h]^{[\gamma_e^h(1-\sigma^h)-1]}$ $\overline{ENV}^{(1-\gamma_e^h)(1-\sigma^h)}$、$\bar{U}_{CC} = \gamma_e^h\bar{U}_C/\bar{C}^h$、$\bar{U}_{ENV} = (1-\gamma_e^h)[(1-\xi^h)\bar{C}^h]^{\gamma_e^h(1-\sigma^h)}$ $\overline{ENV}^{[(1-\gamma_e^h)(1-\sigma^h)-1]}$。为节约篇幅、便于阅读，方程（5.1）的具体推导过程列于文后附录当中。

为便于测算，福利损失函数可变换为平均福利损失近似计算式（Galí and Monacelli, 2016）：

$$wl \simeq \begin{Bmatrix} (1-\beta^h\xi^h)\bar{U}_C\bar{C}\mathrm{var}(\hat{c}_t^h) + [1+\beta^h(\xi^h)^2]\bar{U}_{CC}\bar{C}^2\mathrm{var}(\hat{c}_t^h) \\ +(1-\gamma_e^h)(1-\sigma^h)\bar{U}_{ENV}\overline{ENV}\mathrm{var}(\widehat{env}_t) - (1+\varphi^h)(\bar{N}^{nth})^{(\varphi^h+1)}\mathrm{var}(\hat{n}_t^{nth}) \end{Bmatrix}$$

$$(5.2)$$

方程（5.2）测算出的福利损失与变量偏离稳态的幅度（方差）有着直接联系，式中 var( ) 表示括号内变量的方差。

本部分的福利损失分析的主要价值在于，从方程（5.2）可见，福利损失水平受环境质量、消费、就业等经济变量的影响。因此，在权衡不同效应的前提下，福利损失可以成为主导因素，为政策效果评价提供标准。此外，福利损失的定量测算结果会随着政策的调整而发生变化，这些调整既可以是单一政策的改革（如税率、补贴率的调整），也可以是多种政策措施的组合。因此，福利损失分析可以用于评估政策改革方案，有助于合理探索就业创业政策与环境规制的协同运用方式，避免不同政策之间的错配问题。

第二节 就业、创业政策与环保税政策的福利效应

一 降低求职成本对环保税福利效应的影响

如党的二十大报告指出的那样，"实施就业优先战略的重点之一是消除影响平等就业的不合理限制和就业歧视"。这些问题在劳动力市场中普遍存在，对经济和社会的可持续发展产生不利影响。因此，为了实现更加公平和有效的就业机会分配，我国近年来实施了一系列降低劳动力流动阻力、促进人才社会性流动的政策措施，如放宽人员流动限制（如落户限制）、提供职业培训和补贴、维护劳动者自由择业权益等。上述人才流动与就业促进政策的共同特点是通过补贴和其他政策优惠降低劳动力择业、就业的机会成本，使劳动力更趋向于自由流动，从而减少劳动力市场的扭曲问题。所以，本书延续前面章节的做法，以下调低污染产业求职成本参数 ϖ^{ha} [与求职成本 G_t^{ha} 成正比，见式（2.55）] 为手段，模拟降低劳动力流动阻力对环保税政策福利效应的影响，以剖析相关政策措施的作用。

基于方程（5.1）、（5.2），求职成本参数 ϖ^{ha} 对环保税政策福利效应的影响可以得到逐步的数值模拟，其结果呈现于表 5-1 中。首先，表 5-1 显示了在不断降低参数 ϖ^{ha} 的取值后，主要经济变量在外生冲击下的波动水平（方差）如何发生改变。可见伴随着 ϖ^{ha} 取值的不断下降，模型中四个主要变量（总产出 $\hat{y}_t$，就业 $\hat{n}_t^{nth}$，通胀率 π_t，环境质量 $\widehat{env}_t$）在环保税率正向冲击下的波动性均有一定提升，这与前面分析的结果是一致的。从方程（5.1）的福利损失值计算原理可知，以上变量波动的加剧使环保税政策导致的福利损失水平不断提高。也就是说，在运用环保税政策的过程中，就

业促进政策（有助于降低求职成本）虽然能带来环境质量的更大改善，却也会在短期内给经济效率（福利）带来更大的负面影响，这可以看作就业促进政策与环保税政策协同运用的福利代价。

表 5-1 降低求职成本对环保税福利效应及经济变量方差（波动性）的影响

求职成本参数 ϖ^{ha} 下调幅度	福利损失	var($\hat{y}_t$)	var($\hat{n}_t^{nth}$)	var(π_t)	var($\widehat{env}_t$)
40%	9.20×10⁻⁵	4.18×10⁻⁶	5.42×10⁻⁶	7.16×10⁻⁷	2.16×10⁻⁸
30%	8.41×10⁻⁵	3.74×10⁻⁶	4.75×10⁻⁶	6.41×10⁻⁷	2.11×10⁻⁸
20%	7.76×10⁻⁵	3.37×10⁻⁶	4.20×10⁻⁶	5.80×10⁻⁷	2.07×10⁻⁸
10%	7.22×10⁻⁵	3.07×10⁻⁶	3.76×10⁻⁶	5.31×10⁻⁷	2.04×10⁻⁸
0%	6.76×10⁻⁵	2.83×10⁻⁶	3.39×10⁻⁶	4.89×10⁻⁷	2.01×10⁻⁸

二 降低创业成本对环保税福利效应的影响

如前所述，创业活动也是一种劳动，而离开高污染产业的劳动者（含创业者）有可能前往低污染产业进行创业，所以创业活动应被视为劳动力跨产业流动的另一主要形式。同样地，劳动者创业时承担的进入成本也应被视为劳动力流动过程中的阻力因素。因此，本章延续前面章节做法，通过下调创业成本参数 fc^a 来模拟低污染产业创业成本降低对环保税政策效应的影响，参数 fc^a 的取值与现实中创业者享受的补贴、退税、低息贷款等政策扶持成反比。

基于方程（5.1）和方程（5.2），本书模拟了创业成本参数 fc^a 对环保税政策福利效应的渐进式影响，其结果呈现于表 5-2。可见，随着 fc^a 取值的下降，模型中四个主要变量（总产出 $\hat{y}_t$，就业 $\hat{n}_t^{nth}$，通胀率 π_t，环境质量 $\widehat{env}_t$）在环保税率正向冲击下的波动性同样有一定提升，这与前面分析的结果也是一致的。

表 5-2　降低创业成本对环保税福利效应及经济变量方差（波动性）的影响

创业成本 fc^a 下调幅度	福利损失	var ($\hat{y}_t$)	var ($\hat{n}_t^{nth}$)	var (π_t)	var ($\widehat{env}_t$)
100%	5.69×10^{-5}	5.90×10^{-5}	1.26×10^{-5}	9.29×10^{-7}	3.05×10^{-8}
75%	5.62×10^{-5}	3.34×10^{-5}	7.63×10^{-6}	7.21×10^{-7}	2.67×10^{-8}
50%	5.80×10^{-5}	2.15×10^{-5}	5.32×10^{-6}	6.08×10^{-7}	2.41×10^{-8}
25%	6.19×10^{-5}	1.50×10^{-5}	4.10×10^{-6}	5.37×10^{-7}	2.19×10^{-8}
0%	6.76×10^{-5}	1.10×10^{-5}	3.39×10^{-6}	4.89×10^{-7}	2.01×10^{-8}

然而，在以上变量波动加剧的情况下，环保税政策导致的福利损失水平却有所下降，其原理在于就业 $\hat{n}_t^{nth}$ 的波动幅度在参数 fc^a 影响下变化幅度很大，而就业在 CRRA 效用函数中是一个与效用（福利）水平成反向变动的项［参见式 (2.1)］，所以就业 $\hat{n}_t^{nth}$ 的波动幅度超过一定范围时，就有可能导致社会福利损失水平下降。因此，环保税政策与创业促进政策（有助于降低创业时的进入成本）的协同运用能够更好地实现污染减排与经济效率（福利）之间的双赢。

三　就业、创业政策与环保税率改革的叠加影响

需要注意的是，以上福利效应是在环保税稳态税率不变的情况下模拟得出的，而事实上中国的环保税（排污费）制度曾经历过不止一次的税（费）率大幅调整。所以，为了比较不同政策设计下的福利损失、探寻能有效权衡环境质量和经济效率的政策组合，本书基于方程 (5.2)，进一步实施反事实分析，以曲面形式呈现就业、创业政策与环保税率改革的叠加影响，其具体指标是不同政策参数组合下环保税率正向冲击（幅度为 1 单位标准差）带来的福利损失值。

从图 5-1 可见，在运用环保税政策的过程中，环保税稳态税率增长以及低污染产业求职成本降低都会增加社会福利损失，这与第四章第五节呈现的经济波动加剧问题是一致的。而且，两者的共同调整能够使社会福利损失值从 6.76×10^{-5} 陡然增加至 0.0039，远大于任一参数单独调整时的福利损失增幅。

图 5-2 体现了类似的结果，其不但表明低污染产业进入成本的降低会导致更大的社会福利损失，也同时说明提升环保税稳态税率、减少低污染产业进入成本的政策组合会使社会福利损失值从 6.76×10^{-5} 陡然增加至 0.0016。以上结果揭示了环保税政策和劳动力市场相关政策间可能存在一定的错配问题，所以在未来的改革进程中，需要对两方面政策进行合理权衡。

当然，在运用、强化环保税政策的过程中，如果其他参数不变、环保税率提升一倍，会使社会福利损失值从 6.76×10^{-5} 增加至 3.64×10^{-4}，税率提升两倍时社会福利损失值则进一步增至 8.31×10^{-4}。与此同时，如果其他参数不变、低污染产业求职成本参数（ϖ^{ha}）从原值下降为 0，则会使社会福利损失值从 6.76×10^{-5} 增加至 3.56×10^{-4}；类似地，如果其他参数不变、低污染产业进入（创业）成本参数（fc^a）从原值下降为 0（下调幅度 100%），反而会使社会福利损失值从 6.76×10^{-5} 小幅度下降至 5.69×10^{-5}。以上结果表明，在运用环保税政策的过程中，就业促进政策（有助于降低求职成本）、创业促进政策（有助于降低创业时的进入成本）可以与稳定的（基础

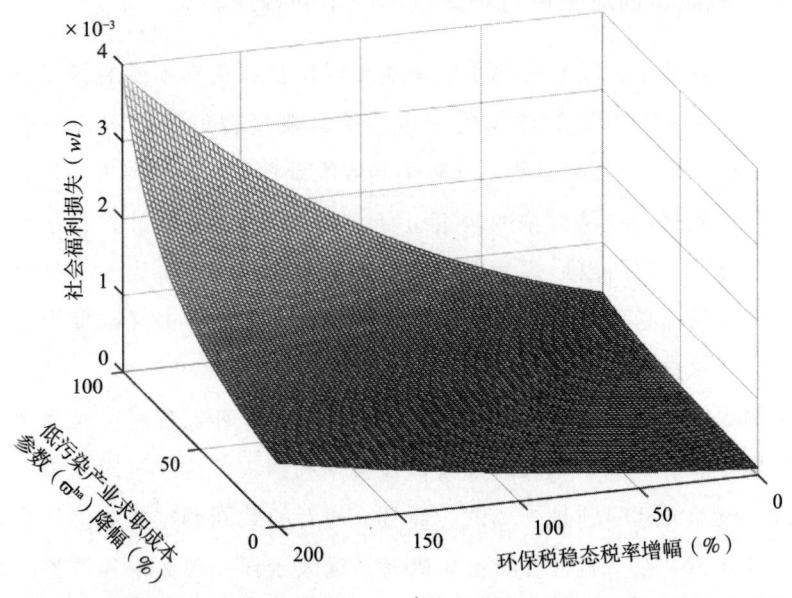

图 5-1 低污染产业求职成本参数（ϖ^{ha}）影响下不同环保税率的福利效应

税率保持不变的）环保税政策协同运用，将有助于控制福利损失、在尽可能保障经济效率的前提下进一步改善环保税的运用效果。

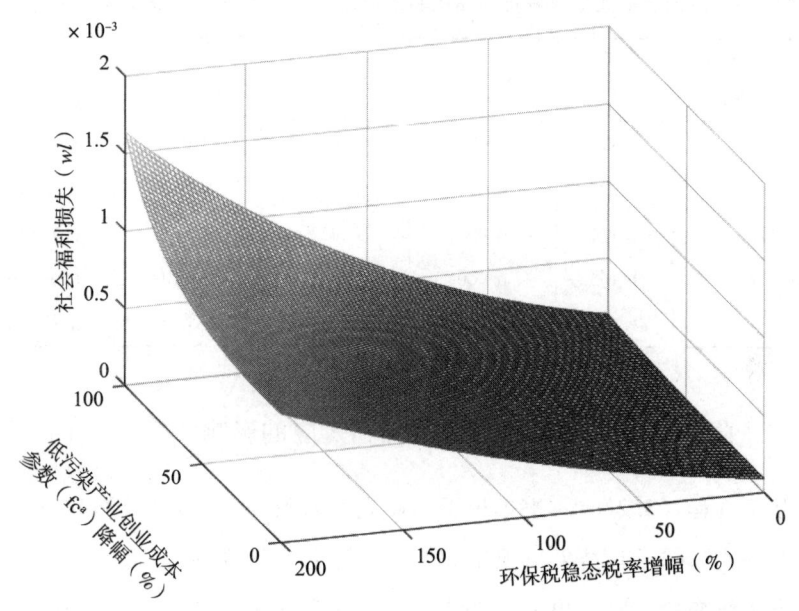

图 5-2 低污染产业创业成本（fc^a）影响下不同环保税率的福利效应

第三节 就业、创业政策与减排补贴政策的福利效应

一 降低求职成本对减排补贴福利效应的影响

基于方程（5.2），求职成本参数 ϖ^{ha} 对减排补贴政策福利效应的影响可以得到逐步的数值模拟，其结果呈现于表 5-3。可见伴随着 ϖ^{ha} 的不断下调，模型中四个主要变量（总产出 $\hat{y}_t$，就业 $\hat{n}_t^{nth}$，通胀率 π_t，环境质量 $\widehat{env}_t$）在减排补贴率正向冲击下的波动性均有一定提升。从方程（5.1）的福利损失值计算原理可知，以上变量波动的加剧使减排补贴政策导致的福利损失水平不断提高。也就是说，在运用减排补贴政策的过程中，就业促进政策（有助于降低求职成本）虽然能带来环境质量的更大改善，却也会在短期内给经济效率带来更大的负面影响，导致社会福利损失变大，这与

环保税的协同运用效应是类似的。

表5-3 降低求职成本对减排补贴福利效应及经济变量方差（波动性）的影响

求职成本参数 ϖ^{ha} 下调幅度	福利损失	var($\hat{y}_t$)	var($\hat{n}_t^{nth}$)	var(π_t)	var($\widehat{env}_t$)
40%	1.417	0.079	0.092	0.013	$6.91×10^{-5}$
30%	1.292	0.071	0.081	0.012	$6.58×10^{-5}$
20%	1.190	0.065	0.072	0.011	$6.31×10^{-5}$
10%	1.105	0.060	0.064	0.010	$6.08×10^{-5}$
0%	1.033	0.055	0.058	0.009	$5.88×10^{-5}$

二 降低创业成本对减排补贴福利效应的影响

基于方程（5.2），本书模拟了创业成本参数 fc^a 对减排补贴政策福利效应的渐进式影响，其结果呈现于表5-4。可见，随着 fc^a 取值的下降，模型中四个主要变量（总产出 $\hat{y}_t$，就业 $\hat{n}_t^{nth}$，通胀率 π_t，环境质量 $\widehat{env}_t$）在减排补贴率正向冲击下的波动性同样均有提升。但与此同时，减排补贴政策导致的福利损失水平却有所下降，所以减排补贴政策与创业促进政策（有助于降低创业时的进入成本）的协同运用能够更好地实现污染减排与经济效率之间的双赢。

表5-4 降低创业成本对减排补贴福利效应及经济变量方差（波动性）的影响

创业成本 fc^a 下调幅度	福利损失	var($\hat{y}_t$)	var($\hat{n}_t^{nth}$)	var(π_t)	var($\widehat{env}_t$)
100%	0.751	0.089	0.146	0.013	$1.03×10^{-4}$
75%	0.778	0.076	0.097	0.011	$8.59×10^{-5}$
50%	0.835	0.067	0.075	0.010	$7.43×10^{-5}$
25%	0.920	0.060	0.064	0.009	$6.57×10^{-5}$
0%	1.033	0.055	0.058	0.009	$5.88×10^{-5}$

第四节 就业、创业政策与关停整顿政策的福利效应

一 降低求职成本对关停整顿政策福利效应的影响

基于方程（5.2），求职成本参数 ϖ^{ha} 对关停整顿政策福利效应的影响可以得到逐步的数值模拟，其结果呈现于表5-5。可见伴随着 ϖ^{ha} 的不断下调，模型除就业变量 $\hat{n}_t^{nth}$ 之外的三个主要变量（总产出 $\hat{y}_t$，通胀率 π_t，环境质量 $\widehat{env}_t$）波动性均有所下降。与之伴随的是，关停整顿政策导致的福利损失水平也不断下降。也就是说，关停整顿政策与就业促进政策（有助于降低求职成本）的协同运用虽然无法改善政策的污染减排效应，却也能有效抑制社会福利损失，保障经济效率。

表5-5 降低求职成本对关停整顿福利效应及经济变量方差（波动性）的影响

求职成本参数 ϖ^{ha} 下调幅度	福利损失	var($\hat{y}_t$)	var($\hat{n}_t^{nth}$)	var(π_t)	var($\widehat{env}_t$)
40%	50.530	2.836	0.896	0.372	5.16×10^{-4}
30%	50.710	2.844	0.892	0.373	5.19×10^{-4}
20%	50.846	2.850	0.887	0.374	5.21×10^{-4}
10%	50.947	2.854	0.881	0.374	5.23×10^{-4}
0%	51.019	2.856	0.874	0.375	5.25×10^{-4}

二 降低创业成本对关停整顿政策福利效应的影响

基于方程（5.2），本书模拟了创业成本参数 fc^a 对关停整顿政策福利效应的渐进式影响，其结果呈现于表5-6。可见，与其他环境规制政策的效应类似，随着 fc^a 取值的下降，模型中四个主要变量（总产出 $\hat{y}_t$，就业 $\hat{n}_t^{nth}$，通胀率 π_t，环境质量 $\widehat{env}_t$）在关停整顿正向冲击下的波动性同样均有提升。但与此同时，关停整顿政策导致的福利损失水平却有所下降，这可能

与就业变量的方差增长幅度远超其他变量有关。所以在运用关停整顿政策的过程中,创业促进政策(有助于降低创业时的进入成本)的配合运用能够促进污染减排与经济效率之间的双赢。

表 5-6 降低创业成本对关停整顿福利效应及经济变量方差(波动性)的影响

创业成本 fc^a 下调幅度	福利损失	var($\hat{y}_t$)	var($\hat{n}_t^{nth}$)	var(π_t)	var($\widehat{env}_t$)
100%	33.302	3.873	1.527	0.460	$9.07×10^{-4}$
75%	35.520	3.456	1.140	0.424	$7.65×10^{-4}$
50%	39.181	3.181	0.959	0.400	$6.64×10^{-4}$
25%	44.286	2.991	0.884	0.385	$5.87×10^{-4}$
0%	51.019	2.856	0.874	0.375	$5.25×10^{-4}$

第五节 就业、创业政策与环境治理支出政策的福利效应

一 降低求职成本对环境治理支出福利效应的影响

基于方程(5.2),求职成本参数 ϖ^{ha} 对环境治理支出政策福利效应的影响可以得到逐步的数值模拟,其结果呈现于表 5-7。可见伴随着 ϖ^{ha} 的不断下调,模型中四个主要变量(总产出 $\hat{y}_t$,就业 $\hat{n}_t^{nth}$,通胀率 π_t,环境质量 $\widehat{env}_t$)在环境治理支出率正向冲击下的波动性均有一定提升。随着以上变量波动的加剧,环境治理支出政策导致的福利损失水平不断提高。也就是说,环境治理支出政策与低污染产业就业促进政策(有助于降低求职成本)的协同运用虽然能带来环境质量的更大改善,却也会在短期内给经济效率带来更大的负面影响,导致社会福利损失变大,这与减排补贴政策的效应是类似的。

表 5-7 降低求职成本对环境治理福利效应及经济变量方差（波动性）的影响

求职成本参数 ϖ^{ha} 下调幅度	福利损失	var（$\hat{y}_t$）	var（$\hat{n}_t^{nth}$）	var（π_t）	var（$\widehat{env}_t$）
40%	0.0151	8.02×10^{-4}	9.75×10^{-4}	1.32×10^{-4}	4.10×10^{-5}
30%	0.0132	7.19×10^{-4}	8.56×10^{-4}	1.18×10^{-4}	4.08×10^{-5}
20%	0.0124	6.53×10^{-4}	7.60×10^{-4}	1.07×10^{-4}	4.06×10^{-5}
10%	0.0113	5.98×10^{-4}	6.81×10^{-4}	9.79×10^{-5}	4.04×10^{-5}
0%	0.0110	5.52×10^{-4}	6.16×10^{-4}	9.03×10^{-5}	4.03×10^{-5}

二 降低创业成本对环境治理支出福利效应的影响

基于方程（5.2），本书模拟了创业成本参数 fc^a 对环境治理支出政策福利效应的渐进式影响，其结果呈现于表 5-8。可见，随着 fc^a 取值的下降，模型中四个主要变量（总产出 $\hat{y}_t$，就业 $\hat{n}_t^{nth}$，通胀率 π_t，环境质量 $\widehat{env}_t$）在环境治理支出正向冲击下的波动也随之加剧。但与此同时，与环保税、减排补贴的效应类似，环境治理支出政策的福利损失代价却有所下降，所以环境治理支出政策与低污染产业创业促进政策（有助于降低创业时的进入成本）的协同运用能够更好地实现污染减排与经济效率之间的双赢。

表 5-8 降低创业成本对环境治理福利效应及经济变量方差（波动性）的影响

创业成本 fc^a 下调幅度	福利损失	var（$\hat{y}_t$）	var（$\hat{n}_t^{nth}$）	var（π_t）	var（$\widehat{env}_t$）
100%	8.16×10^{-3}	9.57×10^{-4}	1.74×10^{-3}	1.40×10^{-4}	5.22×10^{-5}
75%	8.30×10^{-3}	7.94×10^{-4}	1.12×10^{-3}	1.16×10^{-4}	4.87×10^{-5}
50%	8.79×10^{-3}	6.87×10^{-4}	8.41×10^{-4}	1.03×10^{-4}	4.57×10^{-5}
25%	9.56×10^{-3}	6.10×10^{-4}	6.94×10^{-4}	9.52×10^{-5}	4.29×10^{-5}
0%	0.011	5.52×10^{-4}	6.16×10^{-4}	9.03×10^{-5}	4.03×10^{-5}

第六章　结论与政策建议

第一节　主要研究结论

本书构建了一个含有异质性产业和劳动力搜寻匹配机制的中国环境经济 DSGE 模型，分析了劳动力再配置对经济短期波动过程中环保税政策效应的影响机理，并基于这些机理分析了那些有助于促进劳动力自由流动和优化配置的就业、创业政策会如何影响环境规制政策的效果。进一步地，本书在政策效应动态模拟部分讨论了两大类政策之间的协同运用问题，并且在后续分析步骤中进一步实施了福利损失函数的推导和福利效应模拟，以考察那些有利于保护环境、促进劳动力优化配置的政策组合是否会在经济效率方面付出过大代价，最终得出了政策启示。

通过 DSGE 模型的动态分析，本书得出了以下主要结论。

一是环保税会在高污染产业直接产生污染减排效应，其机理是提高代表性企业的污染排放成本，促使企业通过工艺挖潜、管理变革等途径提高自主减排率，但这同时也令企业承担更大的减排成本压力、利润水平降低，导致高污染产业的创业活动减少、企业数量下降。环保税跨行业影响的传导渠道包括创业活动的转移和劳动力的跨行业转移。环保税冲击使高污染产业的生产商面临当期利润和长期价值的下降，这会令理性的创业者更多地选择在低污染产业创业，从而扩大了低污染产业相对于高污染产业的企业数量比。同时，低污染产业的企业数量和生产规模不断增长、劳动力需求显著扩大，自然会促使更多劳动力从高污染产业流向低污染产业，使整个经济中生产活动的污染排放水平不断下降。

二是环保税一方面会加剧产出波动，这主要是因为在短期内使高污染产业的产值与利润显著下降，进一步导致消费和投资的萎缩，使经济出现显著的向下波动趋势；另一方面，环保税会导致高污染产业创业行为在减少、企业数量萎缩，使低污染产业在产值、劳动力、企业数量等方面占有更大的优势，经济结构得以向更有利于环保的方向转型。

三是在政策协同运用方面，就业促进政策（有助于降低求职成本）有利于低污染产业的扩张，会增强环保税的减排降污作用，并会使更多的高污染产业劳动力和创业资源被吸引至低污染产业，从而在短期内扩大高污染产业的萎缩程度，令总产出呈现更大的向下波动趋势。创业促进政策（有助于降低创业时的进入成本）可进一步扩大低污染、高污染产业在企业数量和产值水平上的差距，增加低污染产业在经济中的占比，最终令环保税的减排降污作用更为显著，但这也会在短期内加剧环保税导致的经济波动问题和经济下行压力。

四是与环保税政策类似，减排补贴政策能够降低高污染产业的减排成本，促使企业更积极地采取减排措施。减排补贴政策效应的跨行业传导渠道同样包括创业活动转移和劳动力迁移，其原因是减排补贴在高污染产业产生挤出效应，导致大量高污染企业减少产出或关闭、扩大了非自愿失业和劳动力外流的规模，使得部分高污染产业中的劳动力和创业者流向低污染产业，经济结构得以向更有利于环保的方向转型，从而进一步增加减排补贴政策的污染减排效应。

五是与环保税政策类似，减排补贴政策的加强（补贴率提升）会导致总产出的更大波动，其挤出效应则会导致高污染企业在经济结构中的占比持续下降。而且高污染产业活动的萎缩进一步削弱了消费和投资，导致总需求衰减，使经济面临下行压力。

六是同样与环保税政策类似，就业促进政策（有助于降低求职成本）加强了减排补贴政策的污染减排作用，其原因是低污染产业求职成本的下降促使更多的劳动力进入该产业。然而，就业促进政策也使减排补贴政策对经济波动的推动作用增强，并在短期内带来更大的经济下行压力。创业促进政策（有助于降低创业时的进入成本）则加速了创业资源的重新配置，从而有利于低污染产业的创业活动，促进污染减排，但这也在短期内加剧了减排补贴政策导致的经济波动，进一步增加了经济下行的压力。

七是关停整顿政策能够直接降低高污染行业的产出规模，从而削减环境污染物的排放量。由于企业受到市场份额下降和法规限制等多重压力，关停整顿政策会迫使企业采取措施减少污染物排放、寻求更环保的生产方式，使其环保效果变得更为持续。

八是关停整顿政策会直接导致经济总量的急剧收缩和剧烈波动，由于部分企业的强制退出直接弱化了高污染产业内部的竞争，在关停整顿发生一定时期后高污染产业的创业活动会迎来恢复性增长，导致产能反弹，进而导致市场结构中高污染产业的占比出现回升，这会在一定程度上削弱此类政策的污染减排效应。

九是就业促进政策（有助于降低求职成本）对关停整顿政策效应的影响并不显著，这主要是因为关停整顿政策是对高污染企业数量的直接调节，其一方面不会降低高污染企业的利润，另一方面创业活动的复苏会带来更多就业岗位、抑制劳动力从高污染产业的流出。创业促进政策（有助于降低创业时的进入成本）则能够将很多原本进入高污染产业追逐利润的创业者吸引到低污染产业，阻碍高污染产业的复苏，从而有效增强关停整顿政策的污染减排效应；会在短期内带来更大幅的经济波动和更严峻的经济下行压力。

十是环境治理支出被用于环境污染问题的事后治理，所以即便在生产者污染排放行为未受到直接影响的情况下，环境治理支出总量的增加也将显著改善环境质量。

十一是环境治理支出（环境事后治理）的规模扩张能够给总需求带来更强有力的刺激，导致经济总量在冲击发生之初产生正向波动。在更长的时段内，由于环境治理支出作为财政工具所具有的挤出效应，高污染产业、低污染产业的新创企业数量均出现下降，经济总量很快转入持续的衰退阶段。

十二是就业促进政策（有助于降低求职成本）能够抑制低污染产业在环境治理支出的挤出效应影响下的产业规模萎缩，使其更多地从高污染产业吸纳创业资源和劳动力，从而增强环境治理支出政策带来的高污染产业减排效应，但也会在短期内加剧因此带来的产出波动和经济下行压力。基于类似机理，创业促进政策（有助于降低创业时的进入成本）同样会显著增强环境治理支出政策的环保效应、改善环境质量，但也会以较有限的幅度加剧环境治理支出所引发的经济波动。

进一步地，通过福利损失函数的推导和福利效应模拟，本书获得了以下发现。

第一，在运用环保税政策的过程中，就业促进政策（有助于降低求职成本）虽然能带来环境质量的更大改善，却也会在短期内给经济效率（福利）带来更大的负面影响。创业促进政策（有助于降低创业时的进入成本）能够更好地实现污染减排与经济效率（福利）之间的双赢。需要注意的是，以上福利效应是在环保税稳态税率不变的情况下模拟得出的，如果同步提升环保税稳态税率，则上述两类促进政策会导致更大的社会福利损失（幅度远大于稳态税率不变时两类促进政策单独导致的福利损失）。所以，从福利角度来看，保持环保税稳态税率不变、实施就业促进政策和创业促进政策，是相对更为可取的政策组合。

第二，与环保税类似，在运用减排补贴政策的过程中，就业促进政策（有助于降低求职成本）虽然能带来环境质量的更大改善，却也会在短期内给经济效率带来更大的负面影响，导致社会福利损失变大，而创业促进政策（有助于降低创业时的进入成本）能够更好地实现污染减排与经济效率（福利）之间的双赢。

第三，在运用关停整顿政策的过程中，就业促进政策（有助于降低求职成本）虽然无法改善政策的污染减排效应，却也能有效抑制社会福利损失，保障经济效率。同时，关停整顿政策与创业促进政策（有助于降低创业时的进入成本）的配合运用能够在促进污染减排的同时减少福利损失，保障经济效率。

第四，在运用环境治理支出政策的过程中，低污染产业就业促进政策（有助于降低求职成本）虽然能带来环境质量的更大提高，却也会在短期内给经济效率带来更大的负面影响，导致社会福利损失变大。同时，低污染产业创业促进政策（有助于降低创业时的进入成本）与环境治理支出的协同运用能够更好地实现污染减排与经济效率之间的双赢。

第二节 就业创业政策与环境规制政策的协同运用建议

根据本书主要分析结论及其所蕴含的政策启示，可以进一步提出如下几个方面的政策建议。

一 发挥就业创业政策的辅助性环境规制作用

在环保领域，就业、创业政策应被视作一种辅助性的环境规制工具。为了更好地推动环境保护，需要针对各行业的环境影响水平制定不同的政策措施，包括劳动力流动促进政策、就业补助政策、人才引进政策、创业帮扶政策等。这些政策的实施可以通过多种方式来实现。一方面，针对低能耗、低排放行业的创业活动，可以采取直接的扶持政策，如针对性的税费减免、创业补贴、创业担保贷款及贴息等。此外，还可引导各大数字经济平台下调低耗能、低排放行业创业者的平台使用成本，来进一步促进这些行业的发展。另一方面，为了引导求职人员朝着环境友好型产业发展，可以提供职业转换培训和创业培训。尤其是针对那些离职于高污染产业、需要适应新的工作环境和技能要求的劳动者，可以有针对性实施职业培训补贴、培训期间的生活费补贴以及职业技能鉴定补贴等支持措施。而且在制定这些劳动力市场的环境政策时，需要充分考虑各行业之间的异质性和特点，确保政策的针对性和有效性。此外，还需要加强与相关部门和机构的合作，以协调各方的努力并促进政策的顺利实施。综上所述，制定异质性的就业促进政策和创业帮扶政策、促进劳动力向环境友好型行业流动、促进有利于环保的经济转型和结构调整，将使环境规制政策的环境保护效应变得更加积极有力。

二 环保税政策与就业创业政策的协同运用建议

从经济效率和福利的角度来看，如果环保税的征收力度在短期内显著增加，很可能对经济的稳定性产生不利影响，并且会导致较大的社会福利成本。当劳动力市场的就业、创业促进政策与环保税政策共同加强时，这个问题会更加突出。研究还发现，基于现有环保税标准维持基础税率的前提下，就业、创业政策在应对经济波动和减少福利损失方面，有助于控制环保税政策所带来的社会福利成本，促进经济的稳定增长、就业稳定，以及保障经济发展的质量。因此，为了避免潜在的政策错配问题，在政策实践中应当保持环保税的基础税率和征收力度的稳定。同时，可以通过促进劳动力跨产业流动和支持低污染产业的创业来进一步改善环保税的政策效果。此外，还应当保证在环保税征收过程中加强对征缴力度和税基（污染物）的精准监测、评估，以确保其与劳动力市场的配套政策相协调，并及时进行调整和优化。总之，通过保持环保税的基础税率和征收力度的稳定，同时辅以环境友好型行业的就业、创业支持措施，可以更好地实现环境保护和保障人民福祉的双重目标；同时，劳动力市场的帮扶政策也可以成为现有环境税政策的有益补充，在尽可能保障宏观经济稳定的前提下，实现良好和快速的绿色发展。

三 减排补贴政策与就业创业政策的协同运用建议

根据本书的动态模拟和福利分析结果，在运用减排补贴政策的过程中，污染减排与经济效率（福利）之间的权衡问题需要得到考虑，这主要是因为减排补贴政策能够在减少污染排放的同时加剧经济波动；就业促进政策有可能使这种两难问题变得更为严重，但低污染产业的创业促进政策则能够与减排补贴政策实现较好的政策协同（降低福利损失）。为了确保在政策实施过程中既能保护经济效率，又能促进人民福祉，我们建议将减排补贴政策与低污染产业的创业促进政策相结合运用，为低污染产业的创业企业提供有针对性的重点扶持。特别是在绿色技术创新、环保事务运营与管理等新兴领域，创业活动的活跃程度决定了这些行业的规模、效益和可持续发展前景。然而，这些领域的创业项目往往面临较高的风险和不确定性，需要额外的扶持和激励措施来加以保障。因此，建议有关部门对这些领域的创业者提供有针对性的补贴政策；在实践中，可在各级行政部门引导下，深化"政产学研用金"的融合协同，形成市场主导、政府引导扶持的创新创业体系，将研究机构和高等院校的技术研发能力与创业平台、创业资源整合起来，在创新和效率双重驱动下实现环境友好型产业的有效扩张，而财政、金融方面的绿色补贴政策在这样的体系中也恰好可以发挥重要的"催化剂"作用。

四 关停整顿政策与就业创业政策的协同运用建议

本书的分析结论指出，就业促进政策、创业促进政策都能与关停整顿政策同步协同运用。在实践中，如果仅仅依靠关停整顿政策来实现污染减排，可能会对劳动力市场造成较大的外生冲击，导致就业岗位减少和经济效益下降。因此，为了更好地做到"稳就业"，关停整顿政策应当和适当的就业保障、创业促进政策协同运用，以实现污染减排和经济效率之间的双赢。首先，作为与关停整顿政策对应的补偿手段，应当为受企业关停影响的劳动者优先提供更好的就业保障，这可以通过加强职业培训、提供再就业机会和创业支持等方式来实现，其具体措施包括建立专门培训机构、为受企业关停影响的劳动者提供专项技能培训、设立创业扶持基金等。这些举措将有助于减轻劳动者的就业压力、保证其收入和消费水平，以面对总需求过大造成的负面影响。其次，通过结合环境友好型行业的创业促进政策，高污染行业的关停整顿政策还可以更好地促进经济结构的绿色转型，这是因为创业促进政策可以支持和激励环境友好型企业的发展、更充分地填补被关停企业留下的市场空间。具体而言，可以通过财政补贴、税收优惠、技术支持等扶持手段和精准、适度的监管，避免创业者为追逐短期利益而涌入高能耗、高污染的行业，从而更好地发挥关停整顿政策的环保效应。

五 环境事后治理与就业创业政策的协同运用建议

本书的动态分析和福利分析均发现，创业促进政策能够在不显著扩大经济波动、影响经济效率的同时，改善环境事后治理政策对生态环境质量的保护、修复效果，这主要是因为其直接扩大了环境友好型行业的创业规模，及时解决了由挤出效应等原因导致的产能萎缩问题，并顺势推动了经济的绿色转型。在实践中，应当加强环境治理与劳动力市场政策措施（尤其是创业促进政策）的协调与整合，避免出现政策冲突和重复；尤其是要优先鼓励和支持环境友好型行业的创业活动，建立跨部门协作机制，加大对环境友好型初创企业的扶持力度（包括人员培训和产学研相结合的技术支持等），提高其创新能力和竞争力，使其在环境污染事后治理工作中发挥更大的作用。在具体措施方面，中办、国办已于2020年印发《关于构建现代环境治理体系的指导意见》（以下简称《指导意见》），要求构建党委领导，政府主导，企业主体、社会组织和公众共同参与的现代环境治理体系。积极参与环境治理虽然会使企业产生一定的负担，但是从长期来看，对企业提升自身环境管理水平和总体竞争能力是一种机会而不是威胁。因此，《指导意见》提出，企业要提供资源节约、环境友好的产品和服务，落实生产者责任延伸制度，公开环境治理信息。要通过绿色采购、绿色创新、生态设计、环境会计、绿色供应链等方式实现更高的社会责任，形成注重环保信用的良好氛围，妥善应对环境风险。在上述政策的引导和支持下，现代环境治理体系建设可以进一步与环境友好型行业的创业支持政策相结合，可以通过"政产学研用金"的融合协同，为环境友好型初创企业提供更大程度的贷款和融资支持，并且可以在行政部门主导下建立环境治理基金，用于支持环境保护项目的投资和运营，让更多初创企业从政府主导的环境治理工作中找准创新发展方向、获得更大生机。这些措施既可以缓解环境治理领域财政支出的挤出效应，又可以促进创业活动和经济的绿色转型。

附　录

附录 2a　本书 DSGE 模型全部数学表达式（非线性）汇总

家户部门：

a. 家户效用最大化一阶条件：

$$R_t \Lambda_{t,t+1}^h \frac{P_t}{P_{t+1}} = 1 \tag{2a.1}$$

$$Q_t^a = \left[\phi'\left(\frac{I_t^{ha}}{K_t^{ha}}\right) \right]^{-1} \tag{2a.2}$$

$$Q_t^a = E_t \left\{ \Lambda_{t,t+1}^h (1 - \tilde{\tau}_{t+1}^{kh}) R_{t+1}^k + \Lambda_{t,t+1}^h Q_{t+1}^a \left[1 - \delta^a + \phi\left(\frac{I_{t+1}^{ha}}{K_{t+1}^{ha}}\right) - \phi'\left(\frac{I_{t+1}^{ha}}{K_{t+1}^{ha}}\right) \frac{I_{t+1}^{ha}}{K_{t+1}^{ha}} \right] \right\} \tag{2a.3}$$

$$Q_t^b = \left[\phi'\left(\frac{I_t^{hb}}{K_t^{hb}}\right) \right]^{-1} \tag{2a.4}$$

$$Q_t^b = E_t \left\{ \Lambda_{t,t+1}^h (1 - \tilde{\tau}_{t+1}^{kh}) R_{t+1}^{kb} + \Lambda_{t,t+1}^h Q_{t+1}^b \left[1 - \delta^b + \phi\left(\frac{I_{t+1}^{hb}}{K_{t+1}^{hb}}\right) - \phi'\left(\frac{I_{t+1}^{hb}}{K_{t+1}^{hb}}\right) \frac{I_{t+1}^{hb}}{K_{t+1}^{hb}} \right] \right\} \tag{2a.5}$$

$$\Lambda_{t,t+k}^h = (\beta^h)^k \frac{[\tilde{C}_{t+k}^{eh}]^{1-\sigma^h}}{[\tilde{C}_t^{eh}]^{1-\sigma^h}} \frac{\tilde{C}_t^h(1+\tau_t^c)}{\tilde{C}_{t+k}^h(1+\tau_{t+k}^c)} \tag{2a.6}$$

$$\tilde{C}_t^{eh} = (\tilde{C}_t^h)^{\gamma_e^h} ENV_t^{(1-\gamma_e^h)} \tag{2a.7}$$

$$\tilde{C}_t^h = C_t^h - \zeta^h C_{t-1}^h \tag{2a.8}$$

136

附 录

企业数量动态与创业参股（投资）决定条件：

$$Q_t^{ea} = (1-\delta^{ea})S_t^{ea}(Q_{t-1}^{ea} + E_{t-1}^{ea}) \tag{2a.9}$$

$$Q_t^{eb} = (1-\delta^{eb})S_t^{eb}(Q_{t-1}^{eb} + E_{t-1}^{eb}) \tag{2a.10}$$

$$v_t^a = E_t\{\Lambda_{t,t+1}^h(1-\delta^{ea})(d_{t+1}^a + v_{t+1}^a)\} \tag{2a.11}$$

$$v_t^b = E_t\{\Lambda_{t,t+1}^h(1-\delta^{eb})(d_{t+1}^b + v_{t+1}^b)\} \tag{2a.12}$$

b. 创业劳动力数量：

$$\gamma_n^h N_t^{ea} = E_t^{ea} fc_t^a / S_t^a \tag{2a.13}$$

$$\gamma_n^h N_t^{eb} = E_t^{eb} fc_t^b / S_t^a \tag{2a.14}$$

c. 创业者最优决策条件

$$\gamma_y^a v_t^a = X_t^{ha} W_t^{ha} fc_t^a / S_t^a + X_t^{hb} W_t^{hb} fc_t^b / S_t^a \tag{2a.15}$$

$$\gamma_y^a v_t^a = (1-\gamma_y^a) v_t^b \tag{2a.16}$$

d. 家户成员的边际替代率：

$$MRS_t^h = S_t^n(\gamma_e^h)^{-1}(N_t^{nth})^{\phi^h}(\tilde{C}_t^h)(\tilde{C}_t^{eh})^{\sigma^h-1} \tag{2a.17}$$

e. 物质资本的动态积累过程：

$$K_{t+1}^{ha} = (1-\delta^a)K_t^{ha} + K_t^{ha}\left[\phi\left(\frac{I_t^{ha}}{K_t^{ha}}\right)\right] \tag{2a.18}$$

$$K_{t+1}^{hb} = (1-\delta^b)K_t^{hb} + K_t^{hb}\left[\phi\left(\frac{I_t^{hb}}{K_t^{hb}}\right)\right] \tag{2a.19}$$

f. 家户部门主要经济变量的加总

$$C_t = C_t^h \tag{2a.20}$$

$$K_t^a = K_t^{ha} \tag{2a.21}$$

$$I_t^a = I_t^{ha} \tag{2a.22}$$

$$K_t^b = K_t^{hb} \tag{2a.23}$$

$$I_t^b = I_t^{hb} \tag{2a.24}$$

$$B_t = B_t^h \tag{2a.25}$$

生产部门：

g. 中间产品生产函数：

$$Y_t^{ma} = (K_{t-1}^a / Q_{t-1}^{ea})^{(1-\alpha^a)} [S_t^A N_t^a]^{\alpha^a} \qquad (2a.26)$$

$$Y_t^{mb} = (K_{t-1}^b / Q_{t-1}^{eb})^{(1-\alpha^b)} [S_t^A N_t^b]^{\alpha^b} \qquad (2a.27)$$

h. 资本要素报酬水平（实际资本收益率）：

$$R_t^{ka} = (1-\alpha^a)\psi_t^a \left[\frac{Y_t^{ma}}{K_{t-1}^a}\right] \qquad (2a.28)$$

$$R_t^{kb} = (1-\alpha^b)\psi_t^b \left[\frac{Y_t^{mb}}{K_{t-1}^b}\right] \qquad (2a.29)$$

i. 两类家户劳动力的边际产出：

$$MRPN_t^{ha} = \alpha^a \psi_t^a \left(\frac{Y_t^{ma}}{N_t^a}\right)\left(\frac{\gamma_n^h N_t^a}{N_t^{ha}}\right)^{1/\varepsilon_w^a} \qquad (2a.30)$$

$$MRPN_t^{hb} = \alpha^b \psi_t^b \left(\frac{Y_t^{mb}}{N_t^b}\right)\left(\frac{\gamma_n^h N_t^b}{N_t^{hb}}\right)^{1/\varepsilon_w^b} \qquad (2a.31)$$

j. 中间产品生产企业的价格调整过程（Calvo 规则）：

$$[P_t^{ma}]^{1-\varepsilon^a} = \theta^a [P_{t-1}^{ma}]^{1-\varepsilon^a} + (1-\theta^a)(P_t^{a*})^{1-\varepsilon^a} \qquad (2a.32)$$

$$[P_t^{mb}]^{1-\varepsilon^b} = \theta^b [P_{t-1}^{mb}]^{1-\varepsilon^b} + (1-\theta^b)(P_t^{b*})^{1-\varepsilon^b} \qquad (2a.33)$$

k. 中间产品生产企业的利润最大化一阶条件：

$$\sum_{k=0}^{\infty} [\theta^a(1-\delta^{ea})]^k E_t \left\{ \left(\prod_0^k x_{t+k}^{ea}\right) \Lambda_{t,t+k}^h Y_{t+k|t}^{ma} \left[\frac{P_t^{a*}}{P_{t+k}} - \mu^a MC_{t+k|t}^a\right] \right\} = 0, \mu^a = \frac{\varepsilon^a}{(\varepsilon^a - 1)} \qquad (2a.34)$$

$$\sum_{k=0}^{\infty} [\theta^b(1-\delta^{eb})]^k E_t \left\{ \left(\prod_0^k x_{t+k}^{eb}\right) \Lambda_{t,t+k}^h Y_{t+k|t}^{mb} \left[\frac{P_t^{b*}}{P_{t+k}} - \mu^b MC_{t+k|t}^b\right] \right\} = 0, \mu^b = \frac{\varepsilon^b}{(\varepsilon^b - 1)} \qquad (2a.35)$$

单个企业产量与产业最终产品价值的关系：

$$Y_t^a = (Q_t^{ea})^{\frac{\varepsilon^a}{\varepsilon^a - 1}} Y_t^{ma} \qquad (2a.36)$$

$$Y_t^b = (Q_t^{eb})^{\frac{\varepsilon^b}{\varepsilon^b-1}} Y_t^{mb} \qquad (2a.37)$$

m. 单个企业定价与产业总体价格的关系：

$$P_t^a = (Q_t^{ea})^{\frac{1}{1-\varepsilon^a}} P_t^{ma} \qquad (2a.38)$$

$$P_t^b = (Q_t^{eb})^{\frac{1}{1-\varepsilon^b}} P_t^{mb} \qquad (2a.39)$$

n. 国内跨产业经销商的 CES 加总函数：

$$Y_t = [(\gamma_y^a)^{1/\varepsilon_p} (Y_t^a)^{(\varepsilon_p-1)/\varepsilon_p} + (1-\gamma_y^a)^{1/\varepsilon_p} (Y_t^b)^{(\varepsilon_p-1)/\varepsilon_p}]^{\varepsilon_p/(\varepsilon_p-1)} \qquad (2a.40)$$

o. 物价指数：

$$P_t = [\gamma_y^a (P_t^a)^{(1-\varepsilon_p)} + (1-\gamma_y^a)(P_t^b)^{(1-\varepsilon_p)}]^{1/(1-\varepsilon_p)} \qquad (2a.41)$$

劳动力市场的搜寻—匹配过程：

家户劳动力的构成与流动机制：

p. 劳动力总数与非自愿失业总数：

$$L_t = L_t^h \qquad (2a.42)$$

$$U_t = U_t^h \qquad (2a.43)$$

q. 家户劳动力构成：

$$L_t^h = Q_t^{ea} N_t^{ha} + Q_t^{eb} N_t^{hb} + N_t^{ea} + N_t^{eb} + U_t^h \qquad (2a.44)$$

r. 家户在代表性企业的劳动力加总：

$$N_t^{nha} = N_t^{ha} \qquad (2a.45)$$

$$N_t^{nhb} = N_t^{hb} \qquad (2a.46)$$

s. 家户的实际就业总量（含创业）：

$$L_t^h = Q_t^{ea} N_t^{ha} + Q_t^{eb} N_t^{hb} + \gamma_y^a N_t^{ea} + (1-\gamma_y^a) N_t^{eb} + U_t^h \qquad (2a.47)$$

t. 搜寻工作岗位的家户劳动者总量：

$$J_t^h = \bar{L} - Q_{t-1}^{ea} N_{t-1}^{ha} - Q_{t-1}^{eb} N_{t-1}^{hb} - \gamma_y^a N_{t-1}^{ea} - (1-\gamma_y^a) N_{t-1}^{eb}$$
$$+ \delta^{wha}(1-\delta^{ea}) Q_{t-1}^{ea} N_{t-1}^{ha} + \delta^{whb}(1-\delta^{eb}) Q_{t-1}^{eb} N_{t-1}^{hb}$$

$$-\gamma_y^a N_t^{ea} - (1-\gamma_y^a)N_t^{eb} + \gamma_y^a N_{t-1}^{ea} + (1-\gamma_y^a)N_{t-1}^{eb}$$
$$+ \delta^{ea}\gamma_y^a N_{t-1}^{ea} + \delta^{eb}(1-\gamma_y^a)N_{t-1}^{eb} + \delta^{ea}Q_{t-1}^{ea}N_{t-1}^{ha} + \delta^{ea}Q_{t-1}^{eb}N_{t-1}^{hb} \qquad (2a.48)$$

u. 家户在代表性企业的就业数量动态：

$$N_t^{ha} = (1-\delta^{wha})N_{t-1}^{ha} + H_t^{ha} \qquad (2a.49)$$

$$N_t^{hb} = (1-\delta^{whb})N_{t-1}^{hb} + H_t^{hb} \qquad (2a.50)$$

v. 当期家户失业人员总量：

$$U_t^h = (1 - X_t^{ha} - X_t^{hb})J_t^h \qquad (2a.51)$$

w. 家户求职者获聘概率（就业紧度）：

$$X_t^{ha} = Q_t^{ea}H_t^{ha}/J_t^h \qquad (2a.52)$$

$$X_t^{hb} = Q_t^{eb}H_t^{hb}/J_t^h \qquad (2a.53)$$

x. 低污染产业家户劳动力求职成本：

$$G_t^{ha} = \nu^{ha}S_t^a(X_t^{ha})^{\varpi^{ha}} \qquad (2a.54)$$

y. 高污染产业家户劳动力求职成本：

$$G_t^{hb} = \nu^{hb}S_t^a(X_t^{hb})^{\varpi^{hb}} \qquad (2a.55)$$

z. 各产业代表性企业的家户劳动力组合运用方式为：

$$N_t^a = N_t^{nha} \qquad (2a.56)$$

$$N_t^b = N_t^{nhb} \qquad (2a.57)$$

企业与家户成员的雇佣（就业）决策与博弈过程：

aa. 代表性企业劳动力投入条件

$$MRPN_t^{ha} = W_t^{ha}/(\tilde{p}_t^{ma}\tilde{p}_t^a) + G_t^{ha} - \gamma_n^h(1-\delta^{wa})E_t\{\Lambda_{t,t+1}^h G_{t+1}^{ha}\} \qquad (2a.58)$$

$$MRPN_t^{hb} = W_t^{hb}/(\tilde{p}_t^{mb}\tilde{p}_t^b) + G_t^{hb} - \gamma_n^h(1-\delta^{wb})E_t\{\Lambda_{t,t+1}^h G_{t+1}^{hb}\} \qquad (2a.59)$$

bb. 企业对劳动力的跨期最优雇佣决策：

$$G_t^{ha} = MRPN_t^{ha} - W_t^{ha}/(\tilde{p}_t^{ma}\tilde{p}_t^a)$$
$$+ \gamma_n^h E_t\{\Lambda_{t,t+1}^h[(1-\delta^{wa}+\delta^{wa}X_{t+1}^{ha})G_{t+1}^{ha} + \delta^{wa}X_{t+1}^{hb}G_{t+1}^{hb}]\} \qquad (2a.60)$$

$$G_t^{hb} = MRPN_t^{hb} - W_t^{hb}/(\tilde{p}_t^{mb}\tilde{p}_t^b)$$
$$+ \gamma_n^h E_t\{\Lambda_{t,t+1}^h[(1-\delta^{wb}+\delta^{wb}X_{t+1}^{hb})G_{t+1}^{hb}+\delta^{wb}X_{t+1}^{ha}G_{t+1}^{ha}]\} \quad (2a.61)$$

cc. 工资议价的 Nash 均衡条件：

$$G_t^{ha} = [\vartheta^{ha}/(1-\vartheta^{ha})][(1-\tilde{\tau}_t^{wha})W_t^{ha} - (1+\tilde{\tau}_t^{ch})MRS_t^h]/(\tilde{p}_t^{ma}\tilde{p}_t^a)$$
$$+ (1-\delta^{wa})[\vartheta^{ha}/(1-\vartheta^{ha})]E_t\{\Lambda_{t,t+1}^h(G_{t+1}^{ha}-X_{t+1}^{ha}G_{t+1}^{ha}-X_{t+1}^{hb}G_{t+1}^{hb})\} \quad (2a.62)$$

$$G_t^{hb} = [\vartheta^{hb}/(1-\vartheta^{hb})][(1-\tilde{\tau}_t^{whb})W_t^{hb} - (1+\tilde{\tau}_t^{ch})MRS_t^h]/(\tilde{p}_t^{mb}\tilde{p}_t^b)$$
$$+ (1-\delta^{wb})[\vartheta^{hb}/(1-\vartheta^{hb})]E_t\{\Lambda_{t,t+1}^h(G_{t+1}^{hb}-X_{t+1}^{hb}G_{t+1}^{hb}-X_{t+1}^{ha}G_{t+1}^{ha})\} \quad (2a.63)$$

环境问题与环境政策：

dd. 中间产品生产企业（单个代表性企业）的污染物排放量：

$$PL_t^a = \chi^a[1-CL_t^a](S_t^p)^{-1}Y_t^{ma} \quad (2a.64)$$

$$PL_t^b = \chi^b[1-CL_t^b](S_t^p)^{-1}Y_t^{mb} \quad (2a.65)$$

ee. 代表性企业的控污成本：

$$QC_t^a = \nu^a[CL_t^a]^{\varpi^a}Y_t^{ma} \quad (2a.66)$$

$$QC_t^b = \nu^b[CL_t^b]^{\varpi^b}Y_t^{mb} \quad (2a.67)$$

ff. 高污染产业环保税税率：

$$\frac{\tau_t^{pb}}{\bar{\tau}^{pb}} = \left(\frac{\tau_{t-1}^{pb}}{\bar{\tau}^{pb}}\right)^{\rho^{pb}}\exp(e_t^{pb}); e_t^{pb} \sim i.i.d.N(0,\sigma_{pb}^2); \ln\left(\frac{\tau_t^{pb}}{\bar{\tau}^{pb}}\right) = \varepsilon_t^{pb} \quad (2a.68)$$

gg. 环境治理支出：

$$\frac{G_t^E}{\bar{G}^E} = \left(\frac{G_{t-1}^E}{\bar{G}^E}\right)^{\rho_g^E}\exp(e_t^{ge}); e_t^{ge} \sim i.i.d.N(0,\sigma_{ge}^2); \ln\left(\frac{G_t^E}{\bar{G}^E}\right) = \varepsilon_t^{ge} \quad (2a.69)$$

hh. 两行业减排补贴率：

$$\frac{RE_t^a}{\overline{RE}^a} = \left(\frac{RE_{t-1}^a}{\overline{RE}^a}\right)^{\rho^{rea}}\exp(e_t^{rea}); e_t^{rea} \sim i.i.d.N(0,\sigma_{rea}^2); \ln\left(\frac{RE_t^a}{\overline{RE}^a}\right) = \varepsilon_t^{rea} \quad (2a.70)$$

$$\frac{RE_t^b}{\overline{RE}^b} = \left(\frac{RE_{t-1}^b}{\overline{RE}^b}\right)^{\rho^{reb}}\exp(e_t^{reb}); e_t^{reb} \sim i.i.d.N(0,\sigma_{reb}^2); \ln\left(\frac{RE_t^b}{\overline{RE}^b}\right) = \varepsilon_t^{reb} \quad (2a.71)$$

ii. 两行业关停整顿政策冲击项：

$$S_t^{ea} = (S_{t-1}^{ea})^{\rho^{ea}} \exp(e_t^{ea}) ; e_t^{ea} \sim i.i.d. N(0, \sigma_{ea}^2) ; \ln(S_t^{ea}) = \varepsilon_t^{ea} \quad (2a.72)$$

$$S_t^{eb} = (S_{t-1}^{eb})^{\rho^{eb}} \exp(e_t^{eb}) ; e_t^{eb} \sim i.i.d. N(0, \sigma_{eb}^2) ; \ln(S_t^{eb}) = \varepsilon_t^{eb} \quad (2a.73)$$

jj. 代表性企业获得的减排补贴总额：

$$TR_t^{Ea} = RE_t^a \chi^a CL_t^a Y_t^{ma} \quad (2a.74)$$

$$TR_t^{Eb} = RE_t^b \chi^b CL_t^b Y_t^{mb} \quad (2a.75)$$

kk. 代表性企业控污力度的最优决定条件（基于环保税率和减排补贴率）：

$$CL_t^a(z) = \left[\frac{\chi^a (S_t^P)^{-1}(\tau_t^{pa} + RE_t^a)}{\nu^a \varpi^a \tilde{p}_t^{ma} \tilde{p}_t^a}\right]^{1/(\varpi^a - 1)} \quad (2a.76)$$

$$CL_t^b(j) = \left[\frac{\chi^b (S_t^P)^{-1}(\tau_t^{pb} + RE_t^b)}{\nu^b \varpi^b \tilde{p}_t^{mb} \tilde{p}_t^b}\right]^{1/(\varpi^b - 1)} \quad (2a.77)$$

ll. 代表性中间产品生产企业的当期利润（考虑环境因素与相关成本）为：

$$\begin{aligned}d_t^a =\ & Y_t^{ma} \tilde{p}_t^{ma} \tilde{p}_t^a - W_t^{ha} N_t^{nha} - R_t^{ka}(K_t^a/Q_t^{ea}) \\ & - \nu^a [CL_t^a]^{\varpi^a} Y_t^{ma} \tilde{p}_t^{ma} \tilde{p}_t^a - \tau_t^{pa} PL_t^a + TR_t^{Ea} \\ & - G_t^{ha} H_t^{ha} \tilde{p}_t^{ma} \tilde{p}_t^a \end{aligned} \quad (2a.78)$$

$$\begin{aligned}d_t^b =\ & Y_t^{mb} \tilde{p}_t^{mb} \tilde{p}_t^b - W_t^{hb} N_t^{nhb} - R_t^{kb}(K_t^b/Q_t^{eb}) \\ & - \nu^b [CL_t^b]^{\varpi^b} Y_t^{mb} \tilde{p}_t^{mb} \tilde{p}_t^b - \tau_t^{pb} PL_t^b + TR_t^{Eb} \\ & - G_t^{hb} H_t^{hb} \tilde{p}_t^{mb} \tilde{p}_t^b \end{aligned} \quad (2a.79)$$

mm. 考虑环境因素（环保税、补贴、减排成本等）的代表性中间产品生产企业边际成本：

$$MC_t^a = \psi_t^a + \nu^a [CL_t^a]^{\varpi^a} + \{\tau_t^{pa}[1 - CL_t^a] - RE_t^a CL_t^a\} \chi^a (S_t^p \tilde{p}_t^{ma} \tilde{p}_t^a)^{-1} \quad (2a.80)$$

$$MC_t^b = \psi_t^b + \nu^b [CL_t^b]^{\varpi^b} + \{\tau_t^{pb}[1 - CL_t^b] - RE_t^b CL_t^b\} \chi^b (S_t^p \tilde{p}_t^{mb} \tilde{p}_t^b)^{-1} \quad (2a.81)$$

nn. 环境质量演化过程可表示为：

$$ENV_t = \rho_e \overline{ENV} + (1 - \rho_e) ENV_{t-1} - \gamma_y^a Q_t^{ea} PL_t^a - (1 - \gamma_y^a) Q_t^{eb} PL_t^b + \Delta G_t^E \quad (2a.82)$$

货币政策与财政收支:

oo. 货币政策 Taylor 规则:

$$\frac{R_t}{\bar{R}} = \left(\frac{R_{t-1}}{\bar{R}}\right)^{\rho_m} \left[\left(\frac{Y_t}{\bar{Y}}\right)^{\psi_y} \left(\frac{\Pi_t}{\bar{\Pi}}\right)^{\psi_p}\right]^{(1-\rho_m)} \exp(\varepsilon_t^r) \qquad (2a.83)$$

pp. 财政总收入表达式:

$$\begin{aligned} T_t &= \tau_t^c C_t^h + \tau_t^{ka} R_t^{ka} K_t^{ha} + \tau_t^{kb} R_t^{kb} K_t^{hb} \\ &\quad + [\tau_t^{wha} W_t^{ha} Q_t^{ea} N_t^{ha} + \tau_t^{whb} W_t^{hb} Q_t^{eb} N_t^{hb}] \\ &\quad + (1-\gamma_y^a) \tau_t^{pb} Q_t^{eb} PL_t^b \end{aligned} \qquad (2a.84)$$

qq. 非环境领域的财政支出（政府消费）:

$$\frac{G_t^P}{\bar{G}^P} = \left(\frac{G_{t-1}^P}{\bar{G}^P}\right)^{\rho^{gp}} \exp(e_t^{gp}); e_t^{gp} \sim i.i.d. N(0,\sigma_{gp}^2); \ln\left(\frac{G_t^P}{\bar{G}^P}\right) = \varepsilon_t^{gp} \qquad (2a.85)$$

rr. 财政总支出表达式:

$$G_t = G_t^P + G_t^E + \gamma_y^a TR_t^{Ea} + (1-\gamma_y^a) TR_t^{Eb} \qquad (2a.86)$$

ss. 财政收支平衡条件:

$$T_t + R_t^{-1} \frac{B_{t+1}}{P_{t+1}} = \frac{B_t}{P_t} + G_t \qquad (2a.87)$$

总供求平衡条件:

$$\begin{aligned} Y_t &= C_t^h + I_t^{ha} + I_t^{hb} \\ &\quad + G_t^{ha} H_t^{ha} Q_t^{ea} \tilde{p}_t^{ma} \tilde{p}_t^a + G_t^{hb} H_t^{hb} Q_t^{eb} \tilde{p}_t^{mb} \tilde{p}_t^b \\ &\quad + G_t + \gamma_y^a Q_t^{ea} QC_t^a \tilde{p}_t^{ma} \tilde{p}_t^a + (1-\gamma_y^a) Q_t^{eb} QC_t^b \tilde{p}_t^{mb} \tilde{p}_t^b \end{aligned} \qquad (2a.88)$$

外生冲击:

模型经济须面对外生的劳动供给冲击（ε_t^n）、技术（TFP）冲击（ε_t^A）、财政支出冲击（ε_t^{gp}）、货币政策冲击（ε_t^r）、环境治理支出冲击（ε_t^{ge}）、环境技术冲击（ε_t^P）、关停整顿冲击（ε_t^{ea}、ε_t^{eb}）、环保税率冲击（ε_t^{pb}）、两行业减排补贴率冲击（ε_t^{re}、ε_t^{reb}），所有外生冲击项的对数偏离项（ε_t^k）均遵循如下的 AR（1）过程（对数线性化形式）:

143

$$\varepsilon_t^k = \rho_k \varepsilon_{t-1}^k + e_t^k; e_t^k \sim i.i.d. N(0, \sigma_k^2), k \in \{n, A, gp, r, P, ea, eb, pb, rea, reb, ge\} \tag{2a.89}$$

其中，ρ_k 为介于0和1之间的持续性参数，随机扰动项 e_t^k 服从均值为0、标准差为 σ_k 的正态分布。

附录2b 家户最优决策条件中涉及物质资本投资的方程的线性化

为节约篇幅，这里首先以 a 产业（低污染产业）投资决定条件的推导为例。

方程（2a.2）的对数线性化推导过程为，首先，计算出物质资本调整函数一阶导数的负1次方的一阶泰勒展开结果：

$$\left[\phi'\left(\frac{I_t^{ha}}{K_t^{ha}}\right)\right]^{-1} \approx \left\{\begin{array}{l}\left[\phi'\left(\frac{\bar{I}^{ha}}{\bar{K}^{ha}}\right)\right]^{-1} - \left[\phi'\left(\frac{\bar{I}^{ha}}{\bar{K}^{ha}}\right)\right]^{-2}\phi''\left(\frac{\bar{I}^{ha}}{\bar{K}^{ha}}\right)\frac{1}{\bar{K}^{ha}}(I_t^{ha} - \bar{I}^{ha}) \\ + \left[\phi'\left(\frac{\bar{I}^{ha}}{\bar{K}^{ha}}\right)\right]^{-2}\phi''\left(\frac{\bar{I}^{ha}}{\bar{K}^{ha}}\right)\frac{\bar{I}^{ha}}{(\bar{K}^{ha})^2}(K_t^{ha} - \bar{K}^{ha})\end{array}\right\}$$

从上式可得到：

$$Q_t^a = \left\{\begin{array}{l}1 + (\eta^a)^{-1}(\bar{I}^{ha})^{-1}(I_t^{ha} - \bar{I}^{ha}) \\ - (\eta^a)^{-1}(\bar{K}^{ha})^{-1}(K_t^{ha} - \bar{K}^{ha})\end{array}\right\} \Rightarrow Q_t^a = \left\{\begin{array}{l}1 + (\eta^a)^{-1}(\bar{I}^{ha})^{-1}I_t^{ha} \\ - (\eta^a)^{-1}(\bar{K}^{ha})^{-1}K_t^{ha}\end{array}\right\} \tag{2b.1}$$

上式中的 η^a 为投资—资本比率弹性系数，定义为：$\eta^a = \left[-\phi''\left(\frac{\bar{I}^{ha}}{\bar{K}^{ha}}\right)\frac{\bar{I}^{ha}}{\bar{K}^{ha}}\right]^{-1}$，也可表达为：$\eta^a = [-\phi''(\delta^a)\delta^a]^{-1}$。

然后，继续对（2b.1）式进行 Uhlig 线性化处理，得到模型方程之一：

$$\hat{q}_t^a = (\eta^a)^{-1}(\hat{i}_t^{ha} - \hat{k}_t^{ha}) \tag{2b.2}$$

（2a.3）式的对数线性化推导过程为：首先，得出物质资本调整成本函数的一阶泰勒展开式：

$$\phi\left(\frac{I_t^{ha}}{K_t^{ha}}\right) \approx \phi\left(\frac{\overline{I}^{ha}}{\overline{K}^{ha}}\right) + \phi'\left(\frac{\overline{I}^{ha}}{\overline{K}^{ha}}\right)\frac{1}{\overline{K}^{ha}}(I_t^{ha} - \overline{I}^{ha}) - \phi'\left(\frac{\overline{I}^{ha}}{\overline{K}^{ha}}\right)\frac{\overline{I}^{ha}}{(\overline{K}^{ha})^2}(K_t^{ha} - \overline{K}^{ha})$$

$$\Rightarrow \phi\left(\frac{I_t^{ha}}{K_t^{ha}}\right) \approx \delta^a + \frac{I_t^{ha}}{\overline{K}^{ha}} - \delta^a \frac{K_t^{ha}}{\overline{K}^{ha}}$$

将上式代入（2a.3）式中，同时也将（2a.1）式代入，得到：

$$\frac{Q_t^a}{\Lambda_{t,t+1}^h} = (1-\tau_t^{ka})R_{t+1}^{ka} + Q_{t+1}^a\left[1-\delta^a + \phi\left(\frac{I_{t+1}^{ha}}{K_{t+1}^{ha}}\right) - \phi'\left(\frac{I_{t+1}^{ha}}{K_{t+1}^{ha}}\right)\frac{I_{t+1}^{ha}}{K_{t+1}^{ha}}\right]$$

$$\Rightarrow R_t\left(\frac{P_t}{P_{t+1}}\right)Q_t^a = (1-\tau_t^{ka})R_{t+1}^{ka} + Q_{t+1}^a + \left[\frac{I_{t+1}^{ha}}{\overline{K}^{ha}}Q_{t+1}^a - \delta^a\frac{K_{t+1}^{ha}}{\overline{K}^{ha}}Q_{t+1}^a\right] - \frac{I_{t+1}^{ha}}{K_{t+1}^{ha}}$$

上式 Uhlig 线性化的第一步为：

$$\overline{R}e^{\hat{r}_t}e^{-(\hat{p}_{t+1}-\hat{p}_t)}\overline{Q}^a e^{\hat{q}_t^a}$$

$$= (1-\overline{\tau}^{ka})\overline{R}^{ka}e^{\hat{r}_{t+1}^{ka}} + \overline{Q}e^{\hat{q}_{t+1}^a} + \frac{\overline{I}^{ha}}{\overline{K}^{ha}}\overline{Q}^a e^{\hat{i}_{t+1}^{ha}+\hat{q}_{t+1}^a} - \delta^a\frac{\overline{K}^{ha}}{\overline{K}^{ha}}\overline{Q}^a e^{\hat{k}_{t+1}^{ha}+\hat{q}_{t+1}^a} - \frac{\overline{I}}{\overline{K}}e^{\hat{i}_{t+1}^{ha}-\hat{k}_{t+1}^{ha}}$$

（2b.3）

稳态下 Q_t 的值为：

$$\overline{Q}^a = \left[\phi'\left(\frac{\overline{I}^{ha}}{\overline{K}^{ha}}\right)\right]^{-1} = 1$$

稳态下的资本收益率 R^{kt} 可以通过如下过程推得：

$$\overline{Q}^a = \overline{\Lambda}^h\left\{(1-\overline{\tau}^{ka})\overline{R}^{ka} + \overline{Q}^a\left[1-\delta^a + \phi\left(\frac{\overline{I}^{ha}}{\overline{K}^{ha}}\right) - \phi'\left(\frac{\overline{I}^{ha}}{\overline{K}^{ha}}\right)\frac{\overline{I}^{ha}}{\overline{K}^{ha}}\right]\right\}$$

$$\Rightarrow \overline{R}^{ka} = (1-\overline{\tau}^{ka})^{-1}[\beta^{-1} - (1-\delta^a)]$$

稳态下的市场利率 R_t 可通过对（2a.1）式的稳态分析求得：

$$\overline{R} = \beta^{-1}$$

将 Q_t 和 R_t^k、R_t 的稳态计算结果代入到线性化计算式（2b.3）中并进行变换、化简，最终整理得到 DSGE 模型的主要方程之一：

$$\hat{q}_t^a = [1 - \beta(1-\delta^a)] E_t\{\hat{r}_{t+1}^{ka}\} + \beta E_t\{\hat{q}_{t+1}^a\} - \hat{r}_t + E_t\{\hat{\pi}_{t+1}\} \tag{2b.4}$$

此外，资本积累方程的 Uhlig 线性化过程为：首先，将物质资本调整成本函数的一阶泰勒展开式代入资本积累方程，得到：

$$K_{t+1}^{ha} = (1-\delta^a) K_t^{ha} + K_t^{ha}\left(\delta^a + \frac{I_t^{ha}}{\bar{K}^{ha}} - \delta^a \frac{K_t^{ha}}{\bar{K}^{ha}}\right) \tag{2b.5}$$

上式的 Uhlig 线性化结果为：

$$\hat{k}_{t+1}^{ha} = \hat{k}_t^{ha} + \delta(\hat{i}_t^{ha} - \hat{k}_t^{ha}) \tag{2b.6}$$

附录 2c 新凯恩斯主义菲利普斯曲线（NKPC）的推导

为节约篇幅，这里首先以 a 产业（低污染产业）NKPC 的推导为例。根据正文所述，中间产品生产商确定最优定价 P_t^{a*} 的一阶条件为：

$$\sum_{k=0}^{\infty} [\theta^a(1-\delta^{ea})]^k E_t\left\{\left(\prod_0^k x_{t+k}^{ea}\right) \Lambda_{t,t+k} Y_{t+k|t}^{ma}(z) [(P_t^{a*}/P_{t+k}) - \mu^a MC_{t+k|t}^a(z)]\right\} = 0$$

$$\mu^a = \frac{\varepsilon^a}{(\varepsilon^a - 1)} \tag{2c.1}$$

接下来，先把上述方程中的累加式分拆至等号两侧：

$$\sum_{k=0}^{\infty} [\theta^a(1-\delta^{ea})]^k (\beta^h)^k E_t\left\{\left(\prod_0^k x_{t+k}^{ea}\right) \Upsilon_{t,t+k}^a Y_{t+k|t}^{ma}(z)(P_t^{a*}/P_{t+k})\right\}$$

$$= \sum_{k=0}^{\infty} [\theta^a(1-\delta^{ea})]^k (\beta^h)^k E_t\left\{\left(\prod_0^k x_{t+k}^{ea}\right) \Upsilon_{t,t+k}^a Y_{t+k|t}^{ma}(z)\mu^a MC_{t+k|t}^a\right\}$$

上式中：$\Upsilon_{t,t+k} = \beta^{-k}\Lambda_{t,t+k}$。然后，对上式等号两端进行 Uhlig 线性化，第一步变换为：

$$\sum_{k=0}^{\infty} [\theta^a(1-\delta^{ea})]^k (\beta^h)^k E_t\left\{\left(\prod_0^k e^{\hat{x}_{t+k}^{ea}}\right) e^{\hat{\Upsilon}_{t,t+k}^a}(\tilde{p}_{ss}^{ma}\tilde{p}_{ss}^a) e^{\hat{p}_t^* - \hat{p}_{t+k}} Y_{ss}^{ma}(z) e^{\hat{y}(j)_{t+k|t}^{ma}}\right\}$$

$$= \sum_{k=0}^{\infty} [\theta^a(1-\delta^{ea})]^k (\beta^h)^k E_t\left\{\left(\prod_0^k e^{\hat{x}_{t+k}^{ea}}\right) e^{\hat{\Upsilon}_{t,t+k}^a} Y_{ss}^{ma}(z) e^{\hat{y}(j)_{t+k|t}^{ma}} \mu^a MC_{ss}^a e^{\hat{mc}_{t+k|t}^a}\right\}$$

$$\tag{2c.2}$$

上式中有 $\tilde{p}_{ss}^{ma} = P_{ss}^{ma}/P_{ss}^{a}$；$\tilde{p}_{ss}^{a} = P_{ss}^{a}/P_{ss}$，稳态下最优价格选择条件为：

$$(\tilde{p}_{ss}^{ma}\tilde{p}_{ss}^{a}) - \mu^{a}MC_{ss}^{a} = 0$$

可以推出：$MC_{ss}^{a} = (\tilde{p}_{ss}^{ma}\tilde{p}_{ss}^{a})/\mu^{a}$，将其代入（2c.2）式，且令等号两侧同类项相互抵消，得到：

$$\sum_{k=0}^{\infty}\left[\theta^{a}(1-\delta^{ea})\right]^{k}(\beta^{h})^{k}E_{t}\{e^{\sum_{0}^{k}(\hat{x}_{t+k}^{ea})+\hat{Y}_{t,t+k}^{a}+\hat{p}_{t}^{a*}-\hat{p}_{t+k}+\hat{y}(j)_{t+k|t}^{m}}\}$$

$$= \sum_{k=0}^{\infty}\left[\theta^{a}(1-\delta^{ea})\right]^{k}(\beta^{h})^{k}E_{t}\{e^{\sum_{0}^{k}(\hat{x}_{t+k}^{ea})+\hat{Y}_{t,t+k}^{a}+\hat{y}(j)_{t+k|t}^{m}+\widehat{mc}_{t+k|t}^{a}}\}$$

$$\Rightarrow \sum_{k=0}^{\infty}\left[\theta^{a}(1-\delta^{ea})\right]^{k}(\beta^{h})^{k}E_{t}\{1+\sum_{0}^{k}(\hat{x}_{t+k}^{ea})+\hat{p}_{t}^{a*}-\hat{p}_{t+k}\}$$

$$= \sum_{k=0}^{\infty}\left[\theta(1-\delta^{ea})\right]^{k}(\beta^{h})^{k}E_{t}\{\sum_{0}^{k}(\hat{x}_{t+k}^{ea})+\widehat{mc}_{t+k|t}^{a}+1\}$$

$$\Rightarrow \left[1-\theta^{a}(1-\delta^{ea})\beta^{h}\right]^{-1}\hat{p}_{t}^{a*} = \sum_{k=0}^{\infty}\left[\theta^{a}(1-\delta^{ea})\right]^{k}(\beta^{h})^{k}E_{t}\{\widehat{mc}_{t+k|t}^{a}+\hat{p}_{t+k}\}$$

整理得到：

$$\hat{p}_{t}^{a*} = (1-\theta^{a}(1-\delta^{ea})\beta^{h})\sum_{k=0}^{\infty}\left[\theta^{a}(1-\delta^{ea})\right]^{k}(\beta^{h})^{k}E_{t}\{\widehat{mc}_{t+k|t}^{a}+\hat{p}_{t+k}\} \quad (2c.3)$$

对（2c.3）式进一步变换可得：

$$\hat{p}_{t}^{a*} = \left[1-\theta^{a}(1-\delta^{ea})\beta^{h}\right](\widehat{mc}_{t}^{a}+\hat{p}_{t})$$

$$+ \left[1-\theta^{a}(1-\delta^{ea})\beta^{h}\right]\sum_{k=0}^{\infty}\left[\theta^{a}(1-\delta^{ea})\right]^{k+1}(\beta^{h})^{k+1}E_{t}\{\widehat{mc}_{t+k+1|t}^{a}+\hat{p}_{t+k+1}\}$$

上式可变换为：

$$\hat{p}_{t}^{a*} - \theta^{a}(1-\delta^{ea})\beta^{h}E_{t}\{\hat{p}_{t+1}^{a*}\} = \left[1-\theta^{a}(1-\delta^{ea})\beta^{h}\right](\widehat{mc}_{t}^{a}+\hat{p}_{t})$$

同时，根据 Calvo 定价规则可得：

$$\left[P_{t}^{ma}(z)\right]^{1-\varepsilon^{a}} = \theta^{a}\left[P_{t-1}^{ma}(z)\right]^{1-\varepsilon^{a}} + (1-\theta^{a})(P_{t}^{a*})^{1-\varepsilon^{a}}$$

$$\Rightarrow \left(\frac{P_{t}^{ma}(z)}{P_{t-1}^{ma}(z)}\right)^{1-\varepsilon^{a}} = \theta^{a} + (1-\theta^{a})\left(\frac{P_{t}^{a*}}{P_{t-1}^{ma}(z)}\right)^{1-\varepsilon^{a}}$$

根据 $\tilde{p}_t^{ma} = P_t^{ma}(z)/P_t^a$；$\tilde{p}_t^a = P_t^a/P_t$，可得：

$$\left(\frac{P_t^{ma}(z)}{P_{t-1}^{ma}(z)}\right)^{1-\varepsilon^a} = \theta^a + (1-\theta^a)\left(\frac{P_t^{a*}}{P_{t-1}^{ma}(z)}\right)^{1-\varepsilon^a}$$

$$\Rightarrow \left(\frac{\tilde{P}_t^{ma} P_t^a}{\tilde{P}_{t-1}^{ma} P_{t-1}^a}\right)^{1-\varepsilon^a} = \theta^a + (1-\theta^a)\left(\frac{P_t^{a*}}{\tilde{P}_{t-1}^{ma} P_{t-1}^a}\right)^{1-\varepsilon^a}$$

对上式进行 Uhlig 线性化可得：

$$\pi_t^a + \hat{\tilde{p}}_t^{ma} - \hat{\tilde{p}}_{t-1}^{ma} = (1-\theta^a)(\hat{p}_t^{a*} - \hat{\tilde{p}}_{t-1}^a - \hat{\tilde{p}}_{t-1}^{ma})$$

$$\Rightarrow \hat{p}_t^{a*} = (1-\theta^a)^{-1}(\pi_t^a + \hat{\tilde{p}}_t^{ma} - \hat{\tilde{p}}_{t-1}^{ma}) + \hat{\tilde{p}}_{t-1}^a + \hat{\tilde{p}}_{t-1}^{ma}$$

将上式代入（2c.3）式，并继续推导：

$$(1-\theta^a)^{-1}(\pi_t^a + \hat{\tilde{p}}_t^{ma} - \hat{\tilde{p}}_{t-1}^{ma}) + \hat{\tilde{p}}_{t-1}^a + \hat{\tilde{p}}_{t-1}^{ma} - \theta^a(1-\delta^{ea})\beta^h E_t$$
$$\{(1-\theta^a)^{-1}(\pi_{t+1}^a + \hat{\tilde{p}}_{t+1}^{ma} - \hat{\tilde{p}}_t^{ma}) + \hat{\tilde{p}}_t^a + \hat{\tilde{p}}_t^{ma}\} = [1-\theta^a(1-\delta^{ea})\beta^h](\widehat{mc}_t^a + \hat{p}_t)$$

上式中有：$\tilde{p}_t^{ma} = P_t^{ma}(z)/P_t^a$；$\tilde{p}_t^a = P_t^a/P_t$，故可得：

$(1-\theta^a)^{-1}(\pi_t^a + \hat{\tilde{p}}_t^{ma} - \hat{\tilde{p}}_{t-1}^{ma}) + \hat{\tilde{p}}_{t-1}^a + \hat{\tilde{p}}_{t-1}^{ma} - \theta^a(1-\delta^{ea})\beta^h E_t$
$\quad \{(1-\theta^a)^{-1}(\pi_{t+1}^a + \hat{\tilde{p}}_{t+1}^{ma} - \hat{\tilde{p}}_t^{ma}) + \hat{\tilde{p}}_t^a + \hat{\tilde{p}}_t^{ma}\} = [1-\theta^a(1-\delta^{ea})\beta^h](\widehat{mc}_t^a + \hat{p}_t - \hat{\tilde{p}}_t^a)$
$\Rightarrow (1-\theta^a)^{-1}(\pi_t^a + \hat{\tilde{p}}_t^{ma} - \hat{\tilde{p}}_{t-1}^{ma}) + \hat{\tilde{p}}_{t-1}^a + \hat{\tilde{p}}_{t-1}^{ma} - \theta^a(1-\delta^{ea})\beta^h E_t \{(1-\theta^a)^{-1}$
$\quad (\pi_{t+1}^a + \hat{\tilde{p}}_{t+1}^{ma} - \hat{\tilde{p}}_t^{ma}) + \hat{\tilde{p}}_t^a + \hat{\tilde{p}}_t^{ma}\}$
$\quad = [1-\theta^a(1-\delta^{ea})\beta^h](\widehat{mc}_t^a - \hat{\tilde{p}}_t^a) + \hat{\tilde{p}}_t^a - \theta^a(1-\delta^{ea})\beta^h \hat{\tilde{p}}_t^a$
$\Rightarrow (1-\theta^a)^{-1}(\pi_t^a + \hat{\tilde{p}}_t^{ma} - \hat{\tilde{p}}_{t-1}^{ma}) + \hat{\tilde{p}}_{t-1}^a - \hat{\tilde{p}}_t^a + \hat{\tilde{p}}_{t-1}^{ma} - \theta^a(1-\delta^{ea})\beta^h E_t$
$\quad \{(1-\theta^a)^{-1}(\pi_{t+1}^a + \hat{\tilde{p}}_{t+1}^{ma} - \hat{\tilde{p}}_t^{ma}) + \hat{\tilde{p}}_t^{ma}\} = [1-\theta^a(1-\delta^{ea})\beta^h](\widehat{mc}_t^a - \hat{\tilde{p}}_t^a)$
$\Rightarrow (1-\theta^a)^{-1}(\pi_t^a + \hat{\tilde{p}}_t^{ma} - \hat{\tilde{p}}_{t-1}^{ma}) - \pi_t^a + \hat{\tilde{p}}_{t-1}^{ma} - \theta^a(1-\delta^{ea})\beta^h E_t$
$\quad \{(1-\theta^a)^{-1}(\pi_{t+1}^a + \hat{\tilde{p}}_{t+1}^{ma} - \hat{\tilde{p}}_t^{ma}) + \hat{\tilde{p}}_t^{ma}\} = [1-\theta^a(1-\delta^{ea})\beta^h](\widehat{mc}_t^a - \hat{\tilde{p}}_t^a)$
$\Rightarrow (1-\theta^a)^{-1}(\pi_t^a + \hat{\tilde{p}}_t^{ma} - \hat{\tilde{p}}_{t-1}^{ma}) - \pi_t^a$
$\quad = [1-\theta^a(1-\delta^{ea})\beta^h](\widehat{mc}_t^a - \hat{\tilde{p}}_t^a) - \hat{\tilde{p}}_{t-1}^{ma} + \theta^a(1-\delta^{ea})\beta^h E_t \{(1-\theta^a)^{-1}(\pi_{t+1}^a + \hat{\tilde{p}}_{t+1}^{ma} - \hat{\tilde{p}}_t^{ma}) + \hat{\tilde{p}}_t^{ma}\}$
$\Rightarrow (\pi_t^a + \hat{\tilde{p}}_t^{ma} - \hat{\tilde{p}}_{t-1}^{ma}) - (1-\theta^a)\pi_t^a$
$\quad = (1-\theta^a)[1-\theta^a(1-\delta^{ea})\beta^h](\widehat{mc}_t^a - \hat{\tilde{p}}_t^a) - (1-\theta^a)\hat{\tilde{p}}_{t-1}^{ma} + (1-\theta^a)\theta^a(1-\delta^{ea})\beta^h E_t$

$$\{(1-\theta^a)^{-1}(\pi_{t+1}^a + \dot{\tilde{p}}_{t+1}^{ma} - \dot{\tilde{p}}_{t}^{ma}) + \dot{\tilde{p}}_{t}^{ma}\}$$

$$\Rightarrow \theta^a \pi_t^a = (1-\theta^a)[1-\theta^a(1-\delta^{ea})\beta^h](\widehat{mc}_t^a - \dot{\tilde{p}}_t^a) + \theta^a(1-\delta^{ea})\beta^h E_t$$

$$\{(\pi_{t+1}^a + \dot{\tilde{p}}_{t+1}^{ma} - \dot{\tilde{p}}_{t}^{ma}) + (1-\theta^a)\dot{\tilde{p}}_{t}^{ma}\} + \theta^a \dot{\tilde{p}}_{t-1}^{ma} - \dot{\tilde{p}}_{t}^{ma}$$

整理得到的结果即为新凯恩斯主义菲利普斯曲线（new Keynesian Phillips' curve, NKPC）的方程：

$$\pi_t^a = (\theta^a)^{-1}(1-\theta^a)[1-\theta^a(1-\delta^{ea})\beta^h](\widehat{mc}_t^a - \dot{\tilde{p}}_t^a)$$
$$+ (1-\delta^{ea})\beta^h E_t\{(\pi_{t+1}^a + \dot{\tilde{p}}_{t+1}^{ma} - \dot{\tilde{p}}_{t}^{ma}) + (1-\theta^a)\dot{\tilde{p}}_{t}^{ma}\} + \dot{\tilde{p}}_{t-1}^{ma} - (\theta^a)^{-1}\dot{\tilde{p}}_{t}^{ma}$$

(2c.4)

附录 3a 图 3.1、图 3.3 中参数符号（来自程序代码）与正文中参数的对应关系

图中的参数符号	正文参数符号
alph	α^a
alph_f	α^b
sigm_u	σ^h
phi_u	φ^h
thet_c	θ^a
thet_f	θ^b
psi_ry	ψ_y
psi_rp	ψ_p
epsip_c	ε^a
epsip_f	ε^b
epsi_u	ε_p
epsig_u	ϖ^{ha}
epsig_w	ϖ^{hb}
rho_a	ρ_A
rho_r	ρ_r
rho_n	ρ_n

149

续表

图中的参数符号	正文参数符号
rho_m	ρ_m
rho_gpu	ρ_{gp}
rho_tef	ρ_{pb}
rho_trc	ρ_{rea}
rho_trf	ρ_{reb}
rho_ge	ρ_{ge}
rho_apc	ρ_P
rho_exc	ρ_{ea}
rho_exf	ρ_{eb}
rho_e	ρ_{env}
SE_a_e	σ_A
SE_r_e	σ_r
SE_gpu_e	σ_n
SE_ns_e	σ_{gp}
SE_tef_e	σ_{pb}
SE_trc_e	σ_{rea}
SE_trf_e	σ_{reb}
SE_ge_e	σ_{ge}
SE_apc_e	σ_P
SE_exc_e	σ_{ea}
SE_exf_e	σ_{eb}

附录5a 福利损失函数表达式（5.2）的推导

本书对福利损失值的初始定义（Galí and Monacelli，2016）为：

$$WL_t = E_0 \sum_{k=0}^{\infty} \beta^k [U(C_{t+k}, ENV_{t+k}, N_{t+k}) - \overline{U}]$$

家户部门的效用函数为：

$$U_t = \frac{(C_t - hC_{t-1})^{\gamma_e(1-\sigma)}(ENV_t)^{(1-\gamma_e)(1-\sigma)} - 1}{1-\sigma} - S_t^n \frac{(N_t)^{1+\varphi}}{1+\varphi}$$

为便于阅读，上式中变量、参数符号做了一定简化，其与正文中符号的对应关系为：$C_t \leftrightarrow C_t^h$，$h \leftrightarrow \zeta^h$，$\gamma_e \leftrightarrow \gamma_e^h$，$\sigma \leftrightarrow \sigma^h$，$N_t \leftrightarrow N_t^{nth}$，$\varphi \leftrightarrow \varphi^h$。

首先，对效用函数进行如下的二阶泰勒展开：

$$U_t - \bar{U} \simeq \begin{bmatrix} \bar{U}_C \bar{C}\left(\frac{C_t - \bar{C}}{\bar{C}}\right) + 0.5\bar{U}_{CC}\bar{C}^2\left(\frac{C_t - \bar{C}}{\bar{C}}\right)^2 + 0.5\bar{U}_{CLC}\bar{C}^2\left(\frac{C_t - \bar{C}}{\bar{C}}\right)\left(\frac{C_{t-1} - \bar{C}}{\bar{C}}\right) \\ + 0.5\bar{U}_{CENV}\bar{C}\,\overline{ENV}\left(\frac{C_t - \bar{C}}{\bar{C}}\right)\left(\frac{ENV_t - \overline{ENV}}{\overline{ENV}}\right) \\ + \bar{U}_{LC}\bar{C}\left(\frac{C_{t-1} - \bar{C}}{\bar{C}}\right) + 0.5\bar{U}_{LCLC}\bar{C}^2\left(\frac{C_{t-1} - \bar{C}}{\bar{C}}\right)^2 \\ + 0.5\bar{U}_{LCC}\bar{C}^2\left(\frac{C_{t-1} - \bar{C}}{\bar{C}}\right)\left(\frac{C_t - \bar{C}}{\bar{C}}\right) \\ + 0.5\bar{U}_{LCENV}\bar{C}\,\overline{ENV}\left(\frac{C_{t-1} - \bar{C}}{\bar{C}}\right)\left(\frac{ENV_t - \overline{ENV}}{\overline{ENV}}\right) \\ + \bar{U}_{ENV}\overline{ENV}\left(\frac{ENV_t - \overline{ENV}}{\overline{ENV}}\right) + 0.5\bar{U}_{ENVENV}\overline{ENV}^2\left(\frac{ENV_t - \overline{ENV}}{\overline{ENV}}\right)^2 \\ + 0.5\bar{U}_{ENVC}\overline{ENV}\,\bar{C}\left(\frac{ENV_t - \overline{ENV}}{\overline{ENV}}\right)\left(\frac{C_t - \bar{C}}{\bar{C}}\right) \\ + 0.5\bar{U}_{ENVLC}\overline{ENV}\,\bar{C}\left(\frac{ENV_t - \overline{ENV}}{\overline{ENV}}\right)\left(\frac{C_{t-1} - \bar{C}}{\bar{C}}\right) \\ + \bar{U}_N \bar{N}\left(\frac{N_t - \bar{N}}{\bar{N}}\right) + 0.5\bar{U}_{NN}\bar{N}^2\left(\frac{N_t - \bar{N}}{\bar{N}}\right)^2 \end{bmatrix}$$

化简后得到：

$$U_t - \bar{U} \simeq \begin{bmatrix} \bar{U}_C \bar{C} \left(\dfrac{C_t - \bar{C}}{\bar{C}} \right) + 0.5 \bar{U}_{CC} \bar{C}^2 \left(\dfrac{C_t - \bar{C}}{\bar{C}} \right)^2 \\ + \bar{U}_{CLC} \bar{C}^2 \left(\dfrac{C_t - \bar{C}}{\bar{C}} \right) \left(\dfrac{C_{t-1} - \bar{C}}{\bar{C}} \right) \\ + \bar{U}_{C\,ENV} \bar{C}\,\overline{ENV} \left(\dfrac{C_t - \bar{C}}{\bar{C}} \right) \left(\dfrac{ENV_t - \overline{ENV}}{\overline{ENV}} \right) \\ + \bar{U}_{LC} \bar{C} \left(\dfrac{C_{t-1} - \bar{C}}{\bar{C}} \right) + 0.5 \bar{U}_{LCLC} \bar{C}^2 \left(\dfrac{C_{t-1} - \bar{C}}{\bar{C}} \right)^2 \\ + \bar{U}_{LC\,ENV} \bar{C}\,\overline{ENV} \left(\dfrac{C_{t-1} - \bar{C}}{\bar{C}} \right) \left(\dfrac{ENV_t - \overline{ENV}}{\overline{ENV}} \right) \\ + \bar{U}_{ENV} \overline{ENV} \left(\dfrac{ENV_t - \overline{ENV}}{\overline{ENV}} \right) + 0.5 \bar{U}_{ENV\,ENV} \overline{ENV}^2 \left(\dfrac{ENV_t - \overline{ENV}}{\overline{ENV}} \right)^2 \\ + \bar{U}_N \bar{N} \left(\dfrac{N_t - \bar{N}}{\bar{N}} \right) + 0.5 \bar{U}_{NN} \bar{N}^2 \left(\dfrac{N_t - \bar{N}}{\bar{N}} \right)^2 \end{bmatrix}$$

将上式转化为对数线性形式后可得：

$$U_t - \bar{U} \simeq \begin{bmatrix} \bar{U}_C \bar{C} [\hat{c}_t + 0.5(\hat{c}_t)^2] + 0.5 \bar{U}_{CC} \bar{C}^2 (\hat{c}_t)^2 \\ + \bar{U}_{CLC} \bar{C}^2 \hat{c}_t \hat{c}_{t-1} + \bar{U}_{C\,ENV} \bar{C}\,\overline{ENV} \hat{c}_t \widehat{env}_t \\ + \bar{U}_{LC} \bar{C} [\hat{c}_{t-1} + 0.5(\hat{c}_{t-1})^2] + 0.5 \bar{U}_{LCLC} \bar{C}^2 (\hat{c}_{t-1})^2 \\ + \bar{U}_{LC\,ENV} \bar{C}\,\overline{ENV} \hat{c}_{t-1} \widehat{env}_t \\ + \bar{U}_{ENV} \overline{ENV} [\widehat{env}_t + 0.5(\widehat{env}_t)^2] + 0.5 \bar{U}_{ENV\,ENV} \overline{ENV}^2 (\widehat{env}_t)^2 \\ + \bar{U}_N \bar{N} (\hat{n}_t + 0.5 \hat{n}_t^2) + 0.5 \bar{U}_{NN} \bar{N}^2 \hat{n}_t^2 \end{bmatrix}$$

在上式中：

$$\bar{U}_N \bar{N} (\hat{n}_t + 0.5 \hat{n}_t^2) + 0.5 \bar{U}_{NN} \bar{N}^2 \hat{n}_t^2$$
$$= \bar{U}_N \bar{N} \left[\hat{n}_t + \dfrac{(1+\varphi)}{2} \hat{n}_t^2 \right]$$

将上式代入 $U_t - \bar{U}$ 的计算式，并去掉一阶项后得到：

$$U_t - \bar{U} \simeq \begin{Bmatrix} \bar{U}_C \bar{C}[\hat{c}_t + 0.5(\hat{c}_t)^2] + 0.5\bar{U}_{CC}\bar{C}^2(\hat{c}_t)^2 \\ +\bar{U}_{CLC}\bar{C}^2\hat{c}_t\hat{c}_{t-1} + \bar{U}_{CENV}\bar{C}\overline{ENV}\hat{c}_t\widehat{env}_t \\ +\bar{U}_{LC}\bar{C}[\hat{c}_{t-1} + 0.5(\hat{c}_{t-1})^2] + 0.5\bar{U}_{LCLC}\bar{C}^2(\hat{c}_{t-1})^2 \\ +\bar{U}_{LCENV}\bar{C}\overline{ENV}\hat{c}_{t-1}\widehat{env}_t \\ +\bar{U}_{ENV}\overline{ENV}[\widehat{env}_t + 0.5(\widehat{env}_t)^2] + 0.5\bar{U}_{ENVENV}\overline{ENV}^2(\widehat{env}_t)^2 \\ +\bar{U}_N\bar{N}\left[\hat{n}_t + \dfrac{(1+\varphi)}{2}\hat{n}_t^2\right] \end{Bmatrix}$$

$$\simeq \begin{Bmatrix} 0.5\bar{U}_C\bar{C}(\hat{c}_t)^2 + 0.5\bar{U}_{CC}\bar{C}^2(\hat{c}_t)^2 \\ +\bar{U}_{CLC}\bar{C}^2\hat{c}_t\hat{c}_{t-1} + \bar{U}_{CENV}\bar{C}\overline{ENV}\hat{c}_t\widehat{env}_t \\ +0.5\bar{U}_{LC}\bar{C}(\hat{c}_{t-1})^2 + 0.5\bar{U}_{LCLC}\bar{C}^2(\hat{c}_{t-1})^2 \\ +\bar{U}_{LCENV}\bar{C}\overline{ENV}\hat{c}_{t-1}\widehat{env}_t \\ +0.5\bar{U}_{ENV}\overline{ENV}(\widehat{env}_t)^2 + 0.5\bar{U}_{ENVENV}\overline{ENV}^2(\widehat{env}_t)^2 \\ +\bar{U}_N\bar{N}\dfrac{(1+\varphi)}{2}\hat{n}_t^2 \end{Bmatrix}$$

将上式进行跨期加总后，可以得出以下的福利损失表达式：

$$WL_t \simeq -E_0\sum_{k=0}^{\infty}\beta^k \begin{Bmatrix} 0.5\bar{U}_C\bar{C}(\hat{c}_t)^2 + 0.5\bar{U}_{CC}\bar{C}^2(\hat{c}_t)^2 \\ +\bar{U}_{CLC}\bar{C}^2\hat{c}_t\hat{c}_{t-1} + \bar{U}_{CENV}\bar{C}\overline{ENV}\hat{c}_t\widehat{env}_t \\ +0.5\beta\bar{U}_{LC}\bar{C}(\hat{c}_t)^2 + 0.5\beta\bar{U}_{LCLC}\bar{C}^2(\hat{c}_t)^2 \\ +\bar{U}_{LCENV}\bar{C}\overline{ENV}\hat{c}_{t-1}\widehat{env}_t \\ +0.5\bar{U}_{ENV}\overline{ENV}(\widehat{env}_t)^2 + 0.5\bar{U}_{ENVENV}\overline{ENV}^2(\widehat{env}_t)^2 \\ +\bar{U}_N\bar{N}\dfrac{(1+\varphi)}{2}\hat{n}_t^2 \end{Bmatrix}$$

$$\simeq -E_0 \sum_{k=0}^{\infty} \beta^k \begin{Bmatrix} 0.5(1-\beta h)\bar{U}_C \bar{C}(\hat{c}_t)^2 + 0.5(1+\beta h^2)\bar{U}_{CC}\bar{C}^2(\hat{c}_t)^2 \\ +\bar{U}_{CLC}\bar{C}^2 \hat{c}_t \hat{c}_{t-1} + \bar{U}_{CENV}\bar{C}\overline{ENV}\hat{c}_t \widehat{env}_t \\ +\bar{U}_{LC\,ENV}\bar{C}\overline{ENV}\hat{c}_{t-1}\widehat{env}_t \\ + 0.5(1-\gamma_e)(1-\sigma)\bar{U}_{ENV}\overline{ENV}(\widehat{env}_t)^2 \\ +\bar{U}_N \bar{N}\dfrac{(1+\varphi)}{2}\hat{n}_t^2 \end{Bmatrix}$$

根据 Galí and Monacelli（2016）可得，近似的平均福利损失函数为：

$$wl \simeq \begin{Bmatrix} (1-\beta h)\bar{U}_C \bar{C}\mathrm{var}(\hat{c}_t) + (1+\beta h^2)\bar{U}_{CC}\bar{C}^2\mathrm{var}(\hat{c}_t) \\ + 2\bar{U}_{CLC}\bar{C}^2 \mathrm{cov}(\hat{c}_t \hat{c}_{t-1}) + 2\bar{U}_{CENV}\bar{C}\overline{ENV}\mathrm{cov}(\hat{c}_t \widehat{env}_t) \\ + 2\bar{U}_{LC\,ENV}\bar{C}\overline{ENV}\mathrm{cov}(\hat{c}_{t-1}\widehat{env}_t) \\ + (1-\gamma_e)(1-\sigma)\bar{U}_{ENV}\overline{ENV}\mathrm{var}(\widehat{env}_t) \\ +\bar{U}_N \bar{N}(1+\varphi)\hat{n}_t^2 \end{Bmatrix}$$

去掉全部跨期项、滞后项、交互项，上式可化简为：

$$wl \simeq \begin{Bmatrix} \bar{U}_C \bar{C}\mathrm{var}(\hat{c}_t) + \bar{U}_{CC}\bar{C}^2\mathrm{var}(\hat{c}_t) \\ + (1-\gamma_e)(1-\sigma)\bar{U}_{ENV}\overline{ENV}\mathrm{var}(\widehat{env}_t) \\ +\bar{U}_N \bar{N}(1+\varphi)\mathrm{var}(\hat{n}_t) \end{Bmatrix}$$

上式即为正文中公式 5.2，其中符号含义为：

$$\bar{U} = \dfrac{[(1-h)\bar{C}]^{\gamma_e(1-\sigma)}\overline{ENV}^{(1-\gamma_e)(1-\sigma)} - 1}{1-\sigma} - \dfrac{\bar{N}^{1+\varphi}}{1+\varphi}$$

$$\bar{U}_C = \gamma_e [(1-h)\bar{C}]^{\gamma_e(1-\sigma)-1}\overline{ENV}^{(1-\gamma_e)(1-\sigma)}$$

$$\bar{U}_{CC} = \gamma_e [\gamma_e(1-\sigma)-1][(1-h)\bar{C}]^{\gamma_e(1-\sigma)-2}\overline{ENV}^{(1-\gamma_e)(1-\sigma)}$$

$$\bar{U}_{CLC} = -h\gamma_e [\gamma_e(1-\sigma)-1][(1-h)\bar{C}]^{\gamma_e(1-\sigma)-2}\overline{ENV}^{(1-\gamma_e)(1-\sigma)}$$

$$\bar{U}_{CENV} = \gamma_e(1-\gamma_e)(1-\sigma)(C_t - hC_{t-1})^{\gamma_e(1-\sigma)-1}(ENV_t)^{(1-\gamma_e)(1-\sigma)-1}$$

$$\overline{U}_{LC} = -h\gamma_e[(1-h)\overline{C}]^{\gamma_e(1-\sigma)-1}\overline{ENV}^{(1-\gamma_e)(1-\sigma)}$$

$$\overline{U}_{LCLC} = h^2\gamma_e[\gamma_e(1-\sigma)-1][(1-h)\overline{C}]^{\gamma_e(1-\sigma)-2}\overline{ENV}^{(1-\gamma_e)(1-\sigma)}$$

$$\overline{U}_{LCC} = -h\gamma_e[\gamma_e(1-\sigma)-1][(1-h)\overline{C}]^{\gamma_e(1-\sigma)-2}\overline{ENV}^{(1-\gamma_e)(1-\sigma)}$$

$$\overline{U}_{LCENV} = -h\gamma_e(1-\gamma_e)(1-\sigma)[(1-h)\overline{C}]^{\gamma_e(1-\sigma)-1}\overline{ENV}^{(1-\gamma_e)(1-\sigma)-1}$$

$$\overline{U}_{ENV} = (1-\gamma_e)[(1-h)\overline{C}]^{\gamma_e(1-\sigma)}\overline{ENV}^{(1-\gamma_e)(1-\sigma)-1}$$

$$\overline{U}_{ENVENV} = (1-\gamma_e)[(1-\gamma_e)(1-\sigma)-1][(1-h)\overline{C}]^{\gamma_e(1-\sigma)}\overline{ENV}^{(1-\gamma_e)(1-\sigma)-2}$$

$$\overline{U}_{ENVC} = \gamma_e(1-\gamma_e)(1-\sigma)[(1-h)\overline{C}]^{\gamma_e(1-\sigma)-1}\overline{ENV}^{(1-\gamma_e)(1-\sigma)-1}$$

$$\overline{U}_{ENVLC} = -h\gamma_e(1-\gamma_e)(1-\sigma)[(1-h)\overline{C}]^{\gamma_e(1-\sigma)-1}\overline{ENV}^{(1-\gamma_e)(1-\sigma)-1}$$

$$\overline{U}_N = -\overline{N}^{\varphi}$$

$$\overline{U}_{NN} = -\varphi\overline{N}^{\varphi-1}$$

参考文献

陈昆亭、龚六堂、邹恒甫，2004，《基本 RBC 方法模拟中国经济的数值试验》，《世界经济文汇》第 2 期。

陈利锋，2017，《技能错配、不平等与社会福利——基于包含异质性技能的 DSGE 模型》，《经济科学》第 6 期。

陈诗一、刘朝良、金浩，2022，《环境规制、劳动力配置与城市发展》，《学术月刊》第 2 期。

陈诗一、张建鹏、刘朝良，2021，《环境规制、融资约束与企业污染减排——来自排污费标准调整的证据》，《金融研究》第 9 期。

陈烨、张欣、寇恩惠、刘明，2010，《增值税转型对就业负面影响的 CGE 模拟分析》，《经济研究》第 9 期。

陈钊、陆铭，2008，《从分割到融合：城乡经济增长与社会和谐的政治经济学》，《经济研究》第 1 期。

董直庆、李多，2015，《环境视角下的适宜劳动力结构和清洁技术进步》，《求是学刊》第 6 期。

段显明、应劼政、程翠云、葛察忠、龙凤，2023，《碳税政策动态影响的模拟与税率区间研究》，《生态经济》第 5 期。

范庆泉，2018，《环境规制、收入分配失衡与政府补偿机制》，《经济研究》第 5 期。

范庆泉、刘净然、王竞达，2022，《清洁生产补贴、收入分配失衡与碳排放权再分配机制研究》，《世界经济》第 7 期。

参考文献

郭进，2019，《环境规制对绿色技术创新的影响——"波特效应"的中国证据》，《财贸经济》第 3 期。

郭俊杰、方颖、杨阳，2019，《排污费征收标准改革是否促进了中国工业二氧化硫减排》，《世界经济》第 1 期。

黄纪强、祁毓，2022，《环境税能否倒逼产业结构优化与升级？——基于环境"费改税"的准自然实验》，《产业经济研究》第 2 期。

贾俊雪、孙传辉，2019，《公平与效率权衡：垄断、居民收入分配与最优财政货币政策》，《管理世界》第 3 期。

贾智杰、林伯强、温师燕，2023，《碳排放权交易试点与全要素生产率——兼论波特假说、技术溢出与污染天堂》，《经济学动态》第 3 期。

雷英杰，2019，《环保税一周年：正向引导作用已经显现》，《环境经济》第 1 期。

李冬冬、杨晶玉，2019，《基于政府补贴的企业最优减排技术选择研究》，《中国管理科学》第 7 期。

李戎、刘岩、彭俞超、许志伟、薛涧坡，2022，《动态随机一般均衡模型在中国的研究进展与展望》，《经济学（季刊）》第 6 期。

林伯强、牟敦国，2008，《能源价格对宏观经济的影响——基于可计算一般均衡（CGE）的分析》，《经济研究》第 11 期。

刘斌，2008，《我国 DSGE 模型的开发及在货币政策分析中的应用》，《金融研究》第 10 期。

刘晔、周志波，2015，《不完全竞争市场结构下环境税效应研究述评》，《中国人口·资源与环境》第 2 期。

卢洪友、张靖妤、许文立，2016，《中国财政政策的绿色发展效应研究》，《财政科学》第 4 期。

祁毓、卢洪友，2015，《"环境贫困陷阱"发生机理与中国环境拐点》，《中国人口·资源与环境》第 10 期。

石敏俊、袁永娜、周晟吕、李娜，2013，《碳减排政策：碳税、碳交易还是两者兼之?》，《管理科学学报》第 9 期。

王蓓、崔治文，2012，《有效税率、投资与经济增长：来自中国数据的经验实证》，《管理评论》第 7 期。

王博、徐飘洋，2021，《碳定价、双重金融摩擦与"双支柱"调控》，《金融研究》第 12 期。

王弟海、严成樑、龚六堂《遗产机制、生命周期储蓄和持续性不平等》，2011 年《金融研究》，第 7 期。

王弟海、龚六堂，2007，《持续性不平等的动态演化和经济增长》，《世界经济文汇》第 6 期。

王凯风、吴超林，2021，《个税改革、收入不平等与社会福利》，《财经研究》第 1 期。

王曦、汪玲、彭玉磊、宋晓飞，2017，《中国货币政策规则的比较分析——基于 DSGE 模型的三规则视角》，《经济研究》第 9 期。

武晓利，2017，《环保技术、节能减排政策对生态环境质量的动态效应及传导机制研究——基于三部门 DSGE 模型的数值分析》，《中国管理科学》第 12 期。

习近平，2022，《高举中国特色社会主义伟大旗帜　为全面建设社会主义现代化国家而团结奋斗——在中国共产党第二十次全国代表大会上的报告》，《中华人民共和国国务院公报》第 30 期。

谢贞发、陈芳敏、陈卓恒，2023，《非意图的结果：环保税率省际差异与污染企业迁移策略》，《财贸经济》第 3 期。

徐双明、钟茂初，2018，《环境政策与经济绩效——基于污染的健康效应视角》，《中国人口·资源与环境》第 11 期。

徐晓亮、许学芬，2020，《能源补贴改革对资源效率和环境污染治理影响研究——基于动态 CGE 模型的分析》，《中国管理科学》第 5 期。

徐元栋，2017，《BSV、DHS 等模型中资产定价与模糊不确定性下资产定价在逻辑结构上的一致性》，《中国管理科学》第 6 期。

许璞、苏振天，2012，《税制改革、经济效率和社会福利——基于 A-KOLG 框架下的动态 CGE 模拟分析》，《当代财经》第 1 期。

薛鹤翔，2010，《中国的产出持续性——基于刚性价格和刚性工资模型的动态分析》，《经济学（季刊）》第 4 期。

杨翱、刘纪显，2014，《模拟征收碳税对我国经济的影响——基于 DSGE 模型的研究》，《经济科学》第 6 期。

杨克贲、娄季春，2021，《新冠疫情背景下财政政策的组合策略研究——基于纳入预期和债务反馈机制的 DSGE 模型》，《管理学刊》第 4 期。

张国兴；林伟纯；Bin SU，2023，《中央生态环境保护督察何以生效？——基于弱排名激励视角的实证分析》，《中国人口·资源与环境》第 5 期。

张冀、祝伟、王亚柯，2016，《家庭经济脆弱性与风险规避》，《经济研究》第 6 期。

张杰、庞瑞芝、邓忠奇，2018，《财政自动稳定器有效性测定：来自中国的证据》，《世界经济》第 5 期。

张龙、刘金全，2021，《货币政策、多重预期与宏观经济波动——基于 NK-DSGE 模型的数值模拟分析》，《数理统计与管理》第 2 期。

张明、孙欣然、宋妍，2023，《中央环保督察与大气污染治理——基于纵向政府和污染企业的演化博弈分析》，《中国管理科学》第 4 期。

张晓娣，2016，《公共部门就业对宏观经济稳定的影响——基于搜索匹配模型的 DSGE 模拟与预测》，《中国工业经济》第 4 期。

张晓娣、刘学悦，2015，《征收碳税和发展可再生能源研究——基于 OLG-CGE 模型的增长及福利效应分析》，《中国工业经济》第 3 期。

张跃军、王霞，2023，《中国碳交易政策对可持续经济福利的影响研究》，《系统工程理论与实践》第 2 期。

赵波、谭华清，2019，《劳动力市场摩擦、劳动力再配置与中国的就业周期》，《经济科学》第 3 期。

周闯、潘敏，2021，《房产税改革、经济增长与金融稳定》，《财贸经济》第 11 期。

朱军，2015，《基于 DSGE 模型的"污染治理政策"比较与选择——针对不同公共政策的动态分析》，《财经研究》第 2 期。

朱军，2016，《债权压力下财政政策与货币政策的动态互动效应——一个开放经济的 DSGE 模型》，《财贸经济》第 6 期。

朱军、许志伟，2018，《财政分权、地区间竞争与中国经济波动》，《经济研究》第 1 期。

庄子罐、贾红静、刘鼎铭，2020，《居民风险偏好与中国货币政策的宏观经济效应——基于 DSGE 模型的数量分析》，《金融研究》第 9 期。

Acemoglu, Daron, Simon Johnson, James Robinson, and Yunyong Thaicharoen. 2003 "Institutional causes, macroeconomic symptoms: volatility, crises and growth." *Journal of Monetary Economics* 50 (1): 49-123.

Angelopoulos, Konstantinos, George Economides and Apostolis Philippopoulos. 2013. "First-and second-best allocations under economic and environmental uncertainty." *International Tax and Public Finance* 20 (3): 360-380.

Annicchiarico, Barbara and Fabio Di Dio. 2015. "Environmental policy and macroeconomic dynamics in a new Keynesian model." *Journal of Environmental Economics and Management* 69: 1-21.

Annicchiarico, Barbara and Fabio Di Dio. 2017. "GHG emissions control and monetary policy." *Environmental and Resource Economics* 67: 823-851.

Annicchiarico, Barbara and Francesca Diluiso. 2019. "International transmission of the business cycle and environmental policy." *Resource and Energy Economics* 58: 101112.

Annicchiarico, Barbara, Luca Correani and Fabio Di Dio. 2018. "Environmental policy and endogenous market structure." *Resource and Energy Economics* 52: 186-215.

Arnott, Richard, Oded Hochman and Gordon C Rausser. 2008. "Pollution and land use: optimum and decentralization." *Journal of Urban Economics* 64 (2): 390-407.

Auerbach, Alan J and Laurence J Kotlikoff. 1987. "Evaluating fiscal policy with a dynamic simulation model." *The American Economic Review* 77 (2): 49-55.

Berg, Daniel. 2009. "Copula goodness-of-fit testing: an overview and power comparison." *The European Journal of Finance* 15 (7-8): 675-701.

Bilbiie, Florin O., Fabio Ghironi and Marc J Melitz. 2012. "Endogenous entry, product variety, and business cycles." *Journal of Political Economy* 120 (2): 304-345.

Bilbiie, Florin O., Ippei Fujiwara and Fabio Ghironi. 2014. "Optimal monetary policy with endogenous entry and product variety." *Journal of Monetary Economics* 64: 1-20.

Blanchard, Olivier and Jordi Galí. 2010. "Labor markets and monetary policy: A new keynesian model with unemployment." *American Economic Journal: Macroeconomics* 2 (2): 44591.

Blanchard, Olivier Jean and Charles M Kahn. 1980. "The solution of linear difference models under rational expectations." *Econometrica: Journal of the Econometric Society* 48 (5): 1305-1311.

Böcher, Michael. 2012. "A theoretical framework for explaining the choice of instruments in environmental policy." *Forest Policy and Economics* 16: 14-22.

Böhringer, Christoph, Xaquin Garcia-Muros and Mikel González-Eguino. 2019. "Greener and fairer: A progressive environmental tax reform for Spain." *Economics of Energy & Environmental Policy* 8 (2): 141-161.

Brooks, Stephen P and Andrew Gelman. 1998 "General methods for monitoring convergence of iterative simulations." *Journal of Computational and Graphical Statistics* 7 (4): 434-455.

Chan, Ying Tung and Hong Zhao. 2023. "Optimal carbon tax rates in a dynamic stochastic general equilibrium model with a supply chain." *Economic Modelling* 119: 106109.

Chan, Ying Tung. 2020. "Are macroeconomic policies better in curbing air pollution than environmental policies? A DSGE approach with carbon-dependent fiscal and monetary policies." *Energy Policy* 141: 111454.

Christiano, Lawrence J, Roberto Motto and Massimo Rostagno. 2010. "Financial factors in economic fluctuations." ECB working paper.

Cogley, Timothy and Thomas J Sargent. 2005 "Drifts and volatilities: monetary policies and outcomes in the post WWII US." *Review of Economic Dynamics* 8 (2): 262-302.

Crippa, Monica, Diego Guizzardi Manjola Banja Efisio Solazzo Marilena Muntean Edwin Schaaf Edwin Schaaf Federico Pagani Fabio Monforti-Ferrario JGJ Olivier and Roberta Quadrelli. 2022. "CO2 emissions of all world countries." JRC Science for Policy Report, *European Commission*, EUR31182.

Fudenberg, Drew and Jean Tirole. 1991. "Perfect Bayesian equilibrium and sequential equilibrium." *Journal of Economic Theory* 53 (2): 236-260.

Fudenberg, Drew and Jean Tirole. 2013. *Dynamic Models of Oligopoly*. London: Routledge.

Galí, Jordi and Tommaso Monacelli. 2016. "Understanding the gains from wage flexibility: the exchange rate connection." *American Economic Review* 106 (12): 3829-68.

Galí, Jordi. 2011. "Unemployment fluctuations and stabilization policies: a new Keynesian perspective." Cambridge: MIT Press.

Galí, Jordi. 2015. *Monetary policy, inflation, and the business cycle: an introduction to the new Keynesian framework and its applications*. Princeton: Princeton University Press.

Galí, Jordi, Frank Smets, and Rafael Wouters. 2012 "Unemployment in an estimated New Keynesian model." *NBER Macroeconomics Annual* 26 (1): 329-360.

Galor, Oded and Omer Moav. 2004. "From physical to human capital accumulation: Inequality and the process of development." *The Review of Economic Studies* 71 (4): 1001-1026.

Ganelli, Giovanni and Juha Tervala. 2011. "International transmission of environmental policy: A New Keynesian perspective." *Ecological Economics* 70

(11): 2070-2082.

Gao, Yantao, Xilong Yao Wenxi Wang and Xin Liu. 2019. "Dynamic effect of environmental tax on export trade: Based on DSGE mode." *Energy & Environment* 30 (7): 1275-1290.

Gertler, Mark, Luca Sala and Antonella Trigari. 2008. "An estimated monetary DSGE model with unemployment and staggered nominal wage bargaining." *Journal of Money, Credit and Banking* 40 (8): 1713-1764.

Hansen, Gary D. 1985. "Indivisible labor and the business cycle." *Journal of monetary Economics* 16 (3): 309-327.

Hansen, Lars Peter and Thomas J Sargent. 1982 "Instrumental variables procedures for estimating linear rational expectations models." *Journal of Monetary Economics* 9 (3): 263-296.

Hodrick, Robert J. and Edward C Prescott. 1997. "Postwar US business cycles: an empirical investigation." *Journal of Money, Credit, and Banking* 29 (1): 1-16.

Jokisch, Sabine and Laurence J Kotlikoff. 2007. "Simulating the dynamic macroeconomic and microeconomic effects of the FairTax." *National Tax Journal* 60 (2): 225-252.

Kiley, Michael T. 2007 "A quantitative comparison of sticky-price and sticky-information models of price setting." *Journal of Money, Credit and Banking* 39: 101-125.

Klein, Paul. 2000. "Using the generalized Schur form to solve a multivariate linear rational expectations model." *Journal of Economic Dynamics and Control* 24 (10): 1405-1423.

Kydland, Finn E. and Edward C Prescott. 1982a. "Time to build and aggregate fluctuations." *Econometrica: Journal of the Econometric Society*: 1345-1370.

Mandelman, Federico S. and Andrei Zlate. 2012. "Immigration, remittances and business cycles." *Journal of Monetary Economics* 59 (2): 196-213.

Mattesini, Fabrizio and Lorenza Rossi. 2012. "Monetary policy and automatic stabilizers: the role of progressive taxation." *Journal of Money, Credit and Banking* 44 (5): 825-862.

Morgenstern, Richard D., William A Pizer and Jhih-Shyang Shih. 2002. "Jobs versus the environment: an industry-level perspective." *Journal of environmental economics and management* 43 (3): 412-436.

Niu, Tong, Xilong Yao Shuai Shao Ding Li and Wenxi Wang. 2018. "Environmental tax shocks and carbon emissions: An estimated DSGE model." *Structural Change and Economic Dynamics* 47: 9-17.

Porter, Michael and Claas Van der Linde. 1999. "Green and competitive: ending the stalemate." *Harvard Business Review* 28 (6): 128-129.

Prescott, Edward C. 1986. "Theory ahead of business-cycle measurement." *Carnegie-Rochester conference series on public policy* 25: 11-44.

Rausch, Sebastian. 2010. "Computation of equilibria in OLG models with many heterogeneous households." *Computational Economics* 36 (2): 171-189.

Sargent, Thomas J and Lars Ljungqvist. 2000 "Recursive macroeconomic theory." MIT press.

Schorfheide, Frank. 2010. "Bayesian methods in macroeconometrics." *Macroeconometrics and Time Series Analysis*: 28-34.

Shimer, Robert. 2012. "A framework for valuing the employment consequences of environmental regulation." Paper presented at the Conference on the. "Employment Effects of Environmental Regulation" on October 26, 2012.

Sims, Christopher A. 2002. "Solving linear rational expectations models." *Computational Economics* 20 (1-2): 1.

Smets, Frank and Raf Wouters. 2003. "An estimated dynamic stochastic general equilibrium model of the euro area." *Journal of the European economic association* 1 (5): 1123-1175.

Smets, Frank and Rafael Wouters. 2007. "Shocks and frictions in US business cycles: A Bayesian DSGE approach." *American Economic Review* 97 (3): 586-606.

Smets, Frank, Kai Christoffel Günter Coenen Roberto Motto and Massimo Rostagno. 2010. "DSGE models and their use at the ECB." *SERIEs: Journal of the Spanish Economic Association* 1 (1): 51-65.

Taylor, Christine, Drew Fudenberg Akira Sasaki and Martin A Nowak. 2004. "Evolutionary game dynamics in finite populations." *Bulletin of Mathematical Biology* 66 (6): 1621-1644.

Uhlig, Harald. 2006. "Approximate Solutions to Dynamic Models-Linear Methods." SFB 649 Discussion Paper.

Woodford, Michael and Carl E Walsh. 2005. "Interest and prices: Foundations of a theory of monetary policy." *Macroeconomic Dynamics* 9 (3): 462-468.

Zhai, Fan and Jianwu He. 2008. "Supply-side economics in the People's Republic of China's regional context: a quantitative investigation of its VAT reform." *Asian Economic Papers* 7 (2): 96-121.

Zhang, Wenlang. 2009 "China's monetary policy: Quantity versus price rules." *Journal of Macroeconomics* 31 (3): 473-484

后　记

在本书的末尾，我有必要坦诚地归纳本书的一些有待改进之处，并展望未来的相关研究。本书可能存在的不足之处主要是：首先，受限于模型复杂性和计算机性能，DSGE 模型暂未考虑对外经济，而且必须在现有的环境规制手段中进行取舍，因此本书只能模拟一部分最典型的经济激励型和命令—控制型环境规制政策（环保税、减排补贴、关停整顿等）；其次，受限于季度污染物排放数据可得性，模型中只纳入了大气污染物。在未来的研究中，劳动力市场调控政策和更多类型环境规制政策的关联将会得到专门的研究，而数据可得性问题也有望在国内环境数据公开性进一步改善的前提下得到解决。

在写作本书的近一年半时间中，作者构建了一个完整的中国环境经济新凯恩斯主义 DSGE 模型，坚持走完了设计、推导、参数估计、质量评价、动态应用、政策改革模拟等研究流程。本书模型的复杂性超过了目前的大多数研究文献，这使得我的研究工作必须克服大量的难题和阻力，付出较大的有形成本和无形代价。个中滋味，个中艰辛，唯有自知。

所以，在本书的末尾，我首先要感谢广东省社会科学院的同事和团队。他们向我分享了许多宝贵的研究思路和经验，为本书的研究工作提供了重要的支持。他们的合作和讨论使我能够深入思考问题，并找到解决问题的方法。在研究的过程中，我们相互学习、互相启发，共同推动了本书的创作。其次，本书的研究工作也离不开广东省基础与应用基础研究基金（2024A1515012556）、广东省社会科学院 2022 年度科研创新人才计划（菁

后　记

英人才计划、广东省社会科学院学术专著出版资助项目）的资金支持。此外，本书未接受其他任何人、团体、基金、研究平台（包括但不限基地、中心、实验室等）的资助，特此声明。我还要特别感谢家人和亲友，在推进研究和写作的过程中，他们给予了无私的支持和理解，并且在我遇到困难时给予了鼓励和帮助，使我能够坚持下来并完成这部书稿，我将永远感激他们的陪伴和支持。最后，我还要感谢出版社、编辑团队和审稿专家的辛勤工作、专业指导。他们为本书的出版做出了巨大的努力，提供了最关键也最宝贵的修改建议，他们的专业素养和敬业精神使本书最终得以完美呈现在读者面前。当然，作者文责自负。

本书的研究内容虽然仍有稚嫩粗疏之处，但相信其仍能够为研究生、高校教师、科研人员等群体提供关于 DSGE 研究的实用化参考资料。在政策实践方面，本书研究内容可以帮助公共政策的制定者、执行者理解环境规制政策与劳动力再配置过程、劳动力市场调控政策之间的互动影响，从而帮助其对各类政策进行合理搭配，在建设生态文明的伟大进程中有效处理好环境保护与稳就业、稳增长之间的协调问题，实现更具前瞻性、全局性的政策优化。我真诚地希望这些研究成果能够为同行的专家学者提供一定的参考，为相关领域的研究工作提供哪怕微不足道的帮助。

最后，再次感谢所有人对我的支持与帮助，我将把感恩之心化为推进未来研究工作的动力，在宏观经济学、环境经济学的学科前沿发起新一轮的冲锋，为生态文明建设和中国经济高质量发展贡献更大的智慧与力量！

王凯风

2023 年 6 月 1 日

于广东省社会科学院

图书在版编目(CIP)数据

就业创业与环境规制政策的协同运用：基于动态随机一般均衡模型／王凯风著 . -- 北京：社会科学文献出版社，2025.6. -- ISBN 978-7-5228-4108-3

Ⅰ.D669.2；F249.214；X32

中国国家版本馆 CIP 数据核字第 2024K7R982 号

就业创业与环境规制政策的协同运用：基于动态随机一般均衡模型

著　　者／王凯风

出 版 人／冀祥德
责任编辑／杨　雪　杨春花
责任印制／岳　阳

出　　版／社会科学文献出版社（010）59367215
　　　　　　地址：北京市北三环中路甲 29 号院华龙大厦　邮编：100029
　　　　　　网址：www.ssap.com.cn
发　　行／社会科学文献出版社（010）59367028
印　　装／唐山玺诚印务有限公司

规　　格／开　本：787mm×1092mm　1/16
　　　　　　印　张：10.75　字　数：161 千字
版　　次／2025 年 6 月第 1 版　2025 年 6 月第 1 次印刷
书　　号／ISBN 978-7-5228-4108-3
定　　价／128.00 元

读者服务电话：4008918866

版权所有 翻印必究